Tobias Kämpf, Barbara Langes,
Lars Schatilow, Hans-Joachim Gergs (Hg.)

Tobias Kämpf, Barbara Langes,
Lars Schatilow, Hans-Joachim Gergs (Hg.)

HUMAN FRIENDLY AUTOMATION

Arbeit und Künstliche Intelligenz neu denken

Frankfurter Allgemeine Buch

Bibliografische Information der Deutschen Nationalbibliothek
Die Deutsche Nationalbibliothek verzeichnet diese Publikation in der Deutschen Nationalbibliografie; detaillierte bibliografische Daten sind im Internet über http://dnb.d-nb.de abrufbar.

Hinweis
Wir sind uns bewusst, dass die Haltung zum Thema Gendern durchaus vielfältig ist. In dieser Publikation haben wir zugunsten einer besseren Lesbarkeit hauptsächlich das generische Maskulinum verwendet, womit wir immer zugleich weibliche, männliche und diverse Personen meinen.

Frankfurter
Allgemeine
Buch

Frankfurter Allgemeine Buch
Pariser Straße 1
60486 Frankfurt am Main

Umschlag: Nina Hegemann
Titelbild: Torsten Royère (ISF München) mit Hilfe der Bild-KI Midjourney (www.midjourney.com)
Satz: Jan Walter Hofmann
Druck: CPI books GmbH, Leck
Printed in Germany

1. Auflage
Frankfurt am Main 2023
ISBN 978-3-96251-171-5

Frankfurter Allgemeine Buch hat sich zu einer nachhaltigen Buchproduktion verpflichtet und erwirbt gemeinsam mit den Lieferanten Emissionsminderungszertifikate zur Kompensation des CO_2-Ausstoßes.

INHALT

GRUSSWORT

HUBERTUS HEIL

Foto: BMAS/Dominik Butzmann

Liebe Leserinnen und Leser,
Künstliche Intelligenz (KI) wird die Arbeitswelt in den nächsten Jahren grundlegend verändern. Die Kraft dieser Veränderung wollen wir nutzen, damit aus technischem Fortschritt auch gesellschaftlicher Fortschritt wird. Es geht darum, KI zum Wohle von Mensch, Umwelt und Gesellschaft einzusetzen und dafür jetzt die Weichen zu stellen. In der Arbeitswelt wird KI die Beschäftigten unterstützen, indem z. B. Pflegekräfte von Bürokratie entlastet werden. In einigen Bereichen werden KI-Anwendungen durchaus auch Tätigkeiten ersetzen. Gleichzeitig entstehen aber bereits neue Tätigkeiten und Berufsbilder durch den zunehmenden Einsatz von KI, wie z. B. Prompt Engineers oder KI-Trainer. Deshalb setzen wir auf Weiterbildung und Qualifizierung, damit die Beschäftigten von heute auch die Arbeit von morgen machen können.

Dabei kommt der technologische Fortschritt zum richtigen Zeitpunkt: Denn der demografische Wandel wird den Fachkräftemangel in den kommenden Jahren verstärken. Das ist ein ökonomischer Imperativ für mehr Digitalisierung. KI-Anwendungen können Beschäftigte von zeitaufwendigen Routinetätigkeiten entlasten und Prozesse optimieren.

Gleichzeitig gilt es, wachsenden Ungleichheiten am Arbeitsmarkt entgegenzuwirken. Denn die Schere beim produktiven und wettbewerbsfähigen Einsatz von digitalen Anwendungen geht auseinander. Bisher profitieren eher Erwerbstätige in höheren Qualifikations- und Lohnbereichen vom KI-Einsatz. Auch die Wahrnehmung unterscheidet sich: Für die einen ist KI ein Werkzeug, das sie unterstützt und mehr Autonomie, Flexibilität und Kreativität ermöglicht. Für andere ist KI schon heute die Chefin, die zu einer Verdichtung von Arbeitsabläufen, mehr Stress, Angst vor Überwachung oder gar Jobverlust führt. Dem wirken wir aktiv entgegen. Uns ist es beim KI-Einsatz wichtig, dass die Menschen stets im Mittelpunkt der Entwicklung stehen. Das bedeutet auch, dass wir die Beschäftigten vor möglicher Überwachung am Arbeitsplatz schützen müssen. Dafür legen wir noch in diesem Jahr ein Beschäftigtendatenschutzgesetz vor.

Bei der Entwicklung und dem Einsatz von KI handelt es sich um eine der wichtigsten Standortfragen unserer Zeit. Dabei geht es auch darum, nach welchen Werten die Technologie gestaltet wird. Wenn KI-Anwendungen unseren europäischen Werten wie Demokratie, Rechtsstaatlichkeit und Diskriminierungsfreiheit entsprechen sollen, dann müssen wir in Deutschland und Europa selbst in der Lage sein, diese zu entwickeln. Dafür müssen wir den nötigen Rahmen schaffen.

Ein wichtiger Baustein für diesen Rahmen wird auf europäischer Ebene mit der KI-Verordnung verhandelt. Damit werden verbindliche, risikobasierte Anforderungen für KI-Systeme geschaffen, die in der EU erhältlich sind. In Deutschland haben wir als Bundesregierung mit der KI-Strategie, der Datenstrategie und der Digitalstrategie wichtige Rahmenbedingungen geschaffen. Dadurch können wir Unternehmen differenziert dabei unterstützen, in der Breite KI-Anwendungen einzuführen. Für eine erfolgreiche Einführung von KI-Anwendungen sind die Beteiligung von Beschäftigten und starke Mitbestimmungsrechte elementar. Dafür müssen Beschäftigte und deren Interessenvertretungen befähigt werden, diese Rechte auch effektiv wahrzunehmen.

Initiativen wie das Human-Friendly-Automation-Netzwerk sind wichtig, um die Debatte zu Chancen und Risiken Künstlicher Intelligenz in Wirtschaft und Gesellschaft zu führen und zu verankern. Denn die Technologie selbst ist weder gut noch schlecht. Es kommt darauf an, wie Unternehmen und Behörden sie einsetzen und welche Vorgaben Politik dafür macht. Welche Ziele uns dabei wichtig sind, darüber müssen wir als Gesellschaft kontinuierlich im Dialog bleiben.

Hubertus Heil, MdB, Bundesminister für Arbeit und Soziales

VORWORT DES INITIATORS

Sehr geehrte Leserinnen und Leser,
heute halten Sie das Buch mit dem Titel „Human Friendly Automation" in der Hand. Es freut mich sehr, dass Sie sich entschieden haben, dem Thema der Organisation der Arbeit im Zeitalter von Künstlicher Intelligenz Aufmerksamkeit und Zeit zu widmen.

Das Erscheinen des Buches ist für mich persönlich ein besonderer Moment: Vor vier Jahren habe ich den Begriff und das Konzept der Human Friendly Automation erstmals in meinem Team bei IBM beschrieben und konnte umgehend Mitstreiter:innen aus dem Kreis der Kolleg:innen und Kund:innen sowie die Unterstützung langjähriger Wegbegleiter:innen aus Praxis und Wissenschaft gewinnen.

Immer mehr kluge Köpfe haben sich hinter die Initiative gestellt und damit die Notwendigkeit zur Ausgestaltung einer Ära der Human Friendly Automation bekundet. Der hier vorliegenden Publikation wohnen daher bereits eine Wärme und Wertigkeit inne, die mehr ist als Papier oder digitale Zeilen. Das Buch vereint Menschen, die eine Überzeugung teilen und diese (vor-)leben. Sie haben den Mut, diese Haltung öffentlich zu machen und damit einen weltweiten Paradigmenwechsel einzuleiten.

Ethik und KI werden bislang vor allem mit dem Fokus auf das Datenmanagement diskutiert. Kein Zweifel: Diese Beschäftigung ist wichtig. Ich sehe allerdings ein Risiko in dem Fehlen eines öffentlichen und wissenschaftlichen Diskurses über die Auswirkungen von KI und der digitalen Automatisierung auf die Arbeit der Menschen. Hier geht es nicht um das Erhalten von Berufen, welche technischer Fortschritt obsolet macht. Es geht vielmehr um das frühzeitige Schaffen von Perspektiven für Beschäftigte. Es geht um ehrliche Kommunikation der Veränderungsnotwendigkeit. Es geht um die Organisation aller erforderlichen Rahmenbedingungen, die es braucht, damit jeder Mensch Tätigkeiten hat, die ihm Identität stiften und Wohlstand ermöglichen, wenn „Kollege Bot" kommt.

In dem sozialen Netzwerk LinkedIn und auf vielen Konferenzen spreche ich regelmäßig zu unserem Thema. Meine steten Wiederholungen im Sinne von Jacques Derridas Prinzip der Iteration dürften so manchen bereits nerven. Doch einerlei ob aus dem Kreis der Beschäftigten, der IT, der Arbeitnehmervertretungen oder der Arbeitgeber, der Zuspruch zu Human Friendly Automation ist enorm.

An dieser Stelle danke ich Tobias Kämpf, Barbara Langes und Hans-Joachim Gergs für die Mitherausgabe des Buches. Allen Autor:innen und Beteiligten danke ich für ihren unermüdlichen und wirksamen Einsatz zur Bekanntmachung, Vertiefung und Anwendung von Human Friendly Automation.

Als Motto zu Ihrer Lektüre möchte ich Ihnen die Worte meines ehemaligen Managers Christian Noll, IBM, mitgeben:

„Es wird künftig nur noch Human Friendly Automation oder Human Unfriendly Automation geben.“

Mit freundlichen Grüßen

Lars C. Schatilow
Initiator und Namensgeber von Human Friendly Automation

VORWORT DES WISSENSCHAFTSTEAMS

Nach vielen Jahren Forschung zu Künstlicher Intelligenz und dem Wandel von Arbeit ist es uns eine besondere Freude, Ihnen dieses Buch präsentieren zu können.

Durch den Einsatz von KI verändert sich die Arbeitswelt bereits heute mit großer Geschwindigkeit. Wirtschaft und Gesellschaft stehen vor einem der größten Umbrüche seit der Industrialisierung vor 150 Jahren. Als wir begannen, zu diesem Thema zu forschen, war die Debatte in Deutschland geprägt durch Ängste vor drohenden Arbeitsplatzverlusten und einer neuen Qualität von Kontrolle sowie durch einen einseitigen Fokus auf Kostensenkungen. Mit unserem Forschungsprojekt humAIn work lab – gefördert vom Bundesministerium für Arbeit und Soziales (BMAS) im Rahmen der Initiative Neue Qualität der Arbeit (INQA) – wollten wir als Forschende einen Perspektivwechsel wagen. Unser Ziel war es, nach den emanzipativen Potenzialen von KI zu suchen, um neue Vorwärtsstrategien denken zu können. Wir wollten erproben, wie man mit KI Arbeitsprozesse verbessern, die Arbeitsqualität der Menschen steigern und ihre Handlungsfähigkeit erhöhen kann.

Dieses Buch mit all seinen Beiträgen zeigt, dass dies möglich ist! Für uns ist es deshalb ein (hoffentlich vorläufiger) Höhepunkt unserer Forschungsarbeit. Entstanden ist es in enger Kooperation mit der Initiative Human Friendly Automation. Dieses Graswurzel-Netzwerk ist mit der Mission angetreten, all die Menschen zusammenzubringen, die KI bereits heute in der Praxis zum Einsatz bringen und sich aktiv dafür einsetzen, KI und Automatisierung im Sinne der Menschen zu gestalten.

Unser allererster Dank gilt deshalb den HFA-Mitstreiter:innen. Wir durften das HFA-Netzwerk von Anfang an wissenschaftlich begleiten und schon zu einem frühen Zeitpunkt immer wieder unsere wissenschaftlichen (Zwischen-)Ergebnisse einbringen. Wir konnten so an unzähligen Sessions teilnehmen, in denen die Gründungsmitglieder darum gerungen haben, eine Werte-Charta für die nachhaltige Gestaltung von Automatisierung und KI in der Arbeitswelt zu entwickeln. Gerade in der tristen Zeit der Pandemie war es für uns äußerst inspirierend zu sehen, wie Menschen aus unterschiedlichen Organisationen zusammengefunden haben, um gemeinsam nach neuen Wegen für eine nachhaltige Gestaltung von KI zu suchen. Zum Kern der Gründungsmitglieder sind in den letzten Jahren immer weitere Personen dazugestoßen, um ihre Erfahrungen einzubringen und voneinander zu lernen. Konkreter Ausdruck dieses Erfolgs sind die mehr als 40 Partner:innen, die mit uns an diesem Buch gearbeitet haben. Ihnen gilt ein besonderer Dank, denn die Publikation lebt von ihren Beiträgen.

Unsere Arbeit beruht auf einem lebendigen wissenschaftlichen Austausch und intensiver empirischer Feldforschung. Wir möchten uns deshalb auf der einen Seite bei unseren wissenschaftlichen Partnern INPUT Consulting gGmbH und ifaa – Institut für angewandte Arbeitswissenschaften e. V. bedanken; und auf der anderen Seite bei den unzähligen Interviewpartner:innen, die sich die Zeit für uns genommen haben, um uns Einblicke zu geben, wo ihre Organisationen beim Einsatz von KI stehen, wie sich ihre Arbeitswelt verändert und was aus ihrer Sicht nachhaltige Gestaltungsansätze auszeichnet. Diese Expertengespräche und Intensiv-Interviews bilden die Grundlage für unsere wissenschaftliche Analyse. Ein spezieller Dank gilt auch all denen, die uns mit Engagement die Türen in die Unternehmen geöffnet und so diese Studie mit ermöglicht haben. Sie sind Teil eines weitreichenden Partnernetzwerks zu KI und dem Wandel von Arbeit, das im Zuge des Projekts immer weiter gewachsen ist. All diese Personen sind uns mit Rat und Tat zur Seite gestanden, haben mit uns die Ergebnisse diskutiert, diese geteilt oder sogar selbst eigene Experimentierräume aufgebaut.

Wir bedanken uns besonders beim Bundesministerium für Arbeit und Soziales und der Initiative Neue Qualität der Arbeit, ohne die die Umsetzung des Forschungsprojekts humAIn work lab nicht möglich gewesen wäre. Das BMAS fördert dieses Projekt nicht nur in materieller, sondern vor allem auch in ideeller Hinsicht: Ausdruck dieses Engagements sind das Grußwort von Bundesminister Hubertus Heil und der Beitrag von Judith Peterka und Linda Wichman. Die INQA-Geschäftsstelle und der Projektträger gsub haben mit ihrer tatkräftigen und konstruktiven Begleitung die Durchführung von KI-Experimentierräumen erst möglich gemacht.

Ein großer Dank gilt zudem unseren Partner:innen bei der Umsetzung der Publikation. Wir danken unseren Mitherausgebern Lars Schatilow und Hans-Joachim Gergs für die großartige Zusammenarbeit und die kritischen, aber stets produktiven Diskussionen, durch die wir uns gemeinsam weiterentwickelt haben. Wir danken Eva Meschede für die journalistische Aufbereitung der Interviews und Frank Seiß für die Unterstützung beim inhaltlichen Feinschliff und das kompetente Lektorat. Tanja Leyerer danken wir für die Mitarbeit bei der Umsetzung des Vorhabens.

Und schließlich danken wir dem Verlag Frankfurter Allgemeine Buch und seinem Programmleiter Dr. Jens Seeling für die stets angenehme Zusammenarbeit bei der Fertigstellung des Buches.

Tobias Kämpf, Barbara Langes

I. EINLEITUNG

Zur Einführung

Tobias Kämpf, Barbara Langes, Lars Schatilow, Hans-Joachim Gergs

KI und die Revolution in der Arbeitswelt

Während dieses Buch entstand, ist die Aktie des auf Künstliche Intelligenz (KI) spezialisierten Unternehmens NVIDIA um mehr als 250 Prozent gestiegen. Die weltweite Aufmerksamkeit für generative KI, die ChatGPT erzeugt, hat ein Beben nicht nur in der Wirtschaftswelt ausgelöst. Ein neues Wettrennen ist im Gang. Die großen Tech-Giganten wie IBM, Microsoft oder Alphabet positionieren sich mit eigenen Leistungsangeboten. Und auch viele neue Akteure nutzen die Chance, um mit ihren KI-Kompetenzen den Markt zu gestalten – darunter auch hiesige Start-ups wie DeepL aus Köln oder Aleph Alpha aus Heidelberg.

McKinsey prognostiziert, dass allein die generative KI die weltweite Wertschöpfung um 2,6 bis 4,4 Billionen Dollar steigern könnte (The economic potential of generative AI: The next productivity frontier. Report, 14. Juni 2023). Ähnliche Erwartungen haben die Marktforscher von „Research & Markets": Während KI im Jahr 2021 noch ein weltweites Marktvolumen von 95,6 Milliarden US-Dollar verzeichnen konnte, erwarten sie nun in ihrer im Februar 2023 erschienenen Studie bis zum Jahr 2030 eine fast unglaubliche Steigerung auf 1811,75 Milliarden US-Dollar (Artificial Intelligence Market Size, Share & Trends Analysis Report). In Deutschland hat sich laut dem Bundeswirtschaftsministerium die Anzahl der Unternehmen, die KI aktiv nutzen, zwischen 2019 und 2021 nahezu verdoppelt (Handelsblatt, 25. Mai 2022). Der Branchenverband Bitkom berichtet, dass KI bereits heute in fast der Hälfte (48 Prozent) der Unternehmen mit mehr als 2000 Beschäftigten zum Einsatz kommt. Und in einem weiteren Viertel aller Unternehmen wird der Einsatz von KI derzeit geplant und diskutiert (KI gilt in der deutschen Wirtschaft als Zukunftstechnologie – wird aber selten genutzt. Presseinformation, 13. September 2022).

Folgt man diesen Prognosen, werden KI und die damit verbundene Automatisierung in der Arbeitswelt schon bald so selbstverständlich sein, wie sie es im Alltag längst geworden sind (Stichwort: Smartphone). In der

Tat ist es erstaunlich, wie bereits heute immer mehr Tätigkeiten durch KI verändert werden. Selbst das Cover dieses Buches wurde mit KI erzeugt. In der Praxis reichen die Beispiele vom Einsatz „intelligenter" Roboter in den Fabriken der Industrie 4.0 über die Automatisierung von Verwaltungstätigkeiten mit „Robotic Process Automation" (RPA) bis hin zur algorithmengestützten Diagnostik in der modernen Medizin. McKinsey erwartet deshalb nicht weniger als eine „next productivity frontier" und eine neue „Anatomie von Arbeit" (2023). Insbesondere die neuen Fähigkeiten generativer KI im Umgang mit natürlicher Sprache schaffen demnach die Grundlage für einen regelrechten Automatisierungsschub. Anders als früher stehen nun nicht mehr niedrig qualifizierte „Blue-collar"-Jobs im Fokus, sondern Wissensarbeit und die Welt der Büros. Kombiniert mit anderen Technologien stellen die Berater eine enorme Steigerung der Arbeitsproduktivität um bis zu 3,3 Prozentpunkte in Aussicht. Gibt es damit vielleicht sogar eine technische Abhilfe für die großen Herausforderungen auf den Arbeitsmärkten unserer Gesellschaften, wie den Fachkräftemangel und den demografischen Wandel?

Doch während der technische Fortschritt galoppiert, wird selbst den „Reitern" dieser Entwicklung mulmig zumute. So zeigte sich kürzlich Sam Altman, CEO von Open AI, dem Unternehmen hinter der generativen KI-Software ChatGPT, bei einer Anhörung vor dem US-Senat besorgt über die Folgen von KI für die Menschheit und sprach sich für die Schaffung einer „KI-Behörde" aus (Neue Zürcher Zeitung vom 16. Mai 2023). Und in einem offenen Brief der gemeinnützigen Initiative „Future of Life" riefen über 1000 KI-Experten – darunter digitale Meinungsführer wie Elon Musk, Apple-Co-Founder Steve Wozniak, der CEO von Stability AI Emad Mostaque und zahlreiche Entwickler der Google-Tochter DeepMind – im Frühjahr 2023 zu einem Moratorium auf, dem zufolge die Entwicklung für sechs Monate pausieren sollte, um erst einmal ein global gültiges Regelwerk zu schaffen. Das Ziel: Leistungsstarke KI-Systeme sollen erst dann entwickelt werden, wenn gesichert ist, dass ihre Auswirkungen für Menschen positiv und die Risiken überschaubar sind. Denn „KI-Systeme mit einer Intelligenz, die Menschen Konkurrenz macht, können große Risiken für Gesellschaft und die Menschheit bergen" (Pause Giant AI Experiments: An Open Letter, 22. März 2023, auf futureoflife.org).

Als KI-, HR-, Change-Expert:innen und als Wissenschaftler:innen beschäftigen wir uns aus unterschiedlichen Perspektiven seit vielen Jahren intensiv mit KI und ihren Auswirkungen auf Organisationen und die Arbeit der Menschen. Ein Fokus, der – so mussten wir feststellen – lange eine Nische war. Doch auch wir hätten diesen Zauberlehrlings-Effekt („die ich rief, die Geister, werd ich nun nicht los") weltweit führender Köpfe des digitalen Fortschritts kaum erwartet. Die Verbreitung von generativer KI durch ChatGPT wirkte wie ein Turbo und hat die Aufmerksamkeit für die gesellschaftlichen Folgen von KI enorm gesteigert. Wir wollen diese Dynamik nutzen, um mit diesem Buch den Blick auf die Umbrüche in der Arbeitswelt zu richten.

Die Geschichte hat gezeigt, dass neue und disruptive Technologien zur Umgestaltung ganzer Gesellschaften führen können. Künstliche Intelligenz und die digitale Transformation haben dieses Potenzial. Wirtschaft und Arbeitswelt befinden sich mitten in einem der größten Umbrüche seit der Industrialisierung vor 150 Jahren. Damit verbunden sind sehr grundlegende Fragen: Was bedeuten Automatisierung und Künstliche Intelligenz für die Arbeit der Zukunft? Welche Tätigkeiten fallen weg, welche Berufsfelder entstehen neu? Wie können wir Bots zu mehr nutzen, als nur Kosten einzusparen und Kund:innen ein neues Erlebnis zu bieten? Und wie können wir Beschäftigte im Umgang mit KI rechtzeitig so befähigen, dass sie selbst zu Gestalter:innen und Gewinner:innen dieser Entwicklung werden?

Unternehmen in Deutschland stehen damit vor einer doppelten Herausforderung. Auf der einen Seite müssen sie KI mit rasantem Tempo zum Einsatz bringen, um im weltweiten Wettlauf der digitalen Transformation nicht weiter an Boden zu verlieren. Die neue Technologie wird dringend benötigt – z. B. für neue Geschäftsmodelle, bessere Kundenerlebnisse und effizientere Prozesse. Auf der anderen Seite brauchen sie jedoch nachhaltige und langfristig angelegte Strategien, die auch die Zukunft der Arbeit im Blick haben. Geschäftsleitungen würden fahrlässig handeln, wenn sie nicht schon heute beginnen würden, strategische Personalplanung und Personalentwicklung mit KI-Projekten zu verzahnen. Aus der Praxis wissen wir: Weder die Einführung noch die tägliche Nutzung von KI ist erfolgreich, wenn diejenigen nicht mit dabei sind, die damit täglich arbeiten sollen. Viele KI-Projekte scheitern deshalb trotz vielversprechender Use-

Cases – weil die Skalierung in der Organisation über die Köpfe der Menschen nicht gelingt. Weder der Fachkräftemangel lässt sich so anpacken noch der Rückstand zu den großen Tech-Companies aufholen.

Wir sind überzeugt: Ohne neue und nachhaltige Konzepte können wir die Potenziale der Digitalisierung nicht ausschöpfen und diesen Paradigmenwechsel nicht erfolgreich bewältigen. Für Unternehmen ist dies eine ökonomische und betriebswirtschaftliche Zukunftsfrage ersten Ranges. Aber dahinter verbirgt sich auch eine gewaltige gesellschaftliche Herausforderung: Wenn die Beschäftigten sich mehr und mehr als Opfer des technologischen Fortschritts erleben (müssen), steht der Zusammenhalt ganzer Gesellschaften auf dem Spiel.

Human Friendly Automation: KI braucht Werte und muss nachhaltig sein

Human Friendly Automation wird getragen von Menschen, die aus der Praxis kommen. Sie arbeiten als KI- und Automations-Expert:innen, Führungskräfte, Spezialist:innen für Human Resources (HR) und digitales Veränderungsmanagement in unterschiedlichen, weltweit tätigen Unternehmen, der Wissenschaft und dem öffentlichen Sektor. Sie haben sich zusammengefunden, um gemeinsam nach konkreten Ansätzen für eine verantwortungsvolle Gestaltung von KI und digitaler Automatisierung in der Arbeitswelt zu suchen. Sie spüren in ihrer täglichen Arbeit, dass großer Handlungsbedarf besteht.

Als Expert:innen erleben sie, wie sich die Arbeitswelt schon heute durch KI massiv verändert ... und merken zugleich, dass nachhaltige Gestaltungsansätze in der Praxis oft fehlen. Sie machen immer wieder die Erfahrung,

- dass in KI-Projekten der Fokus einseitig auf bloße Kostensenkung, die Beschleunigung von Prozessen und die Reduzierung von Personal gelegt wird,
- dass Betroffene kaum beteiligt werden und sich auch ihre Qualifizierung nur auf einfachste Anwendertrainings der Software beschränkt,
- dass Personalabteilungen (HR), aber auch Beschäftigtenvertretungen als Partner nur selten vorausschauend und proaktiv eingebunden werden.

Die Allianz der Expert:innen eint die Überzeugung, dass im Umgang mit KI ein wertegeleitetes Vorgehen notwendig ist. Die Basis dafür ist das UN-Nachhaltigkeitsziel Nr. 8, in dem das Recht auf würdevolle Arbeit (Decent Work) festgehalten wird. Nicht alles, was technisch machbar und betriebswirtschaftlich rentabel ist, sollte auch umgesetzt werden. Vielmehr braucht es ein Wertefundament, das das Recht auf würdevolle und wertstiftende Arbeit in Organisationen verankert und weltweit einen Wertedialog anstößt.

Das Netzwerk hat deshalb auf Basis der in unzähligen KI-Projekten gewonnenen Erfahrung seiner Mitglieder gemeinsam eine Werte-Charta entwickelt. Mit dem Vorbild des „Agilen Manifests der Softwareentwicklung" (https://agilemanifesto.org) ist die Charta ein Leitstern, wie Automatisierung und KI nachhaltig und im Sinne der Menschen umgesetzt werden können. Sie setzt sich aus vier Wertepaaren zusammen und enthält dazu jeweils drei Handlungsprinzipien (https://de.humanfriendlyautomation.com).

Human Friendly Automation

Werte-und-Prinzipien-Charta

HUMAN FRIENDLY

I. Menschlichkeit & Autonomie	II. Offenheit & Transparenz
Namen, Gesichter und Geschichten sind wichtiger als Prozesse, Kennzahlen und Geschäftspläne. Sinnstiftende und selbstbestimmte Arbeit ist wichtiger als Prozessoptimierung. Die Zusammenarbeit zwischen Menschen ist wichtiger als Mensch-Maschine-Interaktion.	Relevante Inhalte klar und empathisch zu kommunizieren ist wichtiger als diplomatische Informationsbereitstellung. Ziele mit Betroffenen im Dialog entwickeln ist wichtiger als vollendete Tatsachen. Ehrlichkeit über eine offene Zukunft ist wichtiger als utopische Versprechungen.
III. Entfaltung & Befähigung	**IV. Ganzheitlichkeit & Langfristorientierung**
Fähigkeiten von Menschen erweitern ist wichtiger als Kostensenkungen. Mitarbeitende mitmachen und gestalten lassen ist wichtiger als detaillierte Anleitungen. Widerstände von Mitarbeitenden aktiv aufgreifen ist wichtiger als das Befolgen von Zeitplänen.	Nachhaltige Innovationen für die Zukunft sind wichtiger als kurzfristige ökonomische Ziele. Die lernende Organisation ist wichtiger als die automatisierende Organisation. Gesellschaftliche Verantwortung ist wichtiger als ein einseitiger Fokus auf die Beschleunigung und technische Machbarkeit.

Pointiert und zugespitzt zeigt die Charta auf, dass es beim erfolgreichen Einsatz von KI auf „human first" ankommt: Es geht um sinnstiftende und selbstbestimmte Arbeit, es geht darum, Projektziele gemeinsam mit den Betroffenen zu entwickeln, es geht um Qualifizierung und Befähigung – und um eine langfristige und nachhaltige Ausrichtung von KI-Projekten, die wichtiger ist als rein ökonomische Maßgaben.

Wichtig ist: Die Werte-Charta ist keine einfache „Anleitung" und kann auch keinen allgemeingültigen „one best way" vorgeben. Vielmehr ist sie konzipiert als Inspiration für Unternehmen, Behörden, Politik und Verbände, selbst nach einem eigenen nachhaltigen Weg in der Arbeitswelt zu suchen – gemeinsam mit den Beschäftigten und allen Stakeholdern in der Organisation. Sie ist eine Einladung, den Einsatz von KI nicht nur als technisches oder ökonomisches Projekt anzugehen, sondern KI auch dafür zu nutzen, die Arbeit der Menschen und ihre Arbeitsbedingungen besser und humaner zu gestalten. Und sie ist eine Aufforderung, die Erfahrungen, die bei der Anwendung gemacht werden, wieder zu teilen. Nur wenn wir immer wieder neu voneinander lernen, kann das historische Projekt einer nachhaltigen digitalen Transformation der Arbeitswelt gelingen.

Wissenschaftlich begleitet wird das Netzwerk von Soziolog:innen des ISF München im Rahmen des INQA-Projekts humAIn work lab (www.humain-worklab.de). Damit ist eine besondere Handlungskonstellation entstanden. Wissenschaftliche Ergebnisse und Befunde konnten direkt in die Praxis gebracht werden – und wurden mit den Menschen geteilt, die sich aktiv dafür einsetzen, KI und Automatisierung im Sinne der Menschen zu gestalten, und hier nach neuen Lösungen suchen. Vor allem aber bestand die einmalige Chance, gemeinsam im Netzwerk zu experimentieren und zu lernen, wie eine nachhaltige Gestaltung von KI gelingen kann. Besonders inspirierend war es zu sehen, was Empowerment und Befähigung ausmachen können und was alles möglich wird, wenn Beschäftigte von Beginn an ihre Interessen und Erfahrungen einbringen und die Prozesse mitgestalten können. Und nicht zuletzt wird so auch dem emanzipatorischen Anspruch einer Humanisierung der Arbeitswelt Rechnung getragen.

Ziel und Aufbau des Buches

KI ist heute in der gesellschaftlichen Debatte allgegenwärtig. Frei nach Karl Valentin möchte man meinen: Zu KI ist alles gesagt, nur noch nicht von jedem?! Wir wollen mit diesem Buch das Gegenteil beweisen. Bislang konzentriert sich die Diskussion auf neue Geschäftsmodelle oder auf eine ethische Bewertung der Folgen von KI für die Gesellschaft als Ganzes. Die Ebene dazwischen, wo KI entsteht – nämlich die Arbeitswelt –, bleibt jedoch als Blackbox außen vor. KI fällt nicht „vom Himmel", sondern wird in modernen Unternehmen entwickelt, in konkrete Anwendungen und Prozesse überführt und bestimmt schließlich den Arbeitsalltag von Millionen von Menschen auf der ganzen Welt. Hier werden heute die Weichen für die Zukunft gestellt.

Unser Buch mit dem Titel „Human Friendly Automation" stellt deshalb die Arbeit und die Folgen für die Beschäftigten in den Mittelpunkt. Wie können wir Arbeit im Zeitalter generativer KI und digitaler Automatisierung „human friendly" gestalten? Es versammelt dazu die Überlegungen, Erfahrungen und Positionierungen von Meinungsführer:innen und Vordenker:innen aus der deutschen Wirtschaft und dem öffentlichen Sektor – und verknüpft diese zu einer neuen Vision. Wie sich diese umsetzen lässt? Dazu geben Expert:innen aus international tätigen Unternehmen und der Wissenschaft handfeste Einblicke – aus der Praxis für die Praxis.

Das Buch richtet sich an alle, die sich mit der Einführung von KI in der Arbeitswelt auseinandersetzen. Wir wollen Entscheider:innen bei der Gestaltung einer neuen Arbeitswelt Orientierung bieten. Die Beiträge sind Denkimpulse und bieten die Chance, den Status quo in der eigenen Organisation zu hinterfragen. Gleichzeitig zeigen wir anhand von konkreten Beispielen und Vorgehensmodellen, wie Sie schon heute Human Friendly Automation umsetzen können und z. B. betriebswirtschaftliche mit personalstrategischen Zielen intelligent verzahnen können.

Wir geben Ihnen damit auch einen Einblick in unsere Arbeit als Human-Friendly-Automation-Allianz der Expert:innen. Ziel ist es, HFA einem breiten Publikum bekannt zu machen, die Werte-Charta in die Praxis zu bringen und Erfahrungen in einer wachsenden Community zu teilen.

Wir freuen uns, dass sich mehr als 40 prominente Vordenker:innen aus unterschiedlichen Bereichen der Wirtschaft, dem öffentlichen Dienst, der Wissenschaft und der Politik bereit erklärt haben, sich mit einem Beitrag an diesem Buch zu beteiligen.

Die Beiträge lassen sich in vier Kategorien untergliedern:

- In einem ersten Teil (Kapitel II) stellt der Gründer von Human Friendly Automation und des Netzwerks, Lars Schatilow, den Anlass und die Intention für HFA sowie die Werte-Charta vor.
- Im zweiten Teil (Kapitel III) präsentieren wir die wissenschaftlichen Erkenntnisse, die unserer Publikation zugrunde liegen. Barbara Langes und Tobias Kämpf vom ISF München haben die HFA-Bewegung im Rahmen des BMAS-Projekts humAIn work lab fast von Anfang an begleitet und mit evidenzbasierten Fakten gestützt. Sie erklären auf der Grundlage neuester Forschungsergebnisse, warum wir in der digitalen Transformation neue Konzepte und ein Empowerment der Beschäftigten brauchen.
- Im dritten Teil (Kapitel IV) kommen dann hochrangige Vordenker:innen aus der Praxis zu Wort. In Interviews haben die Herausgeber:innen mit Entscheider:innen und Strateg:innen diskutiert, warum sie HFA unterstützen und wie sie die Werte-Charta in ihren Organisationen verankern wollen.
- Im vierten Teil (Kapitel V) werden Lösungsansätze aufgezeigt. Expert:innen aus der Praxis zeigen in konkreten Fallstudien auf, wie sie schon heute Automatisierungsprojekte und KI nachhaltig gestalten und dabei vom HFA-Ansatz profitieren. Um die Perspektivenvielfalt zu erweitern, wurden diese Fallstudien kommentiert: durch Vordenker:innen mit jeweils einem anderen „Hintergrund".

Die in diesem Buch vertretenen Beiträge eröffnen unterschiedliche Blickwinkel. Über alle Beiträge hinweg herrscht jedoch in einem Punkt große Einigkeit: HFA ist nicht nur ein Thema von Strukturen, Organisationsformen und Methoden – sondern es geht vor allem um Haltung und Werte. HFA ermöglicht ein neues Denken zum Zusammenspiel von Menschen und Technik.

Das Herausgeberteam wünscht Ihnen viel Spaß beim Lesen des Buches, Zeit zum Durchdenken und viel Erfolg beim Umsetzen der dabei gewonnenen Erkenntnisse. Und: Wir würden uns freuen, wenn wir Sie als Mitstreiter:innen für die Vision einer „Human Friendly Automation" gewinnen könnten.

Werden Sie ein Human Friendly Automation Leader!

II. HUMAN FRIENDLY AUTOMATION: WOFÜR STEHT DAS NETZWERK?

Das branchenübergreifende HFA-Netzwerk: Allianz zur Gestaltung der Arbeit in der Ära digitaler Automatisierung

Lars Schatilow

LARS SCHATILOW

Foto: Gene Glover

Anlass für die Gründung des Netzwerks

Im Jahr 2016 organisierte ich eine Führungskräfte-Lernreise zum digitalen Wandel nach Detroit. Denn anders als im Silicon Valley ist es in Detroit möglich, Fehler dominanter Managementparadigmen in Traditionsunternehmen zu besichtigen und aus ihnen zu lernen.

Die „Motor City" in Michigan ist ein symbolischer Ort für die Folgen der unreflektierten Übernahme der Lehre von Frederick W. Taylor durch namhafte Praktiker – allen voran Henry Ford. Große US-Automobilmarken des letzten Jahrhunderts haben die Entwicklung von der Industrie 1.0 zur Industrie 3.0 nicht überlebt.

Abbildung 1: Der ehemalige Hauptbahnhof von Detroit: Symbol für das Ende von gesellschaftlichem Wohlstand aufgrund von Managementfehlern. Foto: Privat

Externe Faktoren, wie die Ölkrise der 1970er Jahre und neue Mitbewerber aus Asien, zeigten dem Management die Anfälligkeit des Taylor'schen Systems auf. Mit gravierenden und langfristigen Folgen für die Beschäftigten, ihre Familien und die gesamte Region: Massenarbeitslosigkeit und eine gespaltene Gesellschaft führten zu Unruhen, Zerstörungen und sozialen Veränderungen, die das Stadtbild noch immer prägen. Wer den „Decline of Detroit" noch nicht vor Ort sehen konnte, sollte sich ein Bild machen. Man wird zurückkehren und Unternehmen anders führen.

Ein für die spätere Erfindung von „Human Friendly Automation" ausschlaggebendes Moment war ein Satz, den ich im Detroiter Museum „The Henry Ford" lesen konnte: Es sei Arbeitern untersagt, strategisch mitzudenken. Alle Tätigkeiten der Arbeiter sollten nach der Vorstellung Fords in zwei Tagen erlernt werden können. Der Mensch in der Fabrik war sozusagen ein „lebendes Werkzeug" – eine numerische Größe. Das Management bezog das Wissen seiner Facharbeiter an den Bändern somit nicht ein, es hatte keine Lernkultur geschaffen. Es machte langfristige Pläne und war daher insgesamt zu schnellen, tiefgreifenden Anpassungen nicht in der Lage. Das Ergebnis: ein Totalschaden – wirtschaftlich und menschlich.

Das Phänomen ist nicht neu und wurde zuletzt 2022 von Oded Galor in seinem Werk „The Journey of Humanity" für die vergangenen 2000 Jahre der Menschheit eindrucksvoll als die „malthusianische Falle" beschrieben: Immer dann, wenn technischer Fortschritt ohne parallele, umfassende Investitionen in Weiterbildung großer Teile der Bevölkerung umgesetzt wurde und nicht frühzeitig berufliche Perspektiven mit ausreichendem Einkommen entstanden, resultierten umgehend Phasen erheblicher Armut. Das kurzfristige Heben von Effizienzpotenzialen durch den technischen Fortschritt konnte nicht zu einem nachhaltigen Wohlstand und damit nicht zu einer langfristigen Verbesserung der Lebensstandards von Gesellschaften führen. Damit fehlte wiederum die Kaufkraft der Masse, sodass die Wirtschaftsleistung sank – ein Teufelskreis.

Digitale Technologien zur Automatisierung, wie generative Künstliche Intelligenz, Cloud, Blockchain, RPA, erleben weltweit eine Faszination der Bewunderung. IT-Dienstleister, Business-Analyst:innen und Kunden zeigen in Management-Meetings fast ausschließlich die Einsparungspotenziale in den Messgrößen „Arbeitsstunde" oder „Full-Time Equivalent" (FTE) auf. Gelegentlich wird noch der „Net Promoter Score" (NPS) hinzugefügt, um die Vorteile in Bezug auf das Kundenerlebnis darzustellen. „Key Performance Indicators" (KPI) beispielsweise für die rasche Weiterqualifizierung der von Automatisierung Betroffenen oder für die schnelle, erfolgreiche Übernahme einer neuen, wohlstandssichernden Tätigkeit gibt es hingegen nicht.

Die Erfolge des technischen Fortschritts sind bewundernswert, ohne Zweifel. Wir alle schätzen den Komfort aus der digitalen Automatisierung. Alles, was automatisierbar ist, wird automatisiert werden.

Deutlich wird aber auch: Wenn wir weiterhin die Ziele für die technischen Projekte ohne die Berücksichtigung von Zielen für eine wohlstandssichernde und würdevolle Zukunft der Menschen setzen, ist die Gefahr einer „malthusianischen Falle" groß.

Drehbuchautor:innen in Hollywood haben im Mai 2023 das erste Mal u. a. aus Sorge vor generativer KI gestreikt. Sie haben die berechtigte Angst, dass in einer wirtschaftlich angespannten Branche Unternehmensleitungen geneigt sein könnten, die kreative Tätigkeit des Schreibens an die KI zu übergeben. Den Autor:innen bliebe lediglich die Aufgabe der Überarbeitung und Kontrolle. Ihre berufliche Identität wäre massiv betroffen. Arbeitgeber hätten eine Begründung für Lohnkürzungen. Neue Einsatzmöglichkeiten und stärkenbasierte Umschulungen wurden nicht aufgezeigt. Der Wohlstand der Beschäftigtengruppe einer ganzen Branche wäre in Gefahr.

Nun gibt es die „Fraktion der Verharmloser“, die die Frage nach der Zukunft der Beschäftigten dem Zufall überlassen möchte: Durch die Technik werde es letztlich mehr Arbeit als vorher geben. Auch das mag zutreffend sein. Denkt man aber daran, dass beispielsweise fast alle Wertschöpfungstätigkeiten im Massengeschäft von Versicherern oder im Automobilbau „Ende zu Ende“ automatisierbar sind, wäre die „Haltung der Zufälligkeit“ in Bezug auf die Frage nach neuen Einsatzfeldern für große Teile der Beschäftigten zynisch. Detroit hat gezeigt, was die Folgen einer derartigen Einstellung in Wirtschaft und Wissenschaft sind. Detroit ist das Symbol der Existenz der malthusianischen Falle im 21. Jahrhundert.

Digitale Automatisierung wird die Wirtschaft gravierend verändern. Darüber sind sich alle einig. Das Bewusstsein zu schaffen für einen nicht aufschiebbaren Auftrag zur Gestaltung der Arbeit von Menschen entlang der technischen Projekte, das war meine Motivation zur Gründung von Human Friendly Automation im Sommer 2019.

Da viele Organisationen aufgrund von Datenmanagement noch einen geringen skalierten KI-Reifegrad haben, besteht die historisch einmalige Chance, den technischen Fortschritt mit dem Recht auf würdevolle und wertstiftende Arbeit in Einklang zu bringen. Auf diese Weise werden die Vorteile der digitalen Automatisierung nachhaltig wirtschaftliches Wachstum und Nutzen für die Menschheit generieren.

Mir war bewusst, dass ein Beratungsangebot für einzelne Organisationen nicht reicht. Die Schwungkraft eines branchenübergreifenden, internationalen Netzwerks, unterstützt von anerkannten Meinungsführer:innen, ist erforderlich.

Das branchenübergreifende Netzwerk: die HFA-Allianz der Expert:innen

Am 9. Juni 2020 durfte ich das erste Treffen des HFA-Netzwerks ins Leben rufen. Am virtuellen Kick-off nahmen u. a. Expert:innen für Digitales Change-Management, HR und KI aus Organisationen wie der ALH Gruppe, AUDI AG, BASF SE, Bundesagentur für Arbeit, Deutsche Telekom AG, IBM Deutschland GmbH, Siemens AG und Vodafone Deutschland GmbH teil.

Abbildung 2: Kick-off-Meeting, 9. Juni 2020: Ideen für Aktivitäten des Netzwerks

Das Institut für Sozialwissenschaftliche Forschung (ISF) München e. V. war ebenfalls ab Gründung des Netzwerks beteiligter Partner. Das ISF begleitet die Initiative Human Friendly Automation wissenschaftlich im Rahmen des vom Bundesministerium für Wirtschaft und Soziales (BMAS) geförderten Forschungsprojekts „humAIn work lab – Künstliche Intelligenz und der Wandel von Arbeit". Das hier vorliegende Buchprojekt ist Teil der wissenschaftlichen Aufbereitung im Rahmen der Forschung des ISF München. Die Co-Herausgebenden des ISF skizzieren ihre Arbeit in einem eigenen Beitrag.

Seit dem ersten Treffen findet – ohne Unterbrechung – monatlich mindestens ein virtuelles Meeting des HFA-Netzwerks statt. Die Gruppe der Aktiven ist kontinuierlich gewachsen. Es kamen nach kurzer Zeit weitere Expert:innen u. a. von Bosch Siemens Haushaltsgeräte (BSH), dem Deutschen Gewerkschaftsbund (DGB), dem Branchenverband BITKOM sowie aus der Wissenschaft von der RWTH Aachen und vom Massachusetts Institute of Technology (MIT) hinzu. Gemeinsam formulierten wir eine Vision und Mission und setzten das operative Ziel, in einem ersten Schritt eine Werte-und-Prinzipien-Charta für die Ära digitaler Automatisierung zu schaffen.

Diese soll ähnlich einem Grundrechte-Katalog wirken und den Menschen und seine wertstiftende und würdevolle Arbeit stets über den technischen Fortschritt durch KI und Automatisierung stellen.

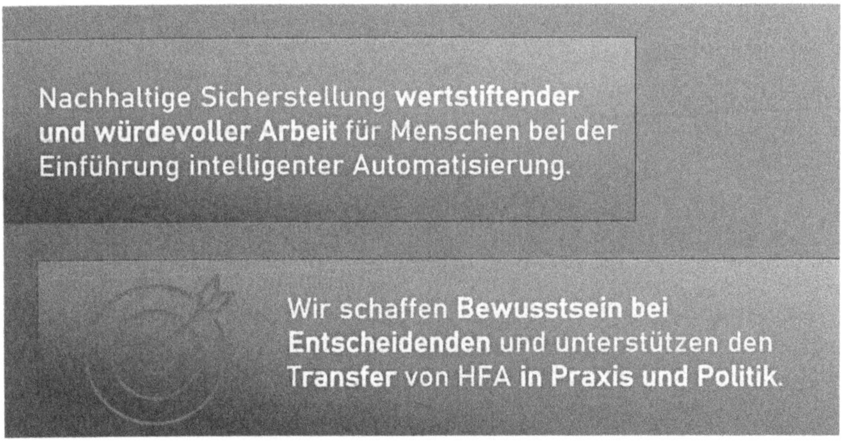

Abbildung 3: Vision und Mission der globalen HFA-Allianz der Expert:innen

Aufgrund der anhaltend starken Nachfrage war schnell klar, dass der Kreis der Autor:innen der Charta auf ein Kernteam beschränkt sein sollte, die HFA-Allianz der Expert:innen. Um dennoch möglichst vielen den Aufbau von Wissen zu dem Themenfeld „Human Friendly Automation" zu ermöglichen, wurde im sozialen Netzwerk LinkedIn die Gruppe „Human Friendly Automation" gegründet, die seitdem ebenfalls schnell gewachsen ist.

Die HFA-Werte-und-Prinzipien-Charta: Entstehung, Inhalt und Anwendung

Die monatlichen virtuellen Sitzungen der HFA-Allianz der Expert:innen folgten dem Ablauf, dass zunächst ein Anwendungsfall aus der Praxis von KI- und Automatisierungsexpert:innen der IBM sowie von Mitgliedern des Netzwerks und Gästen vorgestellt wurde. Diese „Cases" wurden in Bezug auf die Auswirkungen auf die Arbeit intensiv analysiert und diskutiert. Herausforderungen wurden identifiziert, welche die Mitglieder des Netzwerks in ihren Organisationen „als Hausaufgabe" erkundeten. Der Prozess der Entwicklung der Charta erfolgte auf Basis des Design-Thinking-Rahmenwerks und unter Anwendung von Kreativtechniken.

Durch die intensive und gemeinschaftliche Erkundung aller Beteiligten konnten Werte sondiert und in vielen diskursiven Meetings des Netzwerks sowie durch die wissenschaftliche Begleitung überarbeitet und finalisiert werden. Das Ergebnis waren vier Wertepaare.

Kleingruppen bildeten sich um die jeweiligen Wertepaare. Diese Teams erkundeten wiederum jeweils Vorschläge für Prinzipien. Die Kleingruppen trafen sich zwischen den monatlichen Treffen des Promotorennetzwerks und erarbeiteten Vorschläge, die zur Diskussion und Abstimmung im HFA-Netzwerk gestellt wurden.

Jeder Wert, jedes Wertepaar und jedes Wort der Prinzipien wurde damit von über 20 erfahrenen Expert:innen für Digital Change, HR und KI intensiv geprüft. Es waren teils hitzige und lang andauernde Sitzungen, die am Ende jedoch stets zum Konsens führten.

Der Entwicklungsprozess der HFA-Werte-und-Prinzipien-Charta dauerte insgesamt 13 Monate und involvierte neben dem Kernteam auch viele weitere Wissensträger, die das Ergebnis kritisch prüften. Den Co-Autor:innen, mit denen ich die Charta erarbeiten durfte, sei an dieser Stelle nochmals herzlich gedankt: Larissa Bisch, Manuela Brede, Elisabeth Cartolaro, Hannah Sophie Dickenbrock, Dirk Eichler, Martin Födisch, Hans-Joachim Gergs, Tanja Hencker, David Hirsch, Clemens Holst, Nadine Hohmann, Tobias Kämpf, Stephanie Kuhn, Barbara Langes, Mohes Munschizada, Carolin Nina-Mamani, Lisa Allegra Markert, Tim Peters, Thilan Phuong Pham, Michael Rosenthal, Sarah Schmidt und Kathinka Schüssler.

Die Charta hat bisher großen Zuspruch gefunden. Es wurde von Anwender:innen rückgemeldet, dass im Vergleich zu abstrakten ethischen Leitlinien die HFA-Werte-und-Prinzipien-Charta sehr konkrete Impulse für die Praxis bietet. Für alle bisher bekannten Fälle zu den Auswirkungen intelligenter Automatisierung auf Menschen und ihre Arbeit findet sich ein Prinzip und Wertepaar.

Der Anspruch des Netzwerks, die Charta pragmatisch zu formulieren, wurde auch durch die Orientierung am Aufbau und an der Wirkung des „Agilen Manifests der Software-Entwicklung“ deutlich gemacht. Das 2001 entstandene Agile Manifest formuliert Werte für die Entwicklung von Software. Die renommierten Autor:innen und Begründer:innen haben dort jeweils die Formulierung „mehr als“ für die Abwägungen zwischen den Werten gewählt. Sie erklären den Satzaufbau wie folgt: „Obwohl wir die Werte auf der rechten Seite wichtig finden, schätzen wir die Werte auf der linken Seite höher ein“ (https://agilemanifesto.org/iso/de/manifesto.html). Übertragen auf die HFA-Werte-und-Prinzipien-Charta ergibt sich

Human Friendly Automation
Werte-und-Prinzipien-Charta

HUMAN FRIENDLY

I. Menschlichkeit & Autonomie Namen, Gesichter und Geschichten sind wichtiger als Prozesse, Kennzahlen und Geschäftspläne. Sinnstiftende und selbstbestimmte Arbeit ist wichtiger als Prozessoptimierung. Die Zusammenarbeit zwischen Menschen ist wichtiger als Mensch-Maschine-Interaktion.	**II. Offenheit & Transparenz** Relevante Inhalte klar und empathisch zu kommunizieren ist wichtiger als diplomatische Informationsbereitstellung. Ziele mit Betroffenen im Dialog entwickeln ist wichtiger als vollendete Tatsachen. Ehrlichkeit über eine offene Zukunft ist wichtiger als utopische Versprechungen.
III. Entfaltung & Befähigung Fähigkeiten von Menschen erweitern ist wichtiger als Kostensenkungen. Mitarbeitende mitmachen und gestalten lassen ist wichtiger als detaillierte Anleitungen. Widerstände von Mitarbeitenden aktiv aufgreifen ist wichtiger als das Befolgen von Zeitplänen.	**IV. Ganzheitlichkeit & Langfristorientierung** Nachhaltige Innovationen für die Zukunft sind wichtiger als kurzfristige ökonomische Ziele. Die lernende Organisation ist wichtiger als die automatisierende Organisation. Gesellschaftliche Verantwortung ist wichtiger als ein einseitiger Fokus auf die Beschleunigung und technische Machbarkeit.

Abbildung 4: HFA-Werte-und-Prinzipien-Charta. Veröffentlicht auf der Homepage des Netzwerks in Englisch und Deutsch: www.hfa-manifesto.com

daraus der Hinweis: „Obwohl wir die Prinzipien auf der rechten Seite wichtig finden, schätzen wir die Prinzipien auf der linken Seite höher ein."

Die Charta soll einen Dialog in den Organisationen entfachen. Es ist nicht der Anspruch des Netzwerks, dass die Werte und Prinzipien 1:1 übernommen werden. Vielmehr sind Geschäftsleitungen und ihre Führungsteams angehalten, sich zunächst mit dem aktuellen Vorgehen bei der Einführung von Hochtechnologien und den Auswirkungen auf Arbeit zu beschäftigen. Die Charta bietet dazu eine Gesprächsgrundlage und Orientierung – beispielsweise in einem Executive Offsite zur Entwicklung einer Vision für die Gesamtorganisation in der Ära von KI und digitaler Automatisierung. Gemeinsam können bestehende Werte der Organisation in Abgleich mit der Charta des HFA-Netzwerks gebracht werden. Auf diese Weise kann die oberste Managementebene ein Leitbild entwickeln, das wie ein Versprechen für die Belegschaft gilt: „Wir werden die Ära der digitalen Automatisierung human friendly gestalten und haben uns dafür eine Wertebasis gegeben." Diese Botschaft ist wichtig, um Vertrauen in der Gesamtorganisation zu schaffen – eine Grundvoraussetzung für die Skalierung der Technologien.

Im Rahmen eines HFA-Werte-Mitmachprozesses können im Nachgang möglichst viele Führungskräfte und Mitarbeitende eingeladen werden, sich mit den Werten und Prinzipien der Organisation für KI und digitale Automatisierung zu beschäftigen. In diesen Team-Workshops werden anschließend konkrete Maßnahmen („Hacks") diskutiert und beschlossen, um die Werte in die Praxis umzusetzen. Das ist insbesondere für Beschäftigte relevant, die an der Einführung von digitalen Automatisierungsprojekten beteiligt sind. Bestehende ethische Grundsätze – beispielsweise von KI-Ethikräten – können im Rahmen dieses „HFA Value Hacking" ebenfalls berücksichtigt werden.

Der Wissenstransfer der HFA-Allianz der Expert:innen: Meetups, Öffentlichkeitsarbeit und der HFA-Day

Neben der Entwicklung der Charta hat sich die globale HFA-Allianz der Expert:innen zum Ziel gesetzt, die Wissensbasis zur Gestaltung der Arbeit im Rahmen der digitalen Automatisierung in Wirtschaft, Wissenschaft und Politik zu verbreitern. Das Netzwerk vereint branchen- und länderübergreifend Menschen, die aus der Praxis kommen. Den daraus resultierenden Erfahrungsaustausch erleben nicht nur die HFA-Promotoren als bereichernd, sondern auch Teilnehmende der regelmäßigen Wissenstransfer-Aktivitäten des Netzwerks.

Mehrere Meetups zu spezifischen Fragestellungen innerhalb des breiten Themenfeldes „Human Friendly Automation" wurden in hybriden Settings halbjährlich realisiert. Hierzu wurden weitere Expert:innen als Gastredner eingeladen, die beispielsweise die Relevanz des betrieblichen Gesundheitsmanagements, die Bedeutung interner Jobmärkte oder die Rolle von Personalabteilungen für eine erfolgreiche Human Friendly Automation fokussierten.

HFA-Expert:innen sind auf internationalen Leitkonferenzen zur digitalen Transformation mit Vorträgen und als Podiumsgäste präsent, etwa bei Bitkom Digital Office; LABOR.A®; re:publica; IBM Think on Tour; Zukunft Personal; Changetagung Basel; Workday Rising Europe; Nationaler Digitalgipfel (Deutschland); E-world energy & water. In Podcasts – wie Helden der Arbeit, Digitacheles – oder bei Veranstaltungen mit Executive-MBA-Studierenden renommierter internationaler Hochschulen soll möglichst vielen heutigen und künftigen Entscheidungstragenden die Relevanz von Human Friendly Automation vermittelt werden. Die Resonanz der Zuhörenden und Teilnehmenden war stets positiv. Hinzu kommen regelmäßige Publikationen in Wissenschaft und Social Media sowie Berichterstattungen in überregionalen deutschen Tageszeitungen wie Tagesspiegel, Handelsblatt, Süddeutsche Zeitung sowie Medien wie Haufe Online. Über die (Pionier-)Arbeit der Promotorin Andrea Martin, Mitglied der ehemaligen Enquete-Kommission KI des Bundestages, fand HFA frühzeitig Eingang in den parlamentarischen Raum der Bundesrepublik Deutschland.

Die IBM Deutschland GmbH und die Bundesagentur für Arbeit (BA) haben sich als Erste zu der Arbeit und der Werte-Charta des HFA-Netzwerks bekannt. Der Deutsche Gewerkschaftsbund (DGB) hat HFA als „Best Practice" in seinem Positionspapier zum nationalen Digitalgipfel 2022 empfohlen. Insbesondere durch die starken Stimmen für HFA seitens der Vorstandsvorsitzenden der BA Andrea Nahles und des BA CIO Dr. Markus Schmitz erfährt die Arbeit des Netzwerks bei Geschäftslei-

Abbildung 5: Impressionen vom HFA-Day I und II im IBM Watson Center Munich und in der Führungskräfteakademie der Bundesagentur für Arbeit. Fotos: Meinrad Much und Alina Looß

tungen im öffentlichen Sektor sowie in der medialen Berichterstattung Aufmerksamkeit.

Um die Bedeutung von HFA dauerhaft aufrechtzuerhalten, war es mir ein persönliches Anliegen, ein Ritual zu schaffen, den Human Friendly Automation Day (HFA-Day).

Der HFA-Day ist das jährliche branchenübergreifende Event der Allianz der Expert:innen. Den ersten HFA-Day konnte das Netzwerk bei IBM im Watson Center Munich realisieren. Die BA war damals bereits durch das Promotorenmitglied Martin Födisch und den CEO des BA-IT-Systemhauses, Stefan Latuski, vertreten, der sich am Ende der Veranstaltung bereit erklärte, den zweiten HFA-Day bei der BA auszurichten. Beim zweiten HFA-Day machte wiederum der anwesende Direktor der Deutschen Rentenversicherung (DRV) Bund Dr. Stephan Fasshauer das Angebot, den dritten HFA-Day im Jahr 2023 bei der DRV in Berlin auszurichten.

Der HFA-Day wird hybrid realisiert. Dies hatte sich zunächst durch die limitierenden Faktoren der Coronapandemie ergeben, wurde dann aber von allen Beteiligten für sinnvoll erachtet, um einerseits den Präsenzgästen einen vertrauensvollen Austausch zu ermöglichen und andererseits einer großen Gruppe an Interessierten die Teilnahme über virtuelle Kanäle anzubieten. Die Präsenzgäste sind Entscheidungstragende aus Wirtschaft, Wissenschaft, Politik und dem öffentlichen Sektor. HFA wird dabei sowohl auf einer Makro- als auch auf einer Mikroebene betrachtet. Das heißt, dass Bedeutung und Herausforderungen für die Beschäftigten, die Organisationen und die Gesellschaft als Ganzes von internationalen Meinungsführenden diskutiert werden. Ebenso werden identifizierte Makrothemen in Kleingruppen vertieft, sodass die anwesenden Entscheidungstragenden Wissen aufbauen und in ihren Organisationen weiterverfolgen können. Virtuelle Gäste können Fragen einbringen und den Dialog und Wissenstransfer in der LinkedIn-Gruppe von HFA fortsetzen.

Der HFA-Day findet Resonanz in den nationalen Leitmedien. Gäste und Veranstalter werden im Vorfeld und Nachgang der Veranstaltung von Medienvertretenden interviewt und zitiert. Auf diese Weise können Inhalte von HFA noch mehr Menschen zugänglich gemacht werden.

Jede Organisation, die den HFA-Day ausrichtet, erhält öffentlichkeitswirksam ein physisches Schild des Netzwerks verliehen. Das Schild bringt zum Ausdruck: „Ausgezeichneter Ort zum Erhalt würdevoller und wertstiftender menschlicher Arbeit im Zeitalter von KI und Automatisierung." Es ist eine Ehre und Selbstverpflichtung. Und es schafft Vertrauen für die Beschäftigten. Denn sie wissen: „Mein Arbeitgeber hat verstanden und kümmert sich darum, dass gute menschliche Arbeit die Prämisse in der Ära von KI und digitaler Automatisierung bleibt."

Ausblick

Die Arbeit des HFA-Netzwerks ist zeitaufwendig und erfolgt für alle in der Freizeit. Es ist daher sehr erfreulich, dass die Bekanntheit und Relevanz kontinuierlich steigen. Durch meine Arbeit bei IBM konnte ich frühzeitig Einblick in die sich anbahnenden weltweiten Entwicklungen zum Wachstum des Marktes von digitaler Automatisierung erhalten. ChatGPT hat im Jahr 2023 als weiterer externer Faktor die Bedeutung einer wertebasierten Anwendung der Technologien verstärkt. Das HFA-Netzwerk ist mittlerweile nicht nur ein branchenübergreifender Verbund, sondern ein Club an „HFA Evangelists", die neben ihrer fachlichen Kompetenz, dem Bewusstsein für ökonomisches Wachstum und dem Nutzen der KI-basierten Technologien vor allem der Wille eint, dass Menschen durch digitale Automatisierung keine Nachteile in Bezug auf würdevolle und wertstiftende Arbeit haben dürfen.

Wir stehen noch immer am Anfang mit unserer Arbeit – insbesondere, um das Bewusstsein für eine HFA-Ökonomie zu etablieren. Dabei geht es nicht um die Schaffung von Regulierung. Im Gegenteil: Das HFA-Netzwerk schafft eine Wertebasis und ermöglicht den Aufbau von Wissen, um aus dem intrinsischen Interesse des verantwortungsvollen Unternehmertums die von KI bedingte, weltweit stattfindende Neuerfindung der Wirtschaft sozialverantwortlich und erfolgreich zu realisieren.

Die HFA-Allianz der Expert:innen und ihre weitere Arbeit ist von vielen Unterstützenden abhängig. Ich möchte daher abschließend den Promotoren, Ausrichtern der HFA-Days, Meinungsführenden und explizit den Wegbegleitenden vom ISF München als wissenschaftlicher Partner für ihre großartige Arbeit meinen Dank aussprechen. Es lohnt sich, immer weiterzumachen.

III. WISSENSCHAFTLICHE PERSPEKTIVE: WAS WIR ÜBER DIE NACHHALTIGE GESTALTUNG VON KI WISSEN

Künstliche Intelligenz und der Wandel der Arbeitswelt: Warum wir einen neuen Leitstern brauchen

Tobias Kämpf (University of Labour, ISF München),
Barbara Langes (ISF München)

TOBIAS KÄMPF, BARBARA LANGES

Foto: Julia Wisswesser

Einleitung

Mit der digitalen Transformation ist Künstliche Intelligenz auch in der Arbeitswelt angekommen. Nicht erst seit ChatGPT ist die begleitende gesellschaftliche Debatte zu den Folgen für Arbeit, Wirtschaft und Beschäftigte enorm schillernd: Immer neue Hypes und Mythen wechseln sich ab, technizistische Heilserwartungen und dystopische Untergangsszenarien stehen nebeneinander. Umso notwendiger ist es, der Debatte ein wissenschaftliches Fundament und eine empirische Basis zu geben.

Tatsächlich ist KI mit der wachsenden Bedeutung in der Praxis auch in der Wissenschaft zu einem lebendigen, interdisziplinären Forschungsfeld geworden – nicht mehr nur Mathematiker:innen und Informatiker:innen beschäftigten sich damit, sondern auch Ökonom:innen, Arbeitswissenschaftler:innen und Soziolog:innen (vgl. z. B. Giering/Kirchner 2021). Mit unserem Forschungsprojekt humAIn work lab konnten wir selbst empirische Grundlagenarbeit leisten.[1] Ziel unserer Studie war es, zu untersuchen, wie KI in der Arbeitswelt konkret eingesetzt wird, und mit Vorreitern in Experimentierräumen zu erproben, wie sich der Einsatz und die Implementierung nachhaltig gestalten lassen. Auf Basis dieser Ergebnisse können wir zeigen,

- welche Bedeutung KI für den Wandel von Arbeit hat und warum es wichtig ist, sich damit zu beschäftigen,
- wo die Unternehmen beim Einsatz von KI in der Praxis wirklich stehen
- und worauf es bei der Implementierung und Gestaltung von Automatisierungsprozessen ankommt, wenn KI in der Arbeitswelt zum Fliegen gebracht werden soll.

Paradigmenwechsel in der Wirtschaft: KI wird zu einer neuen Schlüsseltechnologie

Der Aufstieg von Künstlicher Intelligenz ist Ausdruck und Symbol disruptiver Veränderungen der Ökonomie und tiefgreifender Umwälzungen in der Gesellschaft. Wir sind überzeugt: Nach der Industrialisierung vor 150 Jahren erleben wir derzeit mit der digitalen Transformation erneut einen Paradigmenwechsel in der Wirtschaft. Die Art und Weise, wie wir arbeiten, wie Geschäftsmodelle funktionieren und wie Wertschöpfung und Innovation organisiert werden, verändert sich rasant. Ihren Ursprung hat diese „great transformation" (Polanyi) im Aufstieg des Internets. Dieser allgegenwärtige „Informationsraum" (Baukrowitz/Boes 1996) ist zu einem neuen, nicht mehr wegzudenkenden Fundament der Gesellschaft geworden. Die Informatisierung der Welt erreicht mit diesem Produktiv-

1 Das Projekt humAIn work lab (www.humain-worklab.de) wird vom Bundesministerium für Arbeit und Soziales (BMAS) im Rahmen der Initiative Neue Qualität der Arbeit (INQA) gefördert. Weitere wichtige Ergebnisse zum Wandel von Arbeit und Wirtschaft durch den Einsatz von KI konnten wir u. a. in den Projekten „Die digitale Transformation im Büro" (Hans-Böckler-Stiftung) und „Hybrid Intelligence Service Support" (Bundesministerium für Bildung und Forschung) gewinnen.

kraftsprung eine neue Qualität – Daten durchdringen heute fast alles, was wir tun, die Digitalisierung dringt in alle Bereiche unserer Arbeits- und Lebenswelt ein.

Der Motor dieser Umwälzungen ist die Wirtschaft selbst. In einer neuen „Informationsökonomie“ (Boes et al. 2019; Boes/Kämpf 2021) werden Daten zum entscheidenden Produktionsmittel und der digitale Informationsraum zum Ausgangspunkt der Wertschöpfung. Dafür steht insbesondere der Siegeszug der amerikanischen (und zunehmend auch asiatischen) Tech-Unternehmen. Als Vorreiter demonstrieren sie, wie sich auf Basis des Informationsraums Geschäftsmodelle verändern und wie die hier erzeugten Daten die Wirtschaft revolutionieren. Drei Prinzipien bilden die Grundlage für ihren Erfolg:

- Sie nutzen Daten konsequent, um neue Gebrauchswerte und Geschäftsmodelle zu schaffen – diese reichen von der Automatisierung von Geschäftsprozessen bis hin zu neuen datenbasierten Produkten, die für uns heute schon Alltag sind (Stichwort: Google Maps).
- Sie machen dazu den digitalen Informationsraum zur zentralen Plattform ihrer Wertschöpfung. Dies ermöglicht einen ungebrochenen Fluss der Daten und schafft einen direkten und unmittelbaren Zugang zu den Kund:innen.
- Die laufend gewonnenen Daten werden zum Motor permanenter Innovation – sie werden im Betrieb analysiert und für ein kontinuierliches Update der eigenen Produkte und Prozesse genutzt.

KI ist in dieser Informationsökonomie zu einer neuen Schlüsseltechnologie geworden (Hirsch-Kreinsen 2023). Nach einem langen „KI-Winter“ hat eine neue Phase begonnen, in der sich KI-Systeme wieder sehr dynamisch entwickeln: von neuronalen Netzen und maschinellem Lernen zu „foundational models“ und generativer KI. Anders als die „Expertensysteme“ der ersten Welle von KI setzen moderne Systeme heute auf lernende Algorithmen, die mit Daten trainiert werden und sich im Betrieb scheinbar selbst optimieren (vgl. dazu Agrawal et al. 2018; Lee 2018; einen guten Überblick bietet Gerst 2019).

KI-Systeme werden für Menschen in der Informationsökonomie zum entscheidenden Werkzeug, um die gigantischen Datenmassen überhaupt handhabbar zu machen und in einer zunehmend komplexen Welt handlungsfähig zu bleiben. Die neuen Formen des „Machine Learning" machen es möglich, auch in riesigen, unstrukturierten Datenmengen Verknüpfungen herzustellen, Muster zu erkennen und Daten automatisiert zu prozessieren. Grundlage dafür sind die stark gestiegenen Rechenkapazitäten in der Cloud (vgl. Brynjolfsson/McAfee 2014) und die Daten, die im Informationsraum permanent entstehen (vgl. Zuboff 2018). Denn ohne Daten können auch die besten Algorithmen nicht funktionieren. Vereinfacht gilt: Mit je mehr Daten die Algorithmen trainiert werden, umso genauer und leistungsfähiger werden sie. Mit diesen Fortschritten wird KI zum Schlüssel dafür, dass Menschen auf neue Art und Weise aus Daten konkrete Innovationen, echte Gebrauchswerte und Geschäftsmodelle machen können.

Es ist kein Zufall, dass neueste Entwicklungen wie die generative KI ihren Ursprung vor allem im Consumer-Bereich haben – hier können hohe Nutzungszahlen und damit große Datenmengen besonders schnell erreicht werden. Aber die Dynamik der Informationsökonomie hat längst auch die Industrie erfasst. Zugespitzt zeigen dies die Umwälzungen in der Automobilindustrie und der Aufstieg neuer Tech-Unternehmen wie Tesla (Boes/Ziegler 2021). Der neu entfachte Wettbewerb um die Mobilität der Zukunft wird auch hier nun vor allem auf dem Feld der Software- und Datenkompetenz entschieden. Selbst in reifen industriellen Märkten gilt: Nur wer die Welt der Daten beherrscht und dafür KI nutzen kann, wird sich in der Zukunft an der Spitze der Wertschöpfungssysteme halten können.

Und wo stehen wir in Deutschland?

Diese neue Technologie hat auch die deutsche Wirtschaft erreicht. Folgt man einer aktuellen Studie des Bitkom, setzt heute bereits die Hälfte der Unternehmen mit mehr als 2000 Beschäftigten in Deutschland KI ein (Bitkom 2022). Auch unsere eigene Forschung bestätigt diesen Trend: In nahezu allen Bereichen, in denen wir geforscht haben, beginnen Unternehmen, sich mit den Einsatzmöglichkeiten von KI zu beschäftigen und danach zu fragen, wie sie diese bei Geschäftsmodellinnovationen und der Verbesserung von Arbeitsprozessen nutzen können (Kämpf/Langes 2021). Die Beispiele reichen von den Vorreitern der IT-Branche über Verwaltung und Büro bis in die Fertigung in der klassischen Industrie. KI ist nicht länger Science-Fiction oder ein schillerndes Nischenthema akademischer Grundlagenforschung, sondern kommt in der Arbeitswelt wirklich an (vgl. dazu bereits Lee 2018).

Die Bandbreite der Anwendungsfelder ist in der Praxis erstaunlich groß. Immer da, wo im Arbeitsprozess viele Daten anfallen, werden Einsatzmöglichkeiten für KI ausgelotet. Die Interviews mit Vordenker:innen in diesem Buch zeigen, dass neben dem allgegenwärtigen Ziel bloßer Kostensenkungen immer mehr auch die Sorge vor dem akut werdenden Fachkräftemangel die Suche nach neuen Lösungen antreibt – viele befürchten, ohne Automatisierung und KI in Zukunft ihre Leistungen kaum noch anbieten zu können. Als wichtiges Feld erweist sich hier insbesondere der Bereich niedrig- und mittelqualifizierter Angestelltenarbeit (vgl. dazu Ganz et al. 2021). In der Verwaltung, dem Kundenservice oder auch dem IT-Support werden nun RPAs („Robot Process Automation") und Chatbots eingesetzt, um die manuelle Bearbeitung von Daten, repetitive Tätigkeiten und Routine-Jobs zu automatisieren. Zunehmend sind jedoch auch Wissensarbeit und hochqualifizierte Arbeitsbereiche betroffen (vgl. Dengler/Matthes 2021; McKinsey 2023). Zum Einsatz kommen hier z. B. sogenannte „Digital Companions" („digitale Gefährten"), die Wissensarbeiter:innen bei Entscheidungen und bei der Suche nach relevanten Informationen unterstützen sollen. Eines der Unternehmen aus dem Projekt hat diese z. B. im strategischen Einkauf eingesetzt. Ein Algorithmus hilft hier, die richtigen Lieferanten und Konditionen auszuwählen, um optimale Preise zu erzielen. Selbst die Tätigkeit des Managements ist von KI betroffen: So hat ein Unternehmen bereits eine KI-Lösung entwickelt, die Führungskräften datengestützt (Stichwort: „people analytics") Vorschläge macht, welche Beschäftigte eine Gehaltserhöhung bekommen sollten.

Notwendig ist ein differenzierter Blickwinkel: Zum einen fällt auf, dass es neben Großkonzernen vor allem Start-ups sind, die wirklich konsequent auf neue KI-Lösungen setzen (Startup-Verband 2022); im traditionellen Mittelstand und in KMU hingegen besteht weiterhin großer Nachholbedarf (Bitkom 2022). Zum anderen befinden sich die meisten Unternehmen noch in einer explorativen Phase – sie suchen nach „Use-Cases" und erproben erste Anwendungsmöglichkeiten von KI. Nur in Vorreiter-Unternehmen – wie Telekom oder IBM – wird KI in bestimmten Bereichen, etwa im Kundenservice, bereits heute in der Fläche ausgerollt.

Die deutsche Wirtschaft steht damit vor einer doppelten Herausforderung: Auf der einen Seite besteht weiterhin Nachholbedarf auf dem Weg in die Informationsökonomie. Viele Unternehmen müssen überhaupt erst lernen, Daten zum Ausgangspunkt für ihre Wertschöpfungsprozesse zu machen und Geschäftsmodelle neu zu denken. Nur so können sie tragfähige Use-Cases für KI entwickeln und diese dann erfolgreich und flächendeckend in der Praxis implementieren. Auf der anderen Seite können die Unternehmen dabei nicht auf der „grünen Wiese" beginnen. Anders als die Start-ups des Silicon Valley müssen sie den Paradigmenwechsel als Organisationen mit gewachsenen Strukturen, Sozialbeziehungen und Belegschaften bewältigen. Dies ist eine ganz eigene Herausforderung. Auf der Agenda steht nicht selten die Transformation des gesamten Unternehmens – vom Geschäftsmodell bis hin zur Kultur. Bei laufendem Betrieb gilt es, einen grundlegenden Skill-Shift zu erreichen, Innovation neu zu denken und die notwendigen Bedingungen zu schaffen, damit ein flächendeckender Einsatz von KI in der Arbeitswelt möglich wird.

KI und der Wandel von Arbeit: Erfolgsfaktoren in der Praxis

Lange Zeit konzentrierte sich die Forschung zu KI in der Arbeitswelt auf die Prognose der quantitativen Beschäftigungseffekte (vgl. etwa die sehr einflussreiche Studie von Frey/Osborne 2013; Bonin et al. 2015) und ethische bzw. philosophische Bewertungen der neuen Technologien (vgl. etwa Nida-Rümelin/Weidenfeld 2020). Was jedoch oftmals fehlt, ist eine konkrete und empirische Analyse, wie sich Arbeit in der Praxis mit dem Einsatz von KI wirklich verändert (vgl. dazu Albrecht/Kellermann 2020; Giering 2022). Wir haben deshalb Feldforschung in der Arbeitswelt gemacht und untersucht, wie KI implementiert und in der Praxis eingesetzt wird. In unterschiedlichen Bereichen – von der IT-Branche über die Büros der Finanz- und Versicherungsbranche bis hinein in die Werkshallen der Industrie – haben wir dabei KI-Projekte und ihre Folgen explorativ in den Blick genommen. In mehr als 100 Interviews mit KI-Expert:innen, Führungskräften, Projektleiter:innen, Betriebsräten und vor allem den betroffenen Beschäftigten selbst haben wir gelernt, worauf es ankommt, wenn man KI erfolgreich gestalten will – und woran viele Unternehmen scheitern.[2]

#1 KI braucht Arbeit: Beschäftigte befähigen

In der konkreten Praxis wird schnell deutlich: Zumindest bislang ist KI kein „Tsunami auf dem Arbeitsmarkt", der nahezu auf Knopfdruck Zehntausende Arbeitsplätze einfach zum Verschwinden bringt. Vielmehr ist oft das Gegenteil der Fall – die Entwicklung und auch der Betrieb von KI erfordert viel menschliche Arbeit. Selbst viele KI-Experten sind immer wieder überrascht, welchen Aufwand es bereitet, gut funktionierende und wirklich nützliche KI-Lösungen in der Arbeitswelt zum Einsatz zu bringen. Einer unserer Interviewpartner brachte diese Herausforderungen auf den Punkt: „Ein erster Use-Case ist schnell entwickelt, es dauert aber Jahre, bis die Lösung wirklich gut funktioniert."

Zunächst gilt es – oft in Zusammenarbeit mit externen IT-Partnern –, überhaupt tragfähige Anwendungskonzepte und erste Prototypen zu entwickeln („explore"). Es müssen Use-Cases gefunden werden, die in der Arbeitspraxis der Menschen einen echten Nutzen stiften und gleichzeitig technisch realisierbar sind. Insbesondere die Aufbereitung und Zusammenführung der notwendigen Datenbestände ist für viele Unternehmen mit ihren gewachsenen IT-Systemen und organisationalen Silos eine große Herausforderung. Aber auch der anschließende Betrieb („run") der KI-Systeme läuft keineswegs voll automatisiert. Es bleibt auch im Zeitalter des „Machine Learning" ein Mythos, dass sich Algorithmen und Maschinen einfach selbstständig optimieren und wartungsfrei betrieben werden können. Vielmehr ist dazu erneut viel menschliche Arbeit notwendig. Daten müssen z. B. kontinuierlich aufbereitet werden (sonst kommt es schnell zu Verzerrungen und es entsteht ein Bias), die Algorithmen entsprechend weiter trainiert und ihre Güte kontinuierlich überprüft werden. Und schließlich

2 Unsere Untersuchung folgt einem qualitativen Forschungsdesign. Ziel ist es, „unter die Oberfläche" des betrieblichen KI-Einsatzes zu blicken und das subjektive Erleben der Interviewpartner:innen zu rekonstruieren. Auf Basis der Methode der „gestuften Reflexion" (Boes/Trinks 2006) wurden schrittweise ihre Erfahrungen mit KI in der Arbeitswelt reflektiert. Im Rahmen von Fallstudien wurden die Perspektiven der verschiedenen beteiligten betrieblichen Akteure verschränkt und zu einem facettenreichen Bild verdichtet. Die ca. 90-minütigen Gespräche wurden leitfadengestützt als „problemzentrierte Interviews" (Witzel/Herwig 2022) geführt und vollständig transkribiert. Die inhaltsanalytische Auswertung kombiniert induktive und deduktive Analyseformen.

müssen die mit der KI gewonnenen Ergebnisse immer wieder neu interpretiert werden („get new insights"), damit sie für eine beständige Weiterentwicklung und Innovation der Systeme genutzt werden können. Dies erfolgt keineswegs durch „selbstlernende Systeme", sondern durch Beschäftigte, die ihr Wissen und ihre Arbeitserfahrungen einbringen.

Um beim Einsatz von KI erfolgreich zu sein, müssen Unternehmen deshalb mit ihren Belegschaften neue Kompetenzen aufbauen. Sie müssen lernen, wie und wozu man Daten wirklich nutzen kann. Gerade in Deutschland bedeutet das für viele Unternehmen immer noch, Neuland zu erschließen. Für die Beschäftigten kann diese Neueinstellung jedoch auch große Chancen eröffnen. In unserer Empirie sind wir immer wieder auf Projekte gestoßen, in denen sich Sachbearbeiter:innen oder auch Call-Center-Beschäftigte zu Bot-Entwickler:innen und Data Analysts weiterentwickeln konnten. Low-Code-Anwendungen, wie sie Sascha Poggemann in diesem Buch beschreibt, machen dies möglich, aber diese technische Voraussetzung reicht nicht aus – gleichzeitig müssen die Beschäftigten auch befähigt werden. Es braucht dafür Training und gezielte Weiterbildungsmaßnahmen. Nachhaltige KI-Projekte müssen deshalb von Anfang an Qualifizierung mitdenken und die dafür notwendigen Ressourcen bereitstellen. Die Inhalte beschränken sich nicht auf die technischen Skills, sondern reichen bis hin zum Wandel der beruflichen Identitäten, wenn sich ganze Berufsbilder verändern. In vielen Unternehmen bestehen hier große Defizite und ein erheblicher Handlungsbedarf.

#2 Innovation von unten: Empowerment als Game-Changer

Vergleicht man den Verlauf von KI-Projekten, zeigt sich, dass viele Implementierungen an der mangelnden Beteiligung der Betroffenen scheitern. Über die Köpfe der Menschen hinweg funktionieren jedoch viele KI-Lösungen in der Praxis kaum. Ein befragter KI-Experte aus der Finanzindustrie beschreibt dies zugespitzt: „Technisch haben wir eigentlich alles gelöst – die Herausforderung für uns ist es, die neuen Systeme wirklich in die Organisation zu bringen." Allein auf die passive „Akzeptanz" der Betroffenen zu setzen (Stichwort: Technology-Acceptance-Modelle) reicht dann nicht aus. Vielmehr müssen die Beschäftigten selbst zu aktiven Treibern und Gestaltern gemacht werden.

Es ist in unseren Fallstudien empirisch evident – und vielleicht der wichtigste Befund unserer Studie –, dass das Empowerment und die Beteiligung der Beschäftigten der entscheidende Schlüssel zum Erfolg bei der Einführung von KI-Systemen sind. Dabei gilt: Je früher, desto besser, möglichst von Anfang an und bereits bei der Konzeption der ersten Use-Cases. Viele Unternehmen haben dies in gescheiterten Projekten immer wieder schmerzhaft lernen müssen. Erst dann, wenn die Betroffenen beteiligt werden, entwickeln sich KI-Projekte erfolgreich. So unterschiedliche Vorreiter aus diesem Buch wie die Bundesagentur für Arbeit, IBM, ENERGY4U oder Telekom haben deshalb partizipative Formate entwickelt, mit denen sich die Betroffenen wirklich beteiligen lassen: Die BA hat in ihrem HFA-Pilotprojekt systematisch die täglichen „Schmerzpunkte" der Beschäftigten zum Ausgangspunkt gemacht; bei den Jump-Start-Workshops von ENERGY4U werden schon bei der Entwicklung der ersten Prototypen alle betrieblichen Stakeholder und die Mitarbeiter:innen eingebunden; und bei der Telekom werden Experimentierräume aufgebaut, in denen die Beschäftigten selbst die Arbeitswelt mit KI verbessern können.

Empowerment ist aus zwei Gründen ein kritischer Erfolgsfaktor: Auf der einen Seite sind die Unternehmen auf die Mitwirkung der Beschäftigten angewiesen, weil diese mit ihrer Arbeitserfahrung schlicht am besten beurteilen können, wo es Innovationschancen und Verbesserungsbedarfe gibt – und wie sich diese in der Praxis umsetzen lassen. Ein zentrales Hindernis in KI-Projekten ist oft fehlendes Wissen über den Arbeitsprozess und seine täglichen, kaum dokumentierten Routinen. Wer, wenn nicht die Beschäftigten selbst, soll wissen, wie etwa im Kundenservice die Kommunikation mit einem Chatbot gestaltet werden muss? Auf der anderen Seite braucht es auch „psychologisches Empowerment" (Spreitzer 1995) und die Erfahrung von „Selbstwirksamkeit" (Bandura 1979), damit betriebliche Veränderungsprozesse (Eigen-)Dynamik gewinnen können. Beschäftigte, die erleben, selbst etwas bewegen und Abläufe wirklich neu gestalten zu können, verändern sich und die Organisation. Sie entwickeln eine hohe intrinsische Motivation und treiben Wandel dann in der „ersten Person" voran. Ganz neue Lösungen werden so oftmals möglich. In einem unserer Fallunternehmen konnten wir das damit verbundene Potenzial sehr anschaulich nachvollziehen: Hier hat ein Beschäftigter in der Sachbearbeitung selbstständig – und ohne das Wissen seiner Vorgesetzten –

begonnen, seinen kompletten Arbeitsplatz mit SAP-Makros zu automatisieren. Heute gibt es deshalb diesen Bereich nicht mehr. Er arbeitet nun jedoch gemeinsam mit 20 Kolleg:innen in einer eigens gegründeten Abteilung an RPAs für das ganze Unternehmen.

Um dieses Empowerment wirklich zu nutzen, müssen Unternehmen neue Innovationskulturen aufbauen und mehr „grassroot change" wagen. Die Beschäftigten brauchen dazu die notwendigen Ressourcen und Freiräume, um ihre Arbeitsprozesse selbst verbessern und dafür z. B. auch neue Technologien wie KI erproben zu können. Ausgeprägte Hierarchien und starre Prozesse stehen in der Praxis diesem Ansatz oft entgegen. Gerade in gewachsenen Unternehmen wird deshalb auch der Wandel des Managements und seiner Strukturen zu einem zentralen Handlungsfeld. Unternehmen müssen bereit sein, Führung neu zu denken, wenn sie auf Empowerment und die Dynamik von Innovationsprozessen von unten setzen wollen.

#3 Mehr als Technik: Transformation von Arbeit und Organisation

Viele Unternehmen stoßen in der Praxis an Entwicklungsschranken in ihren KI-Projekten, weil sie sich zu einseitig auf die technische Innovation konzentrieren. Übersehen wird dabei jedoch häufig, dass der Einsatz von KI die Organisation als Ganzes fordert, um Produktivitätseffekte zu erzielen (vgl. Brödner 2020). Zugespitzt formuliert: Die erfolgreiche Implementierung der neuen Technologie beschränkt sich keineswegs auf die punktuelle Rationalisierung einzelner Prozessschritte oder die Automatisierung isolierter Arbeitsvorgänge, sondern bedeutet oftmals eine grundlegende Transformation von Arbeit, in deren Folge sich Abläufe, Organisationsformen und Job-Profile ganzheitlich verändern.

Wie weitreichend diese Veränderungen sein können, lässt sich am Beispiel der Nutzung von KI in der Lohnbuchhaltung in einer unserer Fallstudien zeigen (siehe dazu die ausführliche Case Study von Jon Lester in diesem Buch). Hier war man erfolgreich, weil man bereit war, mit der Einführung von KI gleichzeitig ein völlig neues Arbeitsmodell zu etablieren. Vor der Einführung war die Arbeit in diesem Bereich durch einen hohen Anteil repetitiver Tätigkeiten geprägt. Datensätze mussten „händisch" in IT-Systeme übertragen werden und manuell kontrolliert werden. Durch die Nutzung von RPAs und Chatbots wurde ein Teil dieser Tätigkeiten erfolgreich automatisiert. Für unsere Studie lehrreich und bemerkenswert ist hier zweierlei: Auf der einen Seite veränderten sich die Job-Profile in diesem Bereich markant. Die ehemaligen Sachbearbeiter:innen sind nun nicht mehr mit dem „Verschieben“ von Daten beschäftigt, sondern werten die Daten aus, trainieren die Bots und erweitern deren Funktionalität schrittweise. Repetitive Tätigkeiten sind damit nicht einfach weggefallen, sondern es sind zugleich höherwertige Tätigkeitsfelder entstanden, die neue Kompetenzen erfordern. Auf der anderen Seite veränderten sich mit der Tätigkeit auch die Anforderungen an die Arbeitsorganisation. Die bisherigen bürokratischen Strukturen passten nicht mehr zu den neuen Aufgaben der Abteilung. Um diesen gerecht zu werden, setzte man deshalb auf Selbstorganisation und ein völlig neues agiles Arbeitsmodell nach dem Vorbild von Spotify.

Um solche Veränderungsprozesse – die weit über die bloße Implementierung von Technik hinausgehen – nachhaltig gestalten zu können, sind ganzheitliche Ansätze im Change-Management gefragt (siehe dazu die Beiträge von Eichler/Gergs und Schatilow/Greulich in diesem Buch). Dabei kommt es vor allem darauf an, von Anfang an die verschiedenen Stakeholder in der Organisation in KI-Projekten zusammenzubringen. Wir haben in unserer Empirie gelernt, wie wichtig eine funktionierende bereichsübergreifende Zusammenarbeit von IT-, Geschäfts- und HR-Bereich ist. Ansonsten führen Bereichsegoismen und Silo-Strukturen immer wieder dazu, dass vielversprechende KI-Projekte ausgebremst werden. Insbesondere die frühzeitige Einbindung des Personalbereichs (HR), aber auch der Betriebsräte spielt eine Schlüsselrolle: Nur so können von Beginn an Qualifizierungsmaßnahmen, die Anforderungen neuer Rollen- und Job-Profile und die Unterstützung der Belegschaft in der Transformation mitgedacht werden.

#4 Sicherheit und Vertrauen: KI am Scheideweg

Die Nutzung von KI ist in der Arbeitswelt an einem Scheideweg angelangt – in unserer Forschung lassen sich zwei gegenläufige Szenarien erkennen: Auf der einen Seite eröffnet KI in der Praxis ganz neue Potenziale für ein Empowerment der Beschäftigten, verbesserte Arbeitsbedingungen und eine Aufwertung von Tätigkeiten. In der Empirie finden sich in Vorreiter-Unternehmen immer wieder inspirierende Beispiele für einen Abbau repetitiver Arbeiten, neue Arbeitsformen und mehr Selbstorganisation. KI könnte so einen neuen Aufbruch in die Humanisierung von Arbeit einläuten. Gleichzeitig ist die andere Seite dieser Entwicklung jedoch kaum zu übersehen. In der Praxis und in der Forschung sind mittlerweile zahlreiche Fälle gut dokumentiert, in denen KI und „algorithmic management" (Kellogg et al. 2020) genutzt werden für den Abbau von Arbeitsplätzen, eine rigide Kontrolle von Beschäftigten und eine fortschreitende Intensivierung von Arbeit (de Stefano 2018). Es drohen dann „digitale Fließbänder" bis weit in die Sphäre der Wissensarbeit und eine neue Qualität der Beherrschung menschlicher Arbeit.

In dieser Konstellation ist der erfolgreiche und nachhaltige Einsatz von KI kein Selbstläufer. In unseren Interviews haben wir immer wieder gehört, wie Beschäftigte Sorge um ihren Arbeitsplatz äußern, eine Entwertung ihrer Tätigkeit fürchten und auch Angst vor Beschleunigung und Kontrolle haben. Belegschaften, die eher mit Angst als mit Zuversicht auf die Arbeit der Zukunft blicken, werden jedoch kaum zu begeisterten Protagonisten von KI und der Transformation ihrer Arbeit werden. Damit sie sich auf solche grundlegenden Veränderungen und Innovationsprozesse einlassen können, braucht es sichere Rahmenbedingungen, die auch für die Einzelnen attraktive und vor allem konkrete Entwicklungsmöglichkeiten bieten (Lühr 2022). Nur wenn Beschäftigte keine Angst haben müssen, den Ast, auf dem sie sitzen, selbst abzusägen, werden sie bereit sein, sich wirklich einzubringen und auf das Neue einzulassen. Es ist deshalb eine Voraussetzung, dass der Einsatz von KI – neben der politischen Regulierung – auch auf betrieblicher Ebene sozialpartnerschaftlich gerahmt und gestaltet wird.

Auch für die Mitbestimmung ist KI so zu einem strategischen Handlungsfeld geworden. In einer aktuellen Studie geben fast 50 Prozent der befragten Betriebsräte an, sich intensiv mit KI auseinanderzusetzen (Hoppe 2022). Wer mit Betriebsräten spricht, merkt jedoch, dass es hier in der Praxis viele Schwierigkeiten gibt. Auch Betriebsräte müssen sich nun in kurzer Zeit ganz neue Kompetenzen aneignen. Und viele Betriebsräte berichten auch darüber, dass sie kaum in KI-Projekte eingebunden werden oder sogar bereits auf Widerstand treffen, wenn sie nur informiert werden wollen, wo im Betrieb der Einsatz von KI geplant ist. Gleichzeitig zeigen erste Betriebsvereinbarungen in Vorreiter-Unternehmen, wie produktiv eine sozialpartnerschaftliche Gestaltung des Wandels sein kann

(Beispiele finden sich u. a. in humAIn work lab 2023). Bei IBM und der Telekom (siehe die Beiträge in diesem Buch) wurden umfangreiche Rahmenbetriebsvereinbarungen zum betrieblichen Einsatz von KI abgeschlossen. Auf Basis eines gemeinschaftlich erarbeiteten Vorgehensmodells werden dabei die eingesetzten KI-Lösungen kategorisiert und nach ihrem Risiko klassifiziert. Zentraler Fortschritt ist hier, dass auf diese Weise der betriebliche Einsatz von KI transparent und damit gestaltbar wird. Bei IBM wurde zudem mit einem „Ethikrat" ein eigenständiges paritätisches Gremium geschaffen, das bei besonders kritischen Anwendungen beratend aktiv wird.

Die Fallbeispiele machen deutlich, dass Mitbestimmung und Sozialpartnerschaft keinesfalls zu Relikten eines vergangenen Industriezeitalters geworden sind, die heute die dringend notwendigen Innovationen und die Neueinstellung der Wirtschaft blockieren. Umgekehrt wird ein Schuh daraus: Eine sozialpartnerschaftliche Gestaltung von Technologien wie KI schafft überhaupt erst die Grundlage dafür, dass Sprunginnovationen und eine darauf aufbauende grundlegende Transformation der Arbeitswelt möglich werden.

„The future is unwritten": Die Gestaltung von KI braucht einen neuen Leitstern

Nicht erst seit ChatGPT ist unverkennbar: KI kommt mit großer Geschwindigkeit in der Wirtschaft und der Gesellschaft an. Auch in deutschen Unternehmen ist dies heute mehr und mehr spürbar. Die damit verbundenen Möglichkeiten – von neuen Geschäftsmodellen bis hin zur Automatisierung ganzer Tätigkeitsfelder – sind Ausdruck grundlegender Verschiebungen in der Arbeitswelt. Wie KI Arbeit jedoch genau verändern wird und welche Folgen dies für die Beschäftigten haben wird, ist keinesfalls determiniert – „the future is unwritten", wie es Joe Strummer, der Frontmann der großen Rockband „The Clash", einst treffend formulierte. Die Szenarien reichen von einer neuen Ära der Humanisierung von Arbeit bis hin zu digitalen Dystopien, in denen der Mensch im Panoptikum der Daten zum „Anhängsel" (Marx) der Maschinen wird. Es kommt deshalb darauf an, heute die Weichen richtig zu stellen.

In unserer Forschung haben wir gelernt, dass sich in Deutschland viele Unternehmen beim Einsatz von KI weiterhin vor allem auf einfache Automatisierungsprojekte, kurzfristige Kostensenkungen und den Abbau von Personal konzentrieren. Die Potenziale von KI werden sich so in der Arbeitswelt in der Breite nicht entfalten lassen. Dieser wenig originelle Ansatz eignet sich kaum dazu, die komplexe Transformation ganzer Unternehmen und die Neueinstellung der Wirtschaft als solcher zu adressieren. Auch die Beschäftigten – deren Wissen und Tatkraft dafür dringend gebraucht werden – werden sich damit kaum begeistern lassen. Um KI in der Praxis wirklich voranzubringen und die damit verbundenen Umbrüche erfolgreich zu bewältigen, sind neue Strategien und ein echter Perspektivwechsel notwendig. Benötigt wird ein strategischer Leitstern, der an die emanzipativen Potenziale der digitalen Transformation anknüpft und Menschen von der Vision einer nachhaltigen KI überzeugen kann. Leitfragen für diesen Perspektivwechsel sind:

- Wie lassen sich in der Praxis Innovationskulturen von unten aufbauen, die datengetriebene und KI-basierte Innovationen auf breiter Basis überhaupt erst möglich machen?
- Wie kann es gelingen, mit KI die Arbeitsbedingungen der Menschen wirklich zu verbessern?
- Wie können wir mit KI die Fähigkeiten der Menschen in der Arbeitswelt erweitern und den Beschäftigten attraktive Entwicklungsperspektiven eröffnen?

Das HFA-Netzwerk hat begonnen, diesen Perspektivwechsel konkret zu machen. Die Werte-Charta „Human Friendly Automation" ist ein Leitstern, der Unternehmen im Umgang mit KI eine wertebasierte Handlungsgrundlage gibt. Ähnlich wie im Agilen Manifest (https://agilemanifesto.org) werden dazu Prinzipien, Handlungsfelder und Prioritäten vorgeschlagen, an denen sich Akteure in der Praxis bei ihrer Suche nach Lösungen orientieren können. Bemerkenswert ist: Entstanden ist die Charta nicht irgendwo im Elfenbeinturm oder in den Besprechungszimmern des Politikbetriebs, sondern mitten in der Praxis. Sie wurde entwickelt und getragen von der KI-Community in den Unternehmen selbst. Sie ist das Ergebnis der Erfahrungen aus unzähligen KI- und Automatisierungsprojekten. KI-Expert:innen und Change-Berater:innen haben sich selbst die Fragen gestellt: „Was läuft in vielen Projekten falsch?", „Was sind die Folgen für die Beschäftigten?", „Wie können wir die Projekte im Sinne der Beschäftigten besser gestalten?"

Zum Ausdruck kommt hier nicht zuletzt ein neuer Anspruch an wertorientierte Gestaltung der Arbeitswelt. Eine junge Generation von „Tech-Workern" will offensichtlich nicht einfach nur „erfolgreich" sein und Projekte „in time" und „in budget" ins Ziel bringen. Immer wichtiger wird auch das Ziel, mit der eigenen Arbeit und Expertise in der Welt etwas Sinnvolles zu bewirken und zur Nachhaltigkeit in der Welt beizutragen (vgl. auch die Interviews in Tarnoff/Weigl 2020). Für das historische Ziel einer Humanisierung von Arbeit sind das gute Nachrichten: Die digitale Transformation schafft mit Technologien wie KI offensichtlich nicht nur immer wieder neue Herausforderungen, sondern zugleich betreten auch neue Akteure das Spielfeld, die diesem Projekt neuen Schwung, neues Wissen und neue Tatkraft verleihen könnten.

Literatur

Agrawal, Ajay/Joshija, Gans/Goldfarb, Avi (2018): Prediction Machines. The Simple Economics of Artificial Intelligence. Boston.

Albrecht, Thorben/Kellermann, Christian (2020): Künstliche Intelligenz und die Zukunft der digitalen Arbeitsgesellschaft. Forschungsförderung der Hans-Böckler-Stiftung, Working Paper Nr. 200. Düsseldorf.

Bandura, Albert (1979): Self-Efficacy: Towards a Unifying Theory of Behavioral Change. Psychological Review 84 (2), S. 191–215.

Baukrowitz, Andrea/Boes, Andreas (1996): Arbeit in der „Informationsgesellschaft". Einige grundsätzliche Überlegungen aus einer (fast schon) ungewohnten Perspektive. In: Schmiede, Rudi (Hrsg.), Virtuelle Arbeitswelten. Arbeit, Produktion und Subjekt in der „Informationsgesellschaft". Berlin, S. 129–158.

Bitkom (2022): KI gilt in der deutschen Wirtschaft als Zukunftstechnologie – wird aber selten genutzt. URL: https://www.bitkom.org/Presse/Presseinformation/Kuenstliche-Intelligenz-2022, abgerufen am 11.07.2023.

Boes, Andreas/Kämpf, Tobias (2021): Informatisierung und Emanzipation: Zur Dialektik der Informationsökonomie. In: Haug, Wolfgang F./Kämpf, Tobias (Hrsg.): Online-Kapitalismus. Umwälzungen in Produktions- und Lebensweise. Sonderband Das Argument 335, S. 133–156.

Boes, Andreas/Trinks, Katrin (2006): Theoretisch bin ich frei. Berlin.

Boes, Andreas/Ziegler, Alexander (2021): Umbruch in der Automobilindustrie. München: ISF München. https://doi.org/10.36194/IDGUZDA_Forschungsbericht_Auto.

Boes, Andreas/Langes, Barbara/Vogl, Elisabeth (2019): Die Cloud als Wegbereiter des Paradigmenwechsels zur Informationsökonomie. In: Boes, Andreas/Langes, Barbara (Hrsg.): Die Cloud und der digitale Umbruch in Wirtschaft und Arbeit. Freiburg u. a., S. 115–144.

Bonin, Holger/Gregory, Terry/Zierahn, Ulrich (2015): Übertragung der Studie von Frey/Osborne (2013) auf Deutschland. Forschungsbericht 455 des BMAS. Berlin, Mannheim.

Brödner, Peter (2020): Das Produktivitätsparadoxon der Computertechnik. In: Bontrup, Heinz Josef/Daub, Jürgen (Hrsg.): Digitalisierung und Technik – Fortschritt und Fluch? Perspektiven der Produktivitätsentwicklung im modernen Kapitalismus. Köln, S. 114–144.

Brynjolfsson, Eric/McAfee, Andrew (2014): The Second Machine Age: Wie die nächste digitale Revolution unser aller Leben verändern wird. Kulmbach.

Dengler, Katharina/Matthes, Britta (2021): Folgen des technologischen Wandels für den Arbeitsmarkt: Auch komplexere Tätigkeiten könnten zunehmend automatisiert werden. Institut für Arbeitsmarkt- und Berufsforschung: IAB-Kurzbericht 13/2021.

de Stefano, Valerio (2018): "Negotiating the algorithm" – Automation, artificial intelligence and labour protection. Employment Policy Department. EMPLOYMENT Working Paper 246. Genf.

Frey, Carl Benedikt/Osborne, Michael A. (2013): The Future of Employment: How Susceptible are Jobs to Computerisation? Oxford.

Ganz, Walter/Kremer, David/Hoppe, Markus/Tombeil, Anne-Sophie/Dukino, Claudia/Zaiser, Helmut/Zanker, Claus (2021): Arbeits- und Prozessgestaltung für KI-Anwendungen. Reihe „Automatisierung und Unterstützung in der Sachbearbeitung mit Künstlicher Intelligenz". Band 3. Stuttgart.

Gerst, Detlef (2019): Künstliche Intelligenz und Autonome Systeme. Herausforderungen für die Arbeitssystemgestaltung. In: Hirsch-Kreinsen, Hartmut/Karačić, Anemari (Hrsg.): Autonome Systeme und Arbeit. Perspektiven, Herausforderungen und Grenzen der Künstlichen Intelligenz in der Arbeitswelt. Bielefeld, S. 102–138.

Giering, Oliver (2022): Künstliche Intelligenz und Arbeit: Betrachtungen zwischen Prognose und betrieblicher Realität. Zeitschrift für Arbeitswissenschaft 76(1), S. 50–64.

Giering, Oliver/Kirchner, Stefan (2021): Künstliche Intelligenz am Arbeitsplatz: Forschungsstand, Konzepte und empirische Zusammenhänge zu Autonomie. In: Soziale Welt 72(4), S. 551–588.

Hirsch-Kreinsen, Hartmut (2023): Das Versprechen der Künstlichen Intelligenz. Gesellschaftliche Dynamik einer Schlüsseltechnologie. Frankfurt, New York.

Hoppe, Markus (2022): Über die Einstellung von Mitbestimmungsakteuren zu KI-Systemen: Ergebnisse einer Onlinebefragung von Betriebs- und Personalräten zu Vertrauensfaktoren und Regulierungserfordernissen. In: Schröder, Lothar/Höfers, Petra (Hrsg.): Praxishandbuch Künstliche Intelligenz. Handlungsanleitungen, Praxistipps, Prüffragen, Checklisten. Frankfurt, S. 351–377.

humAIn work lab (Hrsg.) (2023): KI und Mitbestimmung – Lessons Learned aus der Praxis. München. https://doi.org/10.36194/Humainworklab_Februar_2023

Kämpf, Tobias/Langes, Barbara (2021): Künstliche Intelligenz und der Wandel der Arbeitswelt: Erste Befunde einer empirischen Analyse. spw 247(6), S. 26–31.

Kellogg, Katherine/Valentine, Melissa/Christin, Angèle (2020): Algorithms at work: The new contested terrain of control. Academy of Management Annals 14(1), S. 366–410.

Langes, Barbara/Vogl, Elisabeth (2019): Arbeit in der Informationsökonomie. In: Boes, Andreas/Langes, Barbara (Hrsg.): Die Cloud und der digitale Umbruch in Wirtschaft und Arbeit. Freiburg, S. 147–172.

Lee, Kai-Fu (2018): AI Superpowers. China, Silicon Valley and the New World Order. New York.

Lühr, Thomas (2022): Zur Restrukturierung von Handlungsfähigkeit in der digitalen Transformation – Digitalisierungserleben am Beispiel der Automatisierung von Arbeit. AIS-Studien 15(1), S. 88–103.

McKinsey (2023): The economic potential of generative AI: The next productivity frontier.-Report, 14. Juni 2023. San Francisco. URL: https://www.mckinsey.com/capabilities/mckinsey-digital/our-insights/the-economic-potential-of-generative-ai-the-next-productivity-frontier, abgerufen am 18.07.2023.

Nida-Rümelin, Julian/Weidenfeld, Nathalie (2020): Digitaler Humanismus. Eine Ethik für das Zeitalter der Künstlichen Intelligenz. München.

Spreitzer, Gretchen M. (1995): Psychological Empowerment in the Workplace: Dimensions, Measurement, and Validation. The Academy of Management Journal, 38(5), S. 1442–1465.

Startup-Verband (2022): Deutscher Startup Monitor 2022 – Innovation gerade jetzt. URL: https://startupverband.de/fileadmin/startupverband/mediaarchiv/research/dsm/DSM_2022.pdf, abgerufen am 18.07.2023.

Tarnoff, Ben/Weigel, Moria (2020): Voices from the Valley: tech workers talk about what they do – and how they do it. New York.

Witzel, Andreas/Reiter, Herwig (2022): Das problemzentrierte Interview – eine praxisorientierte Einführung. Weinheim.

Zuboff, Shoshana (2018): Das Zeitalter des Überwachungskapitalismus. Frankfurt, New York.

IV. IM GESPRÄCH MIT VORDENKER:INNEN: WARUM WIR HFA BRAUCHEN

1. „Der öffentliche Sektor ist vom demografischen Wandel besonders gefordert“

Im Gespräch mit Andrea Nahles und Markus Schmitz, Bundesagentur für Arbeit

ANDREA NAHLES, MARKUS SCHMITZ

Die Ära der Künstlichen Intelligenz und digitalen Automatisierung steht – laut aktuellen Studien – vor einem enormen Wachstum: Das Marktforschungsunternehmen „Research & Markets“ hat in seiner jüngsten KI-Marktstudie 2023 ein Wachstum von 95,6 Milliarden Dollar 2021 auf 1811,75 Milliarden Dollar bis 2030 errechnet. Wir wollten von Andrea Nahles, Vorsitzende des Vorstandes der Bundesagentur für Arbeit (BA), und Dr. Markus Schmitz, Geschäftsführer Informationstechnologie und Digitale Prozesse/CIO der BA, wissen, wie sie dem digitalen Wandel begegnen.

Frau Nahles, welche Rolle werden Künstliche Intelligenz und die damit meist verbundene digitale Automatisierung von Geschäftsprozessen in der betrieblichen Praxis deutscher Unternehmen künftig spielen?
Andrea Nahles: KI wird immer weiter in die betriebliche Praxis vordringen und nahezu alle Geschäftsbereiche mehr oder minder verändern. Folglich wird KI ein wettbewerbsentscheidender Faktor. Denken Sie an die Erfahrungen, die man in Hotlines macht: Warten Sie gerne 45 Minuten in der Schleife oder würden Sie Ihr Anliegen auch von einem digitalen Agenten, einem Bot, in gleicher Qualität und ohne Warten umgehend bearbeiten lassen? Ich denke, die Vorzüge von intelligenter digitaler Automatisierung bezüglich der Effizienzgewinne für Arbeitgeber sowie der Nutzen für Kunden und viele Beschäftigte sind enorm.

Wissenschaft und Wirtschaft erwarten erhebliche Auswirkungen von KI auf die Arbeit weltweit. Sieht die Bundesagentur für Arbeit eher positive oder eher negative Effekte für die Menschen in unserem Land?
Das Institut für Arbeitsmarkt- und Berufsforschung, das zur Bundesagentur für Arbeit gehört, hat bereits im Sommer 2021 eine Studie veröffentlicht, die das zunehmende Substitutionspotenzial einzelner Berufe und Tätigkeiten durch digitale Automatisierung bestätigt. 2019 arbeiteten in Deutschland demnach 11,34 Millionen Personen in einem Beruf, in dem viele Tätigkeiten potenziell von Computern erledigt werden könnten.

Insgesamt ist das Potenzial, berufliche Tätigkeiten durch neue Technologien zu ersetzen, in den Helfer- und Fachkraftberufen am höchsten. In den betreffenden Berufen könnten durchschnittlich fast 60 Prozent der Tätigkeiten automatisiert erledigt werden. Bei den Spezialistenberufen liegt dieser Wert bei rund 45 Prozent und bei den Expertenberufen bei etwa 26 Prozent. Zwei Dinge muss man dabei berücksichtigen: Erstens überspringt Automatisierung die Grenze der Helferberufe, auch höher qualifizierte Tätigkeiten werden erreicht. Aktuelle Entwicklungen wie ChatGPT werden diese Dynamik erhöhen. Zweitens muss man beachten, dass nicht alle Potenziale immer auch erschlossen werden.

Was ist aus Ihrer Sicht für den Wandel am Arbeitsmarkt besonders wichtig?

Wir werden in den kommenden Jahren einen tiefgreifenden Wandel auf dem Arbeitsmarkt erleben, der vor allem vom Mangel an Arbeitskräften und Entstehen neuer Berufsfelder in den Bereichen IT, Gesundheit und Nachhaltigkeit beeinflusst sein wird. Digitale Automatisierung ist dabei ein Treiber, aber viel mehr noch eine Lösung: Wir müssen Tätigkeiten an Maschinen übertragen, um die dadurch frei werdenden Arbeitskräfte sinnvoll einsetzen zu können. Auf diese Weise soll vor allem dem Mangel an Fachkräften und Beschäftigten begegnet werden. Das ist nicht nur bei uns im öffentlichen Sektor ein Top-Thema, sondern beschäftigt vom Bäckermeister bis zum internationalen Energiekonzern derzeit jeden. Fazit: Ja, digitale Automatisierung wird die Arbeitswelt verändern und das ist auch gut so. Wichtig ist nur, dass die Qualifizierung mit dem Fortschreiten der technischen Möglichkeiten Hand in Hand erfolgt. Daher finde ich den Gedanken von Human Friendly Automation gut. In meinen Worten: Automatisierung küsst Demografie. An der BA kann man dies gut veranschaulichen: Wir verlieren in den nächsten zehn Jahren ein Drittel unseres Personals allein altersabgangsbedingt. Zudem kommt noch die „natürliche Fluktuation" durch Personen, die uns als BA verlassen und woanders tätig werden. Um diese Herausforderung bewältigen zu können, bedeutet dies ganz konkret, dass wir alle Potenziale der Automatisierung heben müssen, die sich uns bieten, wir aber zugleich unseren Mitarbeitenden das Versprechen geben, dass wir niemanden entlassen. Im Gegenteil: Wir brauchen jede Kollegin und jeden Kollegen, damit wir unseren Auftrag gut erledigen können. Das heißt aber auch, dass in einer sich durch die Automatisierung verändernden Aufgabenwelt der internen Weiterbildung und Qualifizierung eine immer wichtigere Rolle zukommt.

Herr Dr. Schmitz, die Bundesagentur für Arbeit hat als Arbeitgeberin ebenfalls eine Leuchtturmrolle in der Bundesrepublik, wie Arbeit heute und morgen gut gestaltet werden kann. Digitale Automatisierung haben Sie bereits als festen Bestandteil verkündet, um den Erwartungen sowohl der Belegschaft als auch der Kunden Rechnung zu tragen. Aber was haben Sie konkret geplant?

Markus Schmitz: Im vergangenen Jahr haben wir als einzige Großbehörde in Deutschland die Anforderungen aus dem Onlinezugangsgesetz (OZG) mit rund 70 eServices fristgerecht vollständig umgesetzt. Aber allein die Digitalisierung reicht nicht aus, daher haben wir die Dekade der Automatisierung ausgerufen.

Konkret arbeiten wir aktuell an einem Voice-Bot, mit dem wir als BA für Bürgerinnen und Bürger die telefonische Erreichbarkeit und den Service verbessern möchten. Aktuell arbeiten ca. 5000 Mitarbeitende in unseren Servicecentern. Gerade zum Monatswechsel haben unsere Servicecenter ein verstärktes Anrufaufkommen. Diesen Peak können wir nur schwer abfedern, denn Zeitarbeit nutzt die BA grundsätzlich nicht und ein Versetzen von Kolleginnen und Kollegen aus anderen Bereichen für ein paar Tage ist praktisch nicht umsetzbar. Hier hilft also KI-gestützte Automatisierung ganz konkret, unseren Service zu verbessern und Auslastungsschwankungen besser steuern zu können.

Darüber hinaus arbeiten wir daran, mithilfe eines algorithmischen, lernenden Entscheidungssystems Stellenangebotsdaten aus unstrukturierten Formaten (z. B. aus PDF, Word, URL, Freitext) automatisiert in unserem internen Fachverfahren mittels eines Stellenangebotsvorschlags vorzublenden. Bei mehreren 100.000 Stellenangeboten, die jährlich auf diesem Weg zu uns kommen, bedeutet dies eine enorme Entlastung der Kolleginnen und Kollegen im Arbeitgeber-Service. Diese Zeit können sie zukünftig besser in die aufgrund des Fachkräftemangels immer herausfordserndere Beratung investieren. Und: Wenn das Vorgehen hier funktioniert, können wir es auch anderenorts zur Anwendung bringen.

Ebenso wollen wir eine selbstlernende und sich selbst verbessernde Spracherkennungssoftware mit Fachwortschatz für unsere Fachdienste einführen, wie den Ärztlichen Dienst. Dokumentationen sind bei uns oftmals rechtlich erforderlich und binden viel Kapazität.

Auch arbeiten wir aktuell an einer Lösung, mit deren Hilfe wir die Bearbeitung von E-Mails und das Routing zum passenden Mitarbeitenden automatisiert unterstützen möchten.

Wir gehen unseren erfolgreichen Weg konsequent voran. So entwickeln wir fortlaufend die BA-mobil-App weiter und arbeiten an einer bundesweiten Plattform als zentrales Eingangsportal für Informationen der beruflichen Weiterbildung, um die Transparenz über berufliche Weiterbildung in Deutschland zu erhöhen. Hier werden wir dann eine neue Seite der KI kennenlernen, die eben nicht nur hilft, intelligent zu automatisieren, sondern auch, neue Service-Angebote oder gar neue Geschäftsmodelle zu ermöglichen. Unsere neue Weiterbildungsplattform soll perspektivisch z. B. auch die Frage beantworten, was andere Personen in meiner Situation für Weiterbildungen gemacht haben bzw. welche beruflichen Perspektiven sie an vergleichbaren Wegegabelungen gewählt haben.

KI-gestützte Automatisierung setzt Arbeitszeit frei. Wie wollen Sie den Wandel für die Beschäftigten organisieren, wenn „Kollege Bot" zunehmend Einzug hält?
Das konkrete Ausgestalten des Wandels wird eine Aufgabe der Gesamtorganisation werden. Andrea Nahles hat schon ausgeführt, dass es bei uns darum geht, die demografische Lücke zu schließen sowie unseren Beratungsauftrag möglichst gut zu erfüllen. Hierfür müssen Business, IT und HR zusammenwirken. HR-seitig wird es eine ganz neue Herausforderung sein, schon von Beginn an bei Automatisierungsprojekten das Thema der Weiterbildung mitzudenken und auch aktiv zu begleiten sowie eine strategische Personalplanung aufzulegen. Auch die Mitarbeitenden selbst müssen wir frühestmöglich einbinden, um den persönlichen Nutzen und die beruflichen Chancen bestmöglich erschließen zu können. Bei Automatisierung wird es zunächst so sein, dass der „Kollege Bot" Teilaufgaben und „einfache Aufgaben" übernehmen wird. Die sich hieraus ergebenden Freiräume für die Kolleginnen und Kollegen können wir aber nicht nur mit „schwierigen Sachverhalten" und mehr Komplexität füllen. Hier werden wir kreative Lösungen brauchen. Mit dem HFA-Ansatz haben wir nun erstmals ein methodisches Vorgehensmodell.

Frau Nahles, wo sehen Sie als ehemalige Spitzenpolitikerin und jetzt als Behördenchefin die größten Herausforderungen, um im öffentlichen Sektor die Themen „digitale Automatisierung" (technisch) und „Qualifizierung sowie Jobtransfers" (neue Arbeit/Maßnahmen gegen Fachkräftemangel) erfolgreich miteinander zu verbinden?
Andrea Nahles: Zunächst möchte ich hier an Markus Schmitz anschließen: Bei uns in der BA wird ca. ein Drittel der Beschäftigten in den nächs-

ten zehn Jahren in den Ruhestand gehen. Automatisierung ist folglich für uns ein Stellhebel, um diesem demografischen Effekt entgegenzuwirken. Allein mit Nachrekrutierung werden wir nicht auskommen. Alle Organisationen sind gefordert, der öffentliche Sektor vielleicht besonders. Auch wachsende Aufgaben und Erwartungen der Bürger:innen machen Automatisierung unerlässlich. Im Bereich der Qualifizierung der Mitarbeitenden sehe ich dabei tatsächlich eine große Herausforderung. Einerseits bedarf es einer klugen und weitsichtigen Strategie für die zukünftig notwendigen Fähigkeiten und Kompetenzen und damit Anforderungen an die Beschäftigten, andererseits braucht es die Bereitschaft aller Kolleginnen und Kollegen, sich zu qualifizieren und somit sich selbst neu zu erfinden. Dazu ist ein sogenannter „Mindsetwandel" nötig. Viele Beschäftigte kennen KI und digitale Prozessautomatisierung nur aus der privaten Lebenswelt: Die KI entscheidet, welchen Film man schaut, und der Staubsaugroboter reinigt den Boden, während man ein Buch lesen kann. Es besteht die Gefahr, dass digitale Automatisierung missverstanden wird und eine „Lean-back"-Haltung entsteht. Das heißt: Die Maschine übernimmt unangenehme und teils langweilige Tätigkeiten. Ich selbst brauche mich aber nicht zu verändern. Diese Haltung darf im beruflichen Kontext nicht Einzug halten. Führungskräfte und Mitarbeitende benötigen daher eine gewisse Klarheit, wie die Technologien wirken, aber auch darüber, was von ihnen erwartet wird.

Wir müssen es nachdrücklich unterstützen, dass sich Mitarbeitende innerhalb und außerhalb der Arbeitszeit weiterbilden, auch unabhängig von ihrem aktuellen Aufgabengebiet. Darüber hinaus müssen wir Potenziale der Beschäftigten nutzen. Wir müssen stärker erfassen, welche Kompetenzen unsere Beschäftigten auch außerhalb ihres aktuellen Tätigkeitsfeldes aufweisen, und dies bei zukünftigen Stellenbesetzungen berücksichtigen.

Wenn wir den Weg der digitalen Automatisierung konsequent gehen, dann werden wir als BA eine viel attraktivere Arbeitgeberin sein. Über die aktive Einbindung aller Beteiligten werden wir auch mit ihrem Arbeitsumfeld zufriedenere Mitarbeiterinnen und Mitarbeiter haben.

Gibt es aus Ihrer Sicht auch Handlungsbedarf bei der Gestaltung der rechtlichen Grundlagen?
Wir sehen hier durchaus Handlungsbedarf. Um nur einige der wichtigsten Beispiele zu nennen: Derzeit darf die Personenidentifikation ausschließlich mittels eID erfolgen. Hier braucht es weitere, einfache und sichere Identifikationsmöglichkeiten und die bestehenden sollten nutzerorientiert weiterentwickelt werden. Ein zweites Beispiel liegt im Kassenrecht. Das Vier-Augen-Prinzip verhindert die Vollautomatisierung von Geschäftsprozessen. Hier sollten kassenrechtliche Bestimmungen erweitert werden, um eine Prozess-Automatisierung zu ermöglichen. Und ein drittes Beispiel liegt im Bereich des Datenschutzes. Auch hier wird eine sinnvolle und mit der DSGVO vereinbare Rechtsvereinfachung im Kontext des Sozialgesetzbuches gebraucht.

Eine durchgängige Digitalisierung und Automatisierung von Prozessen erfordert „einfaches" Recht, das wir uns für die Zukunft von der Gesetzgebung wünschen würden. Das Recht wäre auch für die Betroffenen verständlicher und wir hätten auf Seiten der Verwaltung deutlich höhere Automatisierungspotenziale.

Herr Dr. Schmitz, das Human-Friendly-Automation-Netzwerk, an dem sich die Bundesagentur beteiligt, hat in einem Prozess von 1,5 Jahren eine Werte-und-Prinzipien-Charta erarbeitet, die bereits einige Organisationen anwenden. Sie selbst haben die Werte-Charta für ein erstes Proof of Concept für ein E-Mail-Automatisierungsprojekt zur Anwendung gebracht. Wie wichtig ist es aus Ihrer Sicht, dass es diese Wertebasis gibt?
Markus Schmitz: Die HFA-Werte-und-Prinzipien-Charta ist aus meiner Sicht wichtig, um einen internen Diskussionsrahmen über die Ausgestaltung von Automatisierungsprojekten zu schaffen. Die Werte-Charta setzt dabei einen Rahmen, braucht in einem zweiten Schritt aber eine Operationalisierung und Individualisierung für jedes Unternehmen. So haben wir als BA die HFA-Werte mit unseren datenethischen Leitlinien verknüpft und somit ein gesamthaftes Rahmenwerk erarbeitet. Dabei haben wir zwischen HFA und Datenethik zu keinem Zeitpunkt einen Widerspruch erlebt, sondern eine sinnvolle Ergänzung. Im Ergebnis hat uns die HFA-Wertebasis dabei unterstützt, den Schwerpunkt bei der Automatisierung von der

reinen Technologiesicht in Richtung Auswirkungen auf die Betroffenen und damit auf den HR-Bereich zu erweitern.

Alle Industrien sollten sich fragen, ob die Art und Weise, wie sie digitale Automatisierung einführen, ausreichend die Zukunft der Beschäftigten berücksichtigt und auf Grundlage welcher datenethischen Prinzipien sie vorgehen wollen. Es sollte nicht der Fall sein, dass Unternehmen zwar den Fachkräftemangel beklagen, sich aber rein auf technische Ziele oder die Effizienzpotenziale durch intelligente Automatisierung konzentrieren und die Planung würdevoller und wertschätzender Arbeit für Beschäftigte vernachlässigen. Das werden die Beschäftigten und die jungen – in den Arbeitsmarkt drängenden – Menschen nicht akzeptieren. Ähnlich wie heute die meisten Menschen ein ökologisch nachhaltiges Handeln von Unternehmen erwarten, wird diese Personengruppe eine „nachhaltige Automatisierung" einfordern. Machen wir es anschaulich: Führungskräfte werden keine Lust mehr haben, Urlaubszeiten oder Reisekostenabrechnungen freizugeben. Sie werden diese Prozesse automatisiert haben wollen. Auf der anderen Seite muss darauf geachtet werden, dass nicht alles an die Maschinen übertragen wird: Die Mensch-Mensch-Interaktion ist insbesondere jungen Menschen sehr wichtig. Der Human-Friendly-Automation-Ansatz und die Werte-Charta sehen den Erhalt dieser Beziehung explizit vor.

Was sind Tätigkeiten im Alltag, privat oder beruflich, die Sie gerne von einem Roboter übernehmen lassen würden? Und was würden Sie in der frei werdenden Zeit dann tun?
Andrea Nahles: Ich würde gerne die Tätigkeit des Kochens von einem sympathischen Heimroboter übernehmen lassen. Während der Zeit, wo sich der Roboter ums leibliche Wohl kümmert, hätte ich endlich den Raum, mit meiner Tochter mehr Volleyball zu spielen und anschließend gemeinsam mit ihr das – vom Roboter zubereitete – Essen zu genießen.
Markus Schmitz: Bei strömendem Regen frühmorgens und spätabends mit unserem Hund Timmy Gassi gehen. Das könnte gerne ein (wasserdichter!) Roboter übernehmen.

(Mit einem Augenzwinkern): Wenn der Chatbot ChatGPT so weit ist: liebend gerne die Erstellung von Vorstands- und Verwaltungsratsvorlagen.

Herzlichen Dank für das Gespräch.

2. „NUR MIT AUTOMATISIERUNG BLEIBT DIE VERWALTUNG AUCH IN ZUKUNFT LEISTUNGSFÄHIG“

Im Gespräch mit Matthias Flügge, Deutsche Rentenversicherung Bund

MATTHIAS FLÜGGE

Dr. Matthias Flügge ist Chief Digital Officer bei der Deutschen Rentenversicherung Bund (DRV Bund). Wir wollten von ihm wissen, wie die Digitalisierung in der Behörde geplant wird und voranschreitet. Und welche wichtige Rolle dabei der demografische Wandel spielt.

Welche Rolle werden Künstliche Intelligenz und digitale Automatisierung in der betrieblichen Praxis künftig spielen?
Matthias Flügge: Zunächst einmal ist festzuhalten, dass KI und Automatisierung nicht deckungsgleich sind. Man kann umfassend automatisieren, ohne KI zu nutzen. Wenn aber KI zum Einsatz kommt, dann bedeutet das meist auch ein Stück Automatisierung.

Grundsätzlich könnten viele Leistungen der öffentlichen Verwaltung, wenn es etwa um Genehmigungen, Bescheide, Geldleistungen geht, vollständig automatisiert werden. Schließlich trifft die Verwaltung ihre Entscheidungen auf Basis rechtlicher Regeln, die man letztlich auch als Programmcode verstehen könnte. Dass der Automatisierungsgrad in der Verwaltung allgemein noch recht niedrig ist, liegt eher an der mangelnden Verfügbarkeit von Daten in digitaler Form.

Etwas anders sieht es dort aus, wo Ermessensspielräume vorliegen. Gerade bei Sozialleistungen ist das ab und zu der Fall – etwa bei Leistungen zur Teilhabe am Arbeitsleben oder bei der Gewährung vorläufiger Leistungen. Hier spielt das menschliche Urteilsvermögen eine wichtige Rolle. Auch der Gesetzgeber schließt bei Ermessensspielräumen vollautomatisierte Verfahren aus. Nichtsdestotrotz können auch hier Systeme zum Einsatz kommen, die entscheidungsrelevante Informationen aufbereiten oder z. B. recherchieren, wie in ähnlichen Fallkonstellationen entschieden wurde.

Der Einsatz von KI in der öffentlichen Verwaltung ist ein vieldiskutiertes Thema, insbesondere hinsichtlich der mangelnden Transparenz von KI-Systemen, die maschinelles Lernen verwenden. Nach heutigem Stand dürfen diese Systeme nur dort eingesetzt werden, wo die Verwaltung ohne konkrete Rechtsfolgen handelt, oder zur Unterstützung von menschlichen Entscheidungen, nicht jedoch zur Vollautomatisierung von Verwaltungsakten. Es gibt also Grenzen des Einsatzes von KI in der Verwaltung. Dennoch werden die Auswirkungen von KI riesig sein, z. B. bei der Auskunft und Beratung für Kund:innen. Denn KI lernt aus Daten. Und große Datenmengen haben wir grundsätzlich in der Verwaltung. Wir müssen nur die Voraussetzungen schaffen, sie gut zu nutzen.

Gibt es bei der DRV Bund eine Strategie zur Digitalisierung?

Die DRV Bund hat eine sehr umfangreiche und ambitionierte Digitalstrategie, bestehend aus einem Zielbild für das Jahr 2030, 20 langfristigen strategischen Zielen und konkret messbaren operativen Zielen, die sich über einen Zweijahreshorizont erstrecken. Inhaltliche Schwerpunkte sind: konsequente Nutzerorientierung, neue Formen der Zusammenarbeit, digitale Services für Kund:innen, digitale Kompetenzen und digitaltaugliches Recht. Wir haben in der Digitalstrategie auch eine Reihe von Automatisierungszielen gesetzt, u. a.: Entlastung von Mitarbeitenden bei wiederkehrenden Routinetätigkeiten, automatisierter Datenaustausch mit anderen Organisationen, Pilotierung von Entscheidungsunterstützungssystemen und die Erschließung der Potenziale fortgeschrittener Datenanalyse und KI.

Welche digitalen Automatisierungs- und KI-Projekte finden gerade statt?

Durchgängige Automatisierung ist heute schon in einigen Prozessen in der DRV an der Tagesordnung, z. B. bei der Erstellung eines Rentenanpassungsbescheides oder bei einer sogenannten Arbeitnehmer-Entsendebescheinigung.

Das bestehende IT-Kernsystem der DRV wird derzeit im Rahmen eines mehrjährigen Großprojektes modernisiert und damit weitgehend automatisiert. In der Digitalstrategie haben wir uns aber auch das Ziel gesetzt, früher greifbare Erfolge in der Automatisierung zu erzielen. Dazu haben wir z. B. Robotic Process Automation (RPA) an den Start gebracht. Die Idee ist es, kleine Bots zu entwickeln, die vor allem die Sachbearbeitung von lästigen manuellen Arbeitsschritten befreien. Für uns ist RPA eine wichtige Brückentechnologie, um Automatisierungseffekte für Beschäftigte schnell spürbar zu machen.

Im Bereich der medizinischen Reha entwickeln wir derzeit Entscheidungsunterstützungssysteme, mit denen nicht nur Bearbeitungsaufwände reduziert, sondern auch Qualität und Nachvollziehbarkeit von Entscheidungen verbessert werden sollen.

Was KI anbelangt: Da gibt es in der deutschen Verwaltung noch viel Aktionismus und Strohfeuereffekte. Im Kern geht es doch um die Transformation zu einer datenbewussten und datenkompetenten Organisation. Das gehen wir sehr strukturiert an, mit einer Reifegradanalyse und der systematischen Bewertung von Anwendungsfällen. Parallel dazu setzen wir Pilotprojekte mit klarem Nutzen auf, etwa für die Erkennung von Unregelmäßigkeiten bei der Entrichtung von Sozialversicherungsbeiträgen.

Wer sind typische Beteiligte bei KI- bzw. Automatisierungsprojekten?

Gerade beim Einsatz von KI ist die Bandbreite sehr groß, sodass man kaum von „typischen" Projekten oder Beteiligten sprechen kann. So ist es ein großer Unterschied, ob KI für rein interne Zwecke eingesetzt wird, z. B. zur langfristigen Prognose von Personalbeständen, für automatisierte Auskünfte an Kund:innen oder als Entscheidungsunterstützungssystem für Tausende von Sachbearbeiter:innen.

Grundsätzlich lässt sich aber sagen, dass Digitalisierungsprojekte neue Formate der Zusammenarbeit in der Verwaltung erfordern. Öffentliche Organisationen sind in der Regel mit vielen abgegrenzten Zuständigkeiten und gremienorientierten Entscheidungszyklen aufgebaut. In Digitalisierungsprojekten gibt es jedoch rechtliche, technische, organisatorische und zunehmend auch ethische Fragestellungen. Die Digitalisierung bewegt sich also einmal quer durch ein typisches Verwaltungsorganigramm. Dafür ist das „Betriebssystem" Verwaltung nicht gut aufgestellt. Darum haben wir in unserer Digitalstrategie einen besonderen Akzent auf neue Formate der Zusammenarbeit gelegt. Ein Beispiel sind sogenannte Transformationslabore, in denen interdisziplinär, in kurzen Zyklen und gemeinsam mit Nutzer:innen gearbeitet wird. Nach den gleichen Prinzipien haben wir eine „Task Force Prozesse Digital" ins Leben gerufen, die in agiler Arbeitsweise konkrete Leistungsprozesse optimiert und Automatisierungspotenziale identifiziert.

Die in diesen Vorhaben gesammelten positiven Erfahrungen sollen auch dazu beitragen, die Organisation selbst zu transformieren. Wir sehen, dass das bereits erste Früchte trägt, da sich vormals sehr „traditionelle" Bereiche hinsichtlich ihrer digitalen Kompetenzen diverser aufstellen.

Welche Personengruppen sehen Sie von den genannten Projekten primär betroffen?

Von der Automatisierung sind alle Personengruppen betroffen. Wenn wir an Automatisierung im klassischen Sinn denken, dann sind natürlich Tätigkeiten im Fokus, die klar strukturierte und quantifizierbare Arbeitsabläufe haben. Mit dem Vormarsch der KI – und aktuell gerade mit der rasanten Entwicklung generativer KI – sind aber zunehmend auch kreativ-dispositive Tätigkeiten Gegenstand von Automatisierungsinitiativen.

Dennoch werden wir – angesichts der drastischen demografischen Entwicklung – auch zukünftig jede Mitarbeiterin und jeden Mitarbeiter brauchen. Was sich aber ändert, sind Aufgaben und Rollen. Die Schlüsselworte sind Qualifikation und Weiterbildung. Dafür muss jede Organisation im eigenen Interesse gute Angebote schaffen.

Gleichzeitig entstehen neue Tätigkeiten. Vor einigen Jahren hätte man User Researcher, agile Coaches und Service Designer in einer öffentlichen Verwaltung vergeblich gesucht. Eine neue Rolle sind auch Wissensingenieure an der Schnittstelle zwischen IT und Fachlichkeit, denn die Automatisierungsvorhaben, wie z. B. regelbasierte Entscheidungsunterstützungssysteme, müssen mit fachlichem Wissen gefüttert und aktuell gehalten werden.

Zudem wird es durch europäische Verordnungen umfassende Compliance-Anforderungen an KI-Systeme in der Verwaltung geben. KI-Lerndaten sind zu prüfen, die Diskriminierungsfreiheit sicherzustellen und zu dokumentieren etc. Das stellt die Verwaltung vor große Herausforderungen: Wer übernimmt die neuen Aufgaben, wie werden sie tarifiert und wie kann man die Vermittlung notwendiger Kompetenzen in der eigenen Aus- und Weiterbildung verankern?

Gibt es bereits Ansätze, um die Automationsprojekte mit den personalstrategischen Zielsetzungen des demografischen Wandels zu verbinden?

Wir haben bei der Personalbedarfs- und Personalbestandsanalyse ermittelt, auf welche demografische Lücke wir personell zusteuern. Innerhalb der nächsten zehn Jahre wird sich eine Unterdeckung von mehreren tausend „Vollbeschäftigteneinheiten" ergeben.

Angesichts dieser doch sehr drastischen Prognose haben wir Handlungsfelder und mitigierende Maßnahmen identifiziert. Dazu gehört z. B. das Handlungsfeld Mitarbeitende, in dem es u. a. um eine effektive Personalbindung und Personalgewinnung geht. Ein weiteres Handlungsfeld ist die Digitalisierung, in dem auch die Effekte möglicher Automatisierungsvorhaben quantifiziert werden. Konkret: In welchem Umfang können Digitalisierung und Automatisierung Aufwand und Personalbedarf reduzieren? Aktuell haben wir einen Korridor möglicher Effizienzeffekte identifiziert. Allerdings ist das Umfeld volatil. So kann durch neue Gesetzesvorhaben plötzlich zusätzlicher Personalbedarf entstehen – sowohl auf der IT- als auch auf der Fachseite.

Worauf kommt es aus Ihrer Sicht an, damit die Projekte human friendly gestaltet werden?

Es klingt wie eine Binsenweisheit – es bleibt aber wichtig: Nutzer:innen sind vom Anfang bis zum Ende zu beteiligen. Ein schönes Beispiel ist die bereits angesprochene Automatisierung mit RPA. Um Bots zu entwickeln, brauchen Sie keine großen Programmierkenntnisse. Die Software zeichnet bestimmte Arbeitsschritte auf und kann diese dann automatisiert durchführen. Also hat hier von Anfang an eine enge Zusammenarbeit mit den eigentlichen Anwender:innen stattgefunden und es wurden direkt in den sachbearbeitenden Abteilungen Mitarbeiter:innen darin geschult, solche Bots zu erstellen. Stark vereinfacht ausgedrückt, kann sich die Sachbearbeitung damit ihre eigenen Prozesse selbst automatisieren. Das schafft eine ganz andere Qualität von Mitwirkung und Akzeptanz in der Automatisierung.

Es ist aber auch wichtig zu verstehen, dass es sehr unterschiedliche Sichtweisen darauf gibt, was eigentlich bei der täglichen Arbeit entlastet und was nicht. Ich höre z. B. immer wieder, dass dank Automatisierung Mitarbeitende mehr Zeit für „die schwierigen Fälle" haben. Das ist richtig. In Gesprächen wurde mir allerdings gespiegelt, dass eine dauerhaft hohe Aufmerksamkeit auch nicht zur Entlastung beiträgt und gerne mal eine leichtgewichtige Tätigkeit zwischendurch stattfinden darf. Die Kunst wird es also sein, diese Anforderungen auszutarieren und nicht nur Arbeitsmengen, sondern auch Arbeitsinhalte gut zu steuern bzw. hier den Beschäftigten eine gewisse Eigenverantwortung zuzutrauen. Das war früher nicht unbedingt eine Stärke der Verwaltung. Aber mittlerweile gibt es veränderte Führungsbilder, die stärker auf Vertrauenskultur und die Delegation von Verantwortung abzielen.

„Human friendly" gilt aber natürlich nicht nur nach innen. Automatisierung muss letztendlich auch für Kund:innen freundlich gestaltet werden. Wer schon einmal den Kundensupport manch eines Telekommunikations-Anbieters erlebt hat, der kann sicher ein Lied davon singen. Im Rahmen unserer Digitalstrategie sprechen wir daher von der „digital persönlichen" DRV. Digital und persönlich müssen eben keine Gegensätze sein. So verbindet z. B. eine Videoberatung den digitalen Kanal mit dem persönlichen Gespräch.

Wie könnte man die Organisation der menschlichen Arbeit entlang der IT-Projekte stärker in den Fokus rücken?
Reine IT-Projekte, bei denen nach einem Lastenheft eine Anwendung „runterentwickelt" wird und dann die Nutzer:innen damit „beschenkt" werden, darf es nicht mehr geben. Zu IT-Projekten gehören Schulungen und Veränderungsmanagement, die Technologie muss mit den Mitarbeitenden gemeinsam entwickelt und regelmäßig verprobt werden. Das sagt sich leichter, als es getan ist, denn Nutzer:innen müssen auch dazu befähigt werden, ihre Rolle mündig wahrzunehmen. Sie brauchen etwa gewisse digitale Grundkompetenzen und auch ein Verständnis dafür, was eigentlich technologisch möglich ist. Gerade beim Thema KI ist das eine Herausforderung. Da sind die Menschen mit ganz unterschiedlichen medialen Bildern konfrontiert, die sich zwischen Hype und Jahrtausendrevolution bewegen.

Der Wille, sich in die gemeinsame Ausgestaltung der Digitalisierung einzubringen, muss natürlich auf beiden Seiten da sein. Das hat auch viel mit Selbstverständnis und Kultur zu tun: In den IT-Bereichen ist das Bewusstsein notwendig, dass IT kein Selbstzweck ist, sondern ein Mittel, um Mitarbeitenden oder Kund:innen die Arbeit zu erleichtern. Das gilt aber auch für die Fachseite. Die muss verstehen, dass die Digitalisierung nicht irgendwo (z. B. durch einen CDO) gemacht und dann in Empfang genommen wird. Im Gegenteil, die Fachseite muss die Ausgestaltung digitaler Prozesse und Lösungen treiben.

Wie gut sind Ihre Führungskräfte darauf vorbereitet, den Wandel der Arbeit bei Automatisierungsprojekten zu organisieren?
Automatisierung, digitale Werkzeuge, Homeoffice, agile Arbeitsweisen: Die Arbeitswelt verändert sich so rasant, dass Führungskräfte umfassend darauf vorbereitet sein müssen, ihre Mitarbeitenden im digitalen Wandel zu unterstützen.

Bei der DRV Bund haben wir mehr als 2000 Führungskräfte. Daher wurden unter Leitung der Personalabteilung mit dem „next campus" sowohl Räumlichkeiten als auch ein sehr umfangreiches und modernes Programm für die Führungskräfteentwicklung geschaffen. Hier geht es um Methoden und Rollenverständnis der Führungsarbeit (z. B. Leadership statt Vorgesetzter sein) und vor allem um die Beförderung des kulturellen

Wandels für Themen wie interdisziplinäres Arbeiten, Eigenverantwortung sowie Fehler- und Vertrauenskultur.

Führungskräfte sind auch in die Entwicklung und Umsetzung der Digitalstrategie des Hauses mit einbezogen. Schließlich müssen sie verstehen, wohin die digitale Reise geht, und diese mitgestalten. Und letztlich sind sie es, die ihren Mitarbeitenden Freiräume für die Beteiligung an der Gestaltung von IT-Produkten und Prozessen einräumen.

Herzlichen Dank für das Gespräch.

3. „WIE KI HELFEN KANN, SICH IN EINER KOMPLEXEN WELT ZU ENTFALTEN“

Im Gespräch mit Gregor Pillen, IBM Deutschland GmbH

GREGOR PILLEN

Seit Anfang 2020 ist Gregor Pillen bei IBM General Manager für die Region DACH. Er arbeitet seit 2002 für den amerikanischen IT-Pionier und führte zuletzt die Beratungssparte der IBM, sowohl für Deutschland als auch in internationaler Verantwortung. Uns hat er erklärt, warum ihm die Initiative Human Friendly Automation so wichtig ist, dass IBM Deutschland sich als Gründungs-Sponsor beteiligte und den ersten Human Friendly Automation Day 2021 ausrichtete.

Herr Pillen, was bedeutet für Sie Human Friendly Automation?
Gregor Pillen: Für mich ist dabei der Begriff Beherrschbarkeit wichtig, er hängt ganz stark mit Transparenz und Souveränität zusammen. Human friendly bedeutet für mich, ich verliere nicht die Möglichkeit, abzuschät-

zen, was um mich herum passiert. Ich weiß, was ich mit welchen Arbeitsmitteln mache, und ich beherrsche meine Arbeit, ich werde vor allem nicht von einem System beherrscht. Es ist zutiefst das Streben des Menschen, dass er sich nicht komplett in eine Abhängigkeit begeben möchte. Human friendly ist Digitalisierung nur, wenn Selbstbestimmtheit, Entscheidungsfreiheit und Souveränität für den Menschen erhalten bleiben. Denn wenn die Menschen das nicht haben, begeben sie sich in eine gefährliche Abhängigkeit und fühlen sich als Opfer.

Was gefällt Ihnen am HFA-Netzwerk, bei dem IBM „Founding Sponsor" ist?

HFA legt den Schwerpunkt auf die Vorteile von KI für die Menschen, statt Angst zu schüren. Man könnte auch nur die negativen Seiten herausstellen. Die Initiative aber macht klar: Es geht um Technik zum Wohl der Menschen. Das gefällt mir. Denn wenn ich KI einsetze, dann müssen die Menschen an erster Stelle stehen und ihr Arbeitsalltag berücksichtigt werden. Sonst scheitern KI-Projekte, denn wenn der Mensch nicht versteht, warum er etwa immer Daten eingeben und pflegen soll und wie er davon profitiert, dann wird er keinen Wert auf eine qualitative Dateneingabe legen. Die Vorteile der Technologie zu heben gelingt nur, wenn Menschen ihr vertrauen und ihnen klar ist, wie sie ihnen im Alltag hilft.

Außerdem wird bei HFA auch die Unternehmenssicht berücksichtigt. Es wird nicht schlicht davon ausgegangen, dass KI eingeführt wird, weil es irgendwie „hip und fancy" ist. Und auch nicht, um in erster Linie Kostenvorteile zu erzielen. Die Unternehmen, die sich in der branchenübergreifenden HFA-Experten-Allianz zusammengefunden haben, wollen vor allem ihr Geschäftsmodell in die Zukunft fortschreiben.

Warum wird es in Zukunft nicht ohne KI gehen?

Wir haben z. B. mehr Komplexität, weil wir viel mehr unterschiedliche Kanäle haben, in denen wir kaufen, verkaufen oder kommunizieren können. Das gilt heute selbst für Behörden. Früher ist man einfach zum Amt gegangen, es gab nur die eine Möglichkeit. Mittlerweile können Sie ein Amt über viele unterschiedliche Kanäle erreichen. Sie können direkt hingehen, Sie können telefonieren, Mails schreiben, Sie können Dokumente elektronisch hochladen ... Zudem gibt es den Trend zur Individualisierung: Jeder möchte im Service diesen iPhone-Effekt haben, dass für ihn alles persönlich angepasst ist. Und das steigert die Komplexität in Produktion oder in Verwaltung noch einmal massiv. Unternehmen können ihren Service nur aufrechterhalten, wenn sie anfangen, KI in ihre Prozesse einzubauen. Und das geht nur, wenn sie die Beschäftigten mitnehmen.

Unser IBM-Team führte schon 2010 bei der Bundesagentur für Arbeit das Content-Management-System „FileNet" ein. Das war noch keine KI, aber ein Anfang einer Digitalisierung bei der Aktenbearbeitung. Damit wurde es möglich, zwischen einzelnen Ämtern Arbeitslast auszugleichen. Als damals bekannt wurde, dass sich die Bundesagentur gemeinsam mit uns dazu Gedanken macht, gab es auch diese Fragen: Was bedeutet es für mich als Sachbearbeiter, wenn ich nicht mehr nur für mein Silo in einer Region zuständig bin? Es entstand aber schließlich eine neue Philosophie: Jeder und jede wurden Teil eines größeren Teams. Über die Digitalisierung konnte Arbeit verteilt werden, sodass Spitzen- und Extrembelastungen ausgeglichen werden konnten. Es musste aber auch erst erkannt werden, dass damit die Beherrschbarkeit und die Chance, einen besseren Service zu bieten, für die einzelnen Mitarbeitenden stieg und auch die Arbeitsbedingungen verbessert wurden.

Das Silo-Denken steht der Digitalisierung entgegen?

Zur Automatisierung gehört, dass die alten Silos, die sich in vielen Organisationen gebildet haben, zerstört werden müssen, damit ein End-to-end-Prozess überhaupt stattfinden kann. Unternehmen, die noch sehr stark dieses Silo-Denken haben: „Das ist meine Domäne, da redet mir keiner rein", werden bei ihren Automatisierungsprojekten relativ schnell an die Grenzen stoßen, weil sie entweder die Automatisierung nur halb leben oder den Mehrwert, den KI bringen kann, gar nicht erreichen. Bei der Einführung der elektronischen Akte in der Agentur für Arbeit sagten alle in ihren Silos schließlich, es macht Sinn, in eine gemeinsame Plattform einzusteigen. Denn wenn es in einer Region zu einer Strukturkrise kam, dann war genau die eine Agentur völlig überlastet. Wo die Hilfe dringend notwendig war, da türmten sich die Aktenberge und nichts ging voran. Und dann mussten etwa kurzfristig Leute, die nicht geschult waren, eingestellt werden. Durch die E-Akte konnte die Arbeitsagentur die Resilienz der ganzen Organisation extrem nach oben fahren, weil sie zwischen den unterschiedlichen Standorten ausgleichen konnte.

Fürchten Menschen zu Recht, dass nur noch wenig qualifizierte Arbeit für sie übrig bleibt?

Tätigkeiten werden so komplex, dass entweder eine große Erfahrung notwendig ist, die man über Jahrzehnte erlernt hat, oder eine sehr gute Ausbildung. Ich glaube nicht, dass Wissen in Zukunft weniger wichtig wird, das Gegenteil ist der Fall. Die einen haben die Skills, weil sie über viele Jahre Wissen angesammelt haben, das haben wir auch in unserem Betrieb festgestellt. Wir haben Bereiche, in denen wir erst bei der Automatisierung feststellen, was da für ein Schatz an Information und Know-how bei den Mitarbeitenden liegt, der nirgendwo dokumentiert ist. Und dieser Schatz droht verloren zu gehen – schlicht, weil Menschen in Rente gehen. Auf der anderen Seite kommen neue Talente in die Unternehmen, und diese müssen viel mehr vorbereitet werden. Das heißt, sie müssen tatsächlich besser ausgebildet sein als früher. Auch hier besteht die Chance, KI zu einem nützlichen Werkzeug für die Menschen zu machen. Was dazu führen wird, dass das Thema KI auch zunehmend positiver gesehen wird. Weil wir diese neue Welt mit Ausbildung beherrschbar machen.

Kann KI beim Lernen auch den Menschen unterstützen?

IBM war schon immer ein Unternehmen, in dem Fähigkeiten der Mitarbeitenden das Wesentliche sind. Das Motto war auch früher: Ausbildung, Ausbildung, Ausbildung. Und durch die Digitalisierung ist ein Traum, den ich vor 20 Jahren hatte, heute Realität geworden: Zu jedem Profil, zu jedem Ausbildungsstand gibt es bei uns Plattformen, auf denen man Trainings buchen kann. Es werden auch individuelle Empfehlungen gegeben, welche Trainings für die Einzelnen interessant sind, welche Trends da sind, und vieles mehr. Jeder und jede kann sich selbst für eine KI-Zukunft ausbilden und sich damit Sicherheit schaffen. Wir erwarten sogar von jedem Mitarbeitenden bei IBM, dass er oder sie sich 40 Stunden im Jahr weiterbildet. Heute liegen wir im Schnitt schon bei 80 bis 100 Stunden. Der Ausbildungsprozess ist automatisiert. Hier komme ich zum Thema Beherrschbarkeit zurück, denn diese muss man den Menschen ermöglichen. Sie brauchen Freiraum, um weiter zu lernen und sich weiterzubilden. Und dabei hilft wiederum KI. Und als Führungskraft muss ich heute den Anspruch haben, die mir anvertrauten Menschen so zu fördern, dass sie marktgerechte Skills aufbauen können. Ich muss sie aber eben auch fordern.

Wie begeistert man die Leute, ihr Wissen mit der KI zu teilen?
Ich erziele die Akzeptanz nur durch Transparenz. Die Akzeptanz, Daten zu teilen, die ist immer dort am höchsten, wo die Menschen wissen, welchen Nutzen sie dadurch erzielen. Wenn der Einzelne isoliert in seinem Bereich gar nicht mehr weiß, warum er etwas macht und für wen, weil ihm der Kontext fehlt, funktioniert das nicht. Man muss erklären, wie die Dinge zusammenhängen und was die einzelne Person davon hat. Die eigentliche DNA eines Unternehmens ist meist nicht dokumentiert, sondern steckt in den Köpfen der Menschen. Wir müssen anfangen zu begreifen: Was ist unser spezifisches Know-how? Und dann den Menschen erst mal Wertschätzung zeigen, damit ihnen auch ihr Wert fürs Unternehmen bewusster wird und sie bereit sind, das Wissen zu transformieren. Das gehört zur Human Friendly Automation.

Wird Automatisierung allen mehr Freizeit bringen?
Automatisierung wird nicht einfach dazu führen, dass der Mensch mehr Freizeit hat, dafür gibt es in unserer Volkswirtschaft zu viel Bedarf an Arbeit – Stichwort Fachkräftemangel. Die Benefits der Automatisierung sind für mich vielmehr: Der Arbeitsalltag wird spannender und komplexer, die Einzelnen fühlen sich mehr gefordert und mehr geschätzt, denn ihre Tätigkeiten werden anspruchsvoller werden. Aber es wäre falsch zu sagen, das bringt mir mehr Freizeit. Ich glaube nicht, dass die Arbeit für die Menschen weniger werden wird, dass die Anzahl der Mitarbeitenden sinken wird. Wir sehen jetzt schon in Firmen wie IBM, dass der direkte Kontakt zum Kunden massiv zunimmt. Bei uns sind mittlerweile 98 Prozent der Tätigkeiten kundenbezogen. Das kann ein Callcenter sein, oder

dass man direkt mit einem Kunden arbeitet, in diese Kundenschnittstelle wird zukünftig überall viel investiert werden müssen. Man kann nicht die alte Welt nehmen und sich darin die Einsparpotenziale von KI ausrechnen. So wird das nicht laufen, die Geschäftswelt wird sich massiv verändern.

Herzlichen Dank für das Gespräch.

4. „GUTES CHANGE-MANAGEMENT BRAUCHT DIE ENGE, VERTRAUENSVOLLE ZUSAMMENARBEIT ALLER BETEILIGTEN“

Im Gespräch mit Katja van Doren, RWE AG

KATJA VAN DOREN

Katja van Doren ist Personalvorständin und Arbeitsdirektorin beim Energieversorger RWE. Das Unternehmen setzt etwa Roboter für die autonome Inspektion von Kraftwerken ein und testet Sicherheitstrainings mit virtueller Realität. Wir wollten wissen, was menschenfreundliche Digitalisierung für sie bedeutet. Und warum ihr das HFA-Netzwerk wichtig ist.

Welche Rolle wird Künstliche Intelligenz in der Wirtschaft von morgen spielen?
Katja van Doren: Veränderungen gehören für uns in der Wirtschaft zum Alltag. Der Wandel von Alt zu Neu ist dabei meist das Ergebnis technologischen Fortschritts und gesellschaftlicher Entwicklungen. Künstliche Intel-

ligenz und die digitale Automatisierung von Geschäftsprozessen sind da grundsätzlich keine Ausnahme. Sie stehen aber aufgrund ihrer Wirkung besonders im Fokus. Zugleich haben sie ein sehr großes Potenzial, die Effizienz grundlegend zu steigern, den Herausforderungen des demografischen Wandels zu begegnen und Betriebskosten zu senken. Das gilt für viele Branchen – darunter die Produktion, das Finanzwesen, den Gesundheitsbereich und natürlich den Energiesektor. Intelligente Automatisierung wird so oder so kommen. Es geht also darum, sie sinnvoll zu gestalten. Wer sie ignoriert, kommt nicht voran – oder fällt sogar zurück.

Wie in jedem notwendigen Veränderungsprozess ist mir auch hier wichtig, dass die Chancen von Automatisierung und Künstlicher Intelligenz für unsere Mitarbeitenden und das Unternehmen im Mittelpunkt stehen. Ein gutes Change-Management, das eine enge und vertrauensvolle Zusammenarbeit zwischen der Belegschaft, der Personalabteilung, der IT-Abteilung, dem Betriebsrat und den jeweiligen Geschäftsbereichen vorsieht, ist dafür unabdingbar. So lassen sich bei betroffenen Mitarbeitenden auch mögliche Sorgen vor dem Ungewissen nehmen. Man darf so etwas nicht ignorieren. Gefühle gegenüber dem Unbekannten sind menschlich. Umso wichtiger ist es für Arbeitgeber, unterstützende Rahmenbedingungen und ein positives Umfeld zu schaffen.

Warum ist Ihnen persönlich als Vorständin das Netzwerk „Human Friendly Automation" wichtig?

Als Vorstandsmitglied, das für Personal und IT zuständig ist, ist es meine Aufgabe, Automatisierung und Künstliche Intelligenz sinnvoll und auf sozial verantwortliche Weise einzuführen. Veränderungen sind spannende Prozesse, die einen großen Mehrwert bringen können, wenn man es gut macht. Dabei hilft es, sich mit anderen Unternehmen über die Erfahrungen bei der Umsetzung auszutauschen, um den Wandel auf bestmögliche Weise und nach höchsten ethischen Standards zu bewältigen.

Ich persönlich sehe diese Innovationen als eine Erweiterung unseres Instrumentariums und Wissens sowie als Informationsquellen für die Mitarbeitenden: zusätzliche Hände und Augen, bessere Simulationen und bessere Daten, um unseren Blick zu erweitern. Dies kommt den Mitarbeitenden und der Qualität ihrer Arbeit zugute.

Die Herausforderung besteht also darin, den Prozess so zu gestalten, dass unsere Mitarbeitenden voll und ganz mit an Bord sind und Lust haben, den Wandel selbst mit voranzubringen. Unternehmen, in denen Veränderung positiv umgesetzt und gelebt wird, ziehen auch Talente an, die gebraucht werden. Das erleben wir bei RWE ganz konkret. Und diese positive Herangehensweise an Veränderungsprozesse ist auch genau die Botschaft, die ich mit meiner Teilnahme an der Initiative für menschenfreundliche Automatisierung vermitteln möchte.

Gibt es bereits Projekte, um den von Ihnen skizzierten personalbezogenen Herausforderungen mit digitaler Automatisierung zu begegnen?

Ja, das ist bei uns im Unternehmen gelebte Praxis. Wir führen z. B. gerade Projekte zum Einsatz von Robotern für die autonome Inspektion von Kraftwerken durch. Die Roboter sollen unsere Mitarbeitenden unterstützen, indem sie zeitaufwendige Aufgaben wie das Ablesen von Messgeräten und die Durchführung visueller Inspektionen übernehmen, die derzeit aufgrund von Kapazitätsengpässen nicht regelmäßig gemacht werden.

Außerdem wollen wir die Sicherheit unserer Mitarbeitenden durch den Einsatz von Robotern bei Notfällen in Gefahrensituationen erhöhen. Regelmäßige automatische Kontrollen durch Roboter in unbemannten Kraftwerken werden es uns ermöglichen, Probleme zu erkennen und die Wartungsteams besser darauf vorzubereiten, diese rechtzeitig zu beheben.

Ein weiteres Beispiel für die Automatisierung ist der Bereich der Ausbildung. Wir führen Pilotversuche für Sicherheitstrainings in virtueller Realität durch, um die Lernkurve zu verbessern und die Qualität der Schulungen zu erhöhen. Wir können so die Trainings erweitern, indem wir Szenarien hinzufügen, die aufgrund des Risikos nicht oder nur mit großem Aufwand in der Realität durchgeführt werden könnten.

Robotik und Künstliche Intelligenz sind für mich eine große Chance, die Sicherheit der Mitarbeitenden, die Effizienz der Prozesse, die Datenqualität und die Attraktivität der RWE als Arbeitgeber spürbar zu verbessern.

Wie wird sich in der Folge die Arbeit in Ihrem Unternehmen verändern? Welche Auswirkungen erwarten Sie hier für die Beschäftigten?
Robotik und Automatisierung werden auf jeden Fall die Arbeitsweise und den Inhalt der verschiedenen Aufgabenbereiche verändern. Die Auswirkungen auf die Beschäftigten werden je nach Tätigkeit und Reifegrad der Projekte unterschiedlich sein. Es braucht daher persönliche, individuelle Begleitung, um neue Aufgaben erlernen und übernehmen zu können. Das haben uns auch schon unsere früheren Erfahrungen mit dem Strukturwandel in der Energiebranche gezeigt.

Digitale Angebote wie Lernplattformen, die demokratisch und barrierefrei jedem und jeder zur individuellen Weiterbildung zur Verfügung stehen, haben wir bereits, das finde ich wichtig. Künstliche Intelligenz kann ebenfalls genutzt werden, um die Qualifizierung zielführend und im Sinne der Stärken und Interessen der Beschäftigten zu gestalten.

Sie haben den Strukturwandel bereits erwähnt. Gibt es Unterschiede zum Wandel durch digitale Prozessautomatisierung?
Intelligente Automatisierungstechnologien für Geschäftsprozesse sind anders als die maschinelle Automatisierung, weil sie meist nicht sichtbar sind. Also keine physische Masse, wie es Roboter in Werkshallen oder unser RoboDog sind. Die Menschen sehen nicht unmittelbar, dass sich etwas in ihrem beruflichen Alltag verändert. Insbesondere dann nicht, wenn diese Technologien nicht substituierend, sondern nur unterstützend zur Anwendung kommen.

Wichtig ist daher, dass sich Führungskräfte und ihre Mitarbeitenden auch hier den Auswirkungen einer KI und der damit verbundenen Automatisierung bewusst zuwenden und die Mensch-Maschine-Interaktion in ihren Teams diskutieren und positiv gestalten. „Do it yourself" ist wichtig, damit jeder und jede Einzelne erkennt, wie man diese Herausforderungen selbst meistern und die daraus erwachsenen Vorteile selbst erleben kann.

Was brauchen Führungskräfte, um diese Diskussion mit ihren Mitarbeitenden führen zu können?
Wie in jedem Veränderungsprozess haben sie hier eine wichtige Funktion – als Vorbild und Unterstützer in den jeweiligen Teams. So entsteht über alle Ebenen ein KI- und Automations-Bewusstsein, ohne dass die

Wertschätzung für manuelle Tätigkeit verloren geht. Das ist zentral, damit keine „zwei Welten“ im Unternehmen entstehen. Hierauf müssen Führungskräfte vorbereitet werden, um die Vorteile von KI und digitaler Automatisierung mit den Stärken der manuellen Arbeit kommunikativ verbinden und vermitteln zu können.

Welche Rolle kommt dabei dem Bereich Human Resources zu?
Grundsätzlich ist es wichtig, dass diese Projekte von einem Change-Management begleitet werden und es innerhalb von HR Ansprechpartner gibt. Also eine projektbezogene Zusammenarbeit zwischen IT, HR und weiteren relevanten Anspruchsgruppen wie der betrieblichen Mitbestimmung. Die Personalentwicklungsabteilung und die Führungskräfte spielen hier eine wichtige Rolle, um gemeinsam mit den Mitarbeitenden Qualifikationslücken zu ermitteln und notwendige Maßnahmen einzuleiten, um die Mitarbeitenden für künftige Aufgaben fit zu machen. Dies kann Coachings, Schulungen und eine Umstrukturierung der Arbeitsplätze umfassen.

Ein Transformationsteam unterstützt die Mitarbeitenden durch Workshops, in denen neue Prozessschritte einschließlich des Verantwortungsumfangs und der erforderlichen Fähigkeiten detailliert erläutert werden. Die Personalabteilung, einschließlich der Abteilung für Personalentwicklung, leistet einen Mehrwert, indem sie angemessene Schulungen anbietet. Die Abteilung Arbeitsmedizin berät die Mitarbeitenden, wie sie mit neuen Stresssituationen am besten umgehen können. Es ist wichtig, dass all dies in einer respektvollen und positiven Atmosphäre geschieht. Nur so können die Menschen spüren, dass sie eine Schlüsselrolle bei der Veränderung spielen und ihre Bemühungen hoch geschätzt werden.

Jeder Transformationsprozess erfordert ein hohes Maß an Integrität und Authentizität von allen Beteiligten sowie eine transparente Kommunikation, nur dann kann er erfolgreich sein. Manager oder Führungskräfte, die nach ethischen Grundsätzen handeln, haben die Aufgabe, ihre Mitarbeitenden auf möglichst ermutigende und inspirierende Weise durch den Wandel zu führen.

Es ist wichtig, nach der HFA-Werte-Charta zu handeln und die interdisziplinäre Zusammenarbeit zu unterstützen, um die Automatisierung so menschenzentriert wie möglich und nötig zu gestalten. Angesichts der Übergangszeit, die für die vollständige Umsetzung des Wandels erforderlich ist, und der natürlichen Fluktuation in der Belegschaft aufgrund des Generationenwechsels sollte ein solcher Wandel mit der richtigen Unterstützung aus unserer Personalentwicklung gut zu bewältigen sein. Es wird eine Herausforderung sein, aber sie ist machbar! Die Motivation besteht darin, die Zukunft aktiv zu gestalten und sie in die eigenen Hände zu nehmen!

Intelligente Automatisierung setzt menschliche Arbeitszeit frei. Könnte man Beschäftigten nicht Anteile des Zeitgewinns zusichern, um diese beispielsweise für die persönliche Weiterbildung verwenden zu dürfen?
Einer der großen Vorteile, die diese Technologien ermöglichen, ist in der Tat die Reduktion von Zeitaufwand für bestimmte Arbeitsschritte. Das sorgt für eine höhere Produktivität und zugleich für mehr Freiräume. Denn es geht uns ja nicht um Arbeitsplatzabbau bei der Automatisierung, sondern um eine intelligente Nutzung der frei werdenden Arbeitszeit. Das erhöht übrigens automatisch auch die Attraktivität als Arbeitgeber. Im Zuge dessen kann ich mir gut vorstellen, dass der Einsatz von KI und digitaler Automatisierung auch mit den Themen „Work-Life-Balance“ und persönliche Weiterbildung verbunden wird. Es ist klar, dass den jeweiligen Beschäftigten nicht die volle Zeit, welche die Technologie freisetzt, zurückgegeben werden kann. Ein Teil davon könnte beispielsweise als „Zeit für Lernen“ zugesichert werden. Führungskräfte und Mitarbeitende haben so einen weiteren persönlichen Nutzen. Das könnte auch der Akzeptanz und Skalierung der Projekte Rechnung tragen.

Die Umsetzung von Veränderungen ist definitiv Teamarbeit, und ich hoffe, dass die Digitalisierung in Zukunft immer häufiger von den Mitarbeitenden selbst initiiert wird. Die Entwicklungen auf dem Markt sind so schnell, dass wir alle Mitarbeitenden brauchen, um Wege für Innovationen in ihrem je eigenen Bereich zu finden. Dass es viel mehr Spaß macht, Veränderungen aktiv zu gestalten, als sie passiv zu erfahren, kann vermutlich jede und jeder unterschreiben.

Herzlichen Dank für das Gespräch.

5. „WIR SIND ZEITZEUGEN EINER TECHNOLOGISCHEN REVOLUTION“

Im Gespräch mit Peter Mosch, Gesamtbetriebsrat AUDI AG

PETER MOSCH

Peter Mosch ist Vorsitzender des Gesamtbetriebsrats und stellvertretender Vorsitzender des Aufsichtsrats der AUDI AG. Aus langjähriger Erfahrung weiß er: Die kontinuierliche Auseinandersetzung mit Zukunftstrends wie dem Einsatz von KI ist eine Daueraufgabe für Betriebsräte. Wir sprachen mit ihm darüber, was KI für den Betriebsrat und das Unternehmen leisten kann und was die Beschäftigtenvertretung tut, um die Einführung neuer Technologien im Sinne der Audi Belegschaft zu gestalten.

Welche Rolle werden Künstliche Intelligenz und die damit verbundene digitale Automatisierung von Geschäftsprozessen in der betrieblichen Praxis bei Audi künftig spielen?

Peter Mosch: Wir stehen meines Erachtens hier erst am Beginn einer sich beschleunigenden digital-disruptiven technologischen Revolution, deren

Zeitzeugen wir gleichzeitig sind. Das gilt für den Einsatz und die Entfaltung Künstlicher Intelligenz in allen unseren Lebens- und Arbeitsbereichen – in der Landwirtschaft, in der Medizin, in der Kunst, bis hin zum Anfertigen von Hausaufgaben und Masterarbeiten an Schulen und Universitäten.

So ist die Entwicklung auch bei Audi. Künstliche Intelligenz wird bei uns inzwischen in allen möglichen Gebieten eingesetzt: im Produkt, in der Produktion, in den Prozessen und bei Personalangelegenheiten. Wie schon erwähnt, wir sind erst am Anfang, aber ich will konkrete Beispiele aus zwei Bereichen nennen, um die Vielfältigkeit der Verwendungsmöglichkeiten bei KI zu verdeutlichen.

Im Produktionssektor sehe ich vor allem in der Qualitätssicherung und den damit verbundenen Kontrollen, wie beispielsweise optischen Kontrollen von Oberflächen im Presswerk oder in der Lackiererei, Möglichkeiten für KI zur Unterstützung der Kolleginnen und Kollegen. In unserem Werk in Neckarsulm hat man damit begonnen, im Karosseriebau die Schweißpunkte per KI der Qualitätskontrolle zu unterziehen.

Ähnliches gilt für KI-Technologie in unseren Audi Fahrzeugen. Hier gibt es enormes Potenzial zur Unterstützung für Assistenz- und Sicherheitssysteme durch Künstliche Intelligenz. Allein für die Entwicklung des autonomen Fahrens birgt der Einsatz von KI große Chancen. Aber auch in Bereichen, wo man zunächst nicht daran denkt, wie im Design. Audi nutzt hier eine Software namens FelGAN, die unseren Designerinnen und Designern mittels KI neue Inspirationsquellen eröffnet. Die KI-basierte Software, eine Eigenentwicklung von Unternehmens-IT und dem Audi Design, ermöglicht es nun den Kreativen, aus einem nahezu unbegrenzten Ideen-Fundus zu schöpfen. Im Zusammenspiel mit ihr können hier Motive aus ganz neuen Perspektiven entdeckt werden.

Welche Bereiche bzw. Jobs bei Audi werden sich am stärksten durch KI und digitale Automatisierung verändern?

Ich glaube, am meisten werden zunächst der Einsatz und die damit verbundenen Entwicklungssprünge mit Künstlicher Intelligenz für die Beschäftigten in Bereichen wie Kommunikation, Vertrieb, Marketing, Personalwesen und Finanzen sichtbar werden. Und das aus drei Gründen: Erstens werden jetzt schon in diesen Bereichen enorme Datenmengen digital verarbeitet. Zweitens existieren hier viele Routineabläufe, die optimiert werden können. Und drittens sind dies Bereiche, in denen entweder betriebsintern Beschäftigte oder eben Kunden von außerhalb schnell und passgenau Informationen auf ihre persönlichen Fragen erhalten möchten, wie z. B.: Wie viele Urlaubstage habe ich noch? Gibt es einen Audi Hunde-Sicherheitsgurt? Die Beantwortung lässt sich hier durch den Einsatz von KI enorm beschleunigen. Für spezielle und komplizierte Themen haben dann die entsprechenden Abteilungen für Kundenanfragen oder Personalbetreuung mehr Zeit, um sich individuell darum zu kümmern. In meinen Augen eine konkrete Verbesserung der Situation für beide Seiten. Und ja, es gibt Hunde-Sicherheitsgurte von Audi.

Sind die Beschäftigten bei Audi angesichts der aktuellen Debatte um KI beunruhigt, oder sehen sie das Thema gelassen?

Das ist jetzt ein ganz weites Feld. Die Spannbreite der Reaktionen bewegt sich zwischen Skepsis und Euphorie. Beschäftigte, die neue Technologien begrüßen und ihren Nutzen als Hilfe für die Erledigung ihrer Ziele und Arbeitsumfänge sehen, gibt es ebenso bei Audi wie die, die aus Angst gänzlich auf Ablehnung setzen. Natürlich stellen sich Beschäftigte zunächst die Frage, was bedeutet das Thema KI konkret für meine Tätigkeit. Ängste werden hier vor allem durch die Medien verstärkt. Um Aufmerksamkeit und Auflage zu steigern, werden solche Themen besonders plakativ dargestellt, wie mit der Behauptung, Computer und Roboter nehmen uns die Arbeit weg. Auf der anderen Seite müssen wir aber auch die Chance sehen, Industriearbeitsplätze in Deutschland durch den Einsatz von KI und die damit verbundenen Effizienzsteigerungen zu halten.

Welche Rolle nehmen Sie dabei als Betriebsrat ein und was sind Ihre zentralen Forderungen an das Unternehmen?

Wir haben als Betriebsrat bei Audi schon vor längerer Zeit reagiert. In Projekten wie „Vision Ingolstadt 2030: Digitalisierung der Arbeit und Zukunft der Mitbestimmung“ oder „Empowerment in einer digitalen Arbeitswelt“ haben wir im Jahr 2014 damit begonnen, uns selbst sehr intensiv mit dem digitalen Wandel in der Arbeitswelt und der daraus resultierenden Transformation bei Audi zu beschäftigen und unsere betriebspolitischen Schlüsse daraus zu ziehen.

Wir sind deshalb in dieser Debatte um den Einsatz von Künstlicher Intelligenz nicht beunruhigt, sondern wollen den Prozess im Interesse der Audi Belegschaft gestalten. Wichtig ist für uns: Audi muss auch in Zukunft Audi bleiben. Ein mitbestimmtes, weltweit erfolgreiches Unternehmen, in dem die Menschen und ihre gemeinsame Arbeit im Mittelpunkt stehen. Wir wollen die Standorte und Arbeitsplätze modernisieren und sichern, damit alle Audi Belegschaftsmitglieder in diesen Zeiten des Umbruchs ihre Zukunft gestalten können – beruflich wie privat. Deshalb haben wir in einer Betriebsvereinbarung eine Arbeitsplatzgarantie bis Ende 2029 ausgehandelt, um den Beschäftigten die Sicherheit und Ruhe zu geben, die sie brauchen, um die zwischen uns und dem Unternehmen abgesprochene Bildungsoffensive ohne Druck anzunehmen und sich weiterzubilden.

Was unsere Forderungen an das Unternehmen angeht, ist klar festzustellen, dass wir ein gemeinsames Handlungsfundament für alle Beteiligten innerhalb von Audi brauchen. Also Belegschaft, Unternehmensführung und Betriebsrat. Dieses Handlungsfundament leitet sich ab aus bestehenden Gesetzen, wie dem deutschen Betriebsverfassungsgesetz, europäischen Rahmenverordnungen im Bereich der Digitalisierung und KI oder der Datenschutz-Grundverordnung (DSGVO). Hinzu kommen Industrienormen für Arbeitsabläufe und Arbeitsschutz. Daraus wiederum resultieren für uns klare Prämissen, wie der Vorrang menschlichen Handelns und Entscheidens gegenüber Künstlicher Intelligenz. Dazu gehört für den Audi Betriebsrat auch die Überprüfbarkeit der Zuverlässigkeit und Manipulationsfreiheit von KI-Systemen sowie die Transparenz, Verständlichkeit und Nachvollziehbarkeit der verwendeten KI für die Beschäftigten. Hierzu bedarf es unseres Erachtens eines Audi internen Registers im Betrieb, in dem alle eingesetzten KI-Systeme mit ihren Funktionen aufgelistet sind.

Als die Initiative Human Friendly Automation vor vier Jahren ins Leben gerufen wurde, stand das Thema Arbeitslosigkeit durch KI massiv im Raum. Angesichts des demografischen Wandels und der drohenden „Arbeiterlosigkeit" hat sich das Thema in vielen Unternehmen relativiert. Wie sieht die Situation bei Audi aus?
Es bringt nichts, immer nur den Teufel „Jobkiller KI" an die Wand zu malen. Es geht darum, wie gehe ich mit dem Einsatz von Künstlicher Intelligenz um und welche Prozesse für ihren Einsatz werden im Unternehmen festgelegt. Darüber hinaus dürfen wir aber auch nicht die gesellschaftlichen Umbrüche in einem hochindustrialisierten Land wie Deutschland außer Acht lassen. Der demografische Wandel, gerade durch den Ausstieg der sogenannten Babyboomer-Generation, verändert die Situation auf dem Arbeitsmarkt grundlegend. Um dem dadurch resultierenden Fachkräftemangel entgegenzutreten, ist der Einsatz von KI in der Produktion, aber auch im Bereich der internen Verwaltungstätigkeiten unumgänglich. Es geht hier um den Erhalt der Produktivität und den Erhalt der Wettbewerbsfähigkeit für Audi.

Könnte die Initiative HFA auch bei Audi ein vertrauensstärkender Faktor für Beschäftigte zum Thema KI und digitaler Automatisierung sein?
Es gibt verschiedene Initiativen und Manifeste, die sich mit dem Thema Arbeitswelt und Künstliche Intelligenz auseinandersetzen. Allen gemein sind in der Regel Handlungsempfehlungen sowie Selbstverpflichtungen. Das ist als Kompass für die Betriebsparteien, Unternehmen und Arbeitnehmendenvertretung nicht schlecht. Sie bieten Orientierung, um das Thema politisch und gesellschaftlich zu reflektieren. Ich habe schon angemerkt, welche unterschiedlichen Reaktionen bei den Beschäftigten ausgelöst werden können. Uns muss klar sein: Wir müssen derzeit nicht nur die digitale Transformation, verstärkt durch KI, gestalten, sondern gleichzeitig auch den ökologischen Umbau der Industriegesellschaften und – für mich als Gewerkschafter besonders im Fokus – die sozialen Umbrüche in der Arbeitswelt gestalten und meistern. Um all dies erfolgreich zu bewältigen, brauchen wir das Vertrauen der Beschäftigten. Das erreichen wir, indem wir Sicherheit und Perspektive bieten.

Die Initiative Human Friendly Automation und ihre Werte-Charta für eine faire, nachhaltige und globale Wirtschaft bietet einen vertrauensbildenden Orientierungsrahmen. Für uns als Audi Betriebsrat bilden aber die gesetzlichen, tariflichen und betrieblichen Rahmenbedingungen die Grundlagen für unser Handeln. Dies gilt im Übrigen bezüglich des Gesamtkontexts KI auch für die Funktion des Arbeitsdirektors in mitbestimmten Unternehmen. Deswegen sind für uns vor allem klare Regelungen und Vereinbarungen bezüglich des Einsatzes von Künstlicher Intelligenz in der Arbeitswelt von vorrangiger Bedeutung.

Welchen Bedarf an Wissensaufbau bei Betriebsräten und Vertrauensleuten rund um Automation, KI und die Gestaltung der Team-Zusammenarbeit sehen Sie?

Ich habe es schon erwähnt: Wir haben uns als Audi Betriebsrat konsequent seit 2014 in mehreren Projekten mit verschiedenen Facetten der digitalen Transformation auseinandergesetzt. Dabei war der Wissensaufbau für das Gremium ein wesentliches Element. Die Projekte ermöglichten uns, den digitalen Wandel technologisch und gesellschaftlich zu erkunden, uns zu den sich darstellenden Veränderungen klarer zu positionieren und unsere betriebspolitischen Schlüsse daraus zu ziehen.

Wenn sich die Arbeitswelt und die gesellschaftlichen Anforderungen verändern, wird sich auch die betriebliche Mitbestimmung in ihren Abläufen, Strukturen und Inhalten verändern. Z. B. wird der Datenschutz eine immer wichtigere Rolle einnehmen, vergleichbar mit dem Arbeitsschutz in der Produktion heute. Das heißt aber auch: Die kontinuierliche Auseinandersetzung mit Zukunftstrends in der Arbeitswelt, wie dem Einsatz von KI, wird für Betriebsratsmitglieder zur Daueraufgabe.

Wie muss sich der Betriebsrat in der Bot-Ära selbst verändern? Werden Betriebsräte zukünftig durch einen Chatbot ersetzt, der die Beschäftigten zu kritischen Themen berät?

Natürlich wird sich auch die Arbeit des Audi Betriebsrats durch den Einsatz von KI und die von ihr unterstützten digitalen Arbeitsabläufe verändern. Das ist der Lauf der Dinge, wie wir ihn schon öfters durch technologische Umbrüche in der Arbeitswelt erlebt haben. Hier wird es deutliche Veränderungen bei den Prozessen zur Abstimmung bei Personalmaßnahmen, wie Versetzungen, geben. Anstatt von Umlaufmappen mit zu unterzeichnenden Dokumenten, die anschließend elektronisch erfasst und verarbeitet werden müssen, wird ein digitaler Workflow mit elektronischen Unterschriften, bei einem Unternehmen wie Audi mit allein in Deutschland rund 60.000 Beschäftigten, die Abläufe beschleunigen und vereinfachen.

Einen Chatbot als Antwortgeber für Anfragen an den Betriebsrat halte ich nicht für sinnvoll. In der Regel wenden sich Belegschaftsmitglieder an Betriebsräte, wenn es um vertrauliche, oft arbeitsrechtliche Probleme geht. Hier stehen das persönliche Gespräch und die persönliche Betreuung der Betroffenen bei uns an oberster Stelle.

Der Einsatz von KI bei der Abarbeitung von Verwaltungsaufgaben kann die Betriebsratsmitglieder aber von Routinetätigkeiten, die oft täglich viel Zeit in Anspruch nehmen, entlasten und so mehr Zeit für eine noch intensivere persönliche Betreuung und Beratung der Kolleginnen und Kollegen schaffen. Das wäre eine, wie ich finde, doch sehr wünschenswerte Situation.

Durch die Einführung von KI sind nun erstmals in der Geschichte der Industrialisierung besonders die Tätigkeiten der Angestellten in den indirekten Bereichen betroffen. Sehen Sie hier Chancen, mehr Angestellte für eine Mitgliedschaft in der Gewerkschaft zu gewinnen?

Die Erfahrung zeigt, dass Angst nicht unbedingt der Motor ist, um in eine Gewerkschaft einzutreten. Das kann im konkreten Einzelfall, etwa bei einer drohenden Betriebsschließung, der Fall sein, ist aber nicht die Regel. Vielmehr begründet sich eine Mitgliedschaft eher durch das Bedürfnis und den Wunsch nach Veränderungen im eigenen betrieblichen Arbeitsumfeld. Dazu gehören bessere Arbeitsbedingungen oder Entgeltfragen. Und oft existieren im Betrieb schon gewerkschaftliche Strukturen und Vertrauensleute, die einen beim Eintritt unterstützen. Ich erkenne aufgrund der augenblicklichen Debatte um den Einsatz von KI, gerade in sogenannten Angestellten- und Verwaltungsbereichen, das Verlangen nach Mitgestaltung durch Selbstbestimmung und Selbstorganisation seitens der Betroffenen. Ein enormes Potenzial für Gewerkschaften, sowohl inhaltlich als auch organisationspolitisch, um weiterhin Verhandlungsstärke gegenüber den Unternehmen und Arbeitgeberverbänden zu besitzen. Deshalb müssen hier Betriebsräte und Gewerkschaften Angebote für ein Engagement machen. Bei Audi ist beides vorhanden, eine starke Gewerkschafts- und Mitbestimmungskultur sowie das Bewusstsein für die Thematik.

Durch den Einsatz von KI lassen sich erhebliche Rationalisierungspotenziale realisieren. Wie sollten die daraus entstehenden Gewinne gerecht verteilt werden?
Da sprechen Sie das Kernthema gewerkschaftlicher Arbeit an: Entgeltgerechtigkeit und damit verbunden soziale Sicherheit. Und da stellt sich natürlich die Frage, wie verteile ich die zusätzlichen Gewinne, die durch den Einsatz von Künstlicher Intelligenz generiert werden können. Das betrifft neben dem festen monatlichen und tarifvertraglich geregelten Einkommen für die Beschäftigten auch die Frage nach betrieblichen und tariflich abgesicherten Erfolgsbeteiligungen. Das ist aber auch für unser Gemeinwesen, für die Finanzierung unseres Staates von der Kommune über das Land bis hin zum Bund, von entscheidender Bedeutung für die Bereiche der Steuereinnahmen und Rentenbeiträge.

Hier darf es nicht dazu kommen, dass die Gewinne allein von den Unternehmen eingestrichen werden. Insofern müssen wir als Gewerkschaften darauf achten, in den Tarifbewegungen diese Effizienzgewinne in unserer Forderungskalkulation zu berücksichtigen. Und wenn ich mir die steigenden Sozialausgaben im Bundeshaushalt und die Finanzierungslücken bei den Sozialträgern wie für die Pflege, die Rente und das Gesundheitswesen ansehe, wird die Debatte um die Maschinensteuer mit Sicherheit um eine Diskussion für eine KI-Steuer erweitert werden. Der Diskurs um den Einsatz von Künstlicher Intelligenz in der Arbeitswelt ist definitiv nicht nur ein betriebliches Thema, sondern auch ein gesellschaftspolitisches.

Abschließend noch eine persönliche Frage: Welche Tätigkeiten im Alltag würden Sie am liebsten von „Kollege Bot" übernehmen lassen? Und was würden Sie in der frei werdenden Zeit tun?
Am liebsten hätte ich, und das ist eine schöne Vision, dass die vielen Verwaltungstätigkeiten, die mich Zeit und Nerven kosten, vom „Kollegen Bot" aus der KI-Abteilung übernommen würden. Dafür könnte ich mir dann mehr Zeit für persönliche Gespräche mit meinen Betriebsratskolleginnen und -kollegen und Belegschaftsmitgliedern nehmen. Und sollte dann noch Zeit übrig bleiben, würde ich gerne eine Runde mehr mit meiner Ducati Scrambler drehen.

Herzlichen Dank für das Gespräch.

6. „LOW CODE IST DIE DEMOKRATISIERUNG VON KI“

Im Gespräch mit Sascha Poggemann, Cognigy GmbH

SASCHA POGGEMANN

Sascha Poggemann, COO und Co-Gründer von Cognigy, hilft Unternehmen, ihre Kundenkommunikation mit Contact-Center-KI-Technologie zu automatisieren. Im Interview erklärt er, warum Low Code Tooling KI erfolgreicher macht, welche neuen Berufe entstehen werden und warum schon Schüler das Low Code Tooling lernen sollten.

Was macht Ihre Firma Cognigy?

Sascha Poggemann: Kunden haben heutzutage hohe Anforderungen an die Erreichbarkeit und Lösungskompetenz, was traditionelle Kunden-Kontaktcenter vor weitreichende Herausforderungen stellt. Wir bieten passende Lösungen für die teilweise oder vollständige Automatisierung von Dienstleistungen im Kundensupport. Dabei setzen wir unsere in Deutschland entwickelte Plattform Cognigy.AI ein, eine Conversational-AI-Plattform, erweitert mit generativer Künstlicher Intelligenz. Sie ermöglicht es, Services auf Chat- und Telefoniekanälen in hoher Skalierung und ständiger Erreichbarkeit bereitzustellen.

Um Künstliche Intelligenz in den Kundenservice von Unternehmen einzubringen, haben wir eine Low-Code-Plattform entwickelt, ein Enterprise-Softwareprodukt, das die Entwicklung von KI-gestützten Anwendungen nicht nur für Techies, sondern im gesamten Unternehmen ermöglicht und diese insbesondere den Mitarbeitenden in den Fachbereichen zugänglich macht.

Die Unternehmen benötigen einen verlässlichen Partner und Technologieanbieter, der dabei hilft, Künstliche Intelligenz strategisch zu betrachten, im Unternehmen zu positionieren und dann unternehmensübergreifend in diversen Fachbereichen und Anwendungsfeldern auszurollen. Dabei werden die Mitarbeitenden befähigt, bei der Gestaltung der KI-Anwendungen mitzuwirken.

Wie ist der Stand bei den deutschen Unternehmen?

Wir sehen, dass sich gerade die großen Unternehmen sehr intensiv mit diesen Themen beschäftigen. Der Druck ist enorm hoch, etwas zu unternehmen. Und viele haben ihre digitale Transformation noch nicht so weit vorangetrieben, wie sie es sich wünschen würden. Oft ist deshalb auch noch Grundlagenarbeit erforderlich. Es gibt einige Unternehmen, die schon alles hochgradig systematisiert haben, bei anderen läuft noch vieles manuell. Aber fast alle wollen jetzt die Kundenkommunikation neu denken, beginnend mit simplen FAQ-Bots bis hin zu vollautomatisierten, natürlichsprachlichen Anwendungen von Interactive Voice Response Routing (IVR-Routing) in der Telefonie. Als Lösungsanbieter begleiten wir Unternehmen in dieser Transformation.

Wie werden die Menschen in den Unternehmen mitgenommen?

Wir arbeiten oft sehr eng mit den hauseigenen, internen IT-Abteilungen zusammen, sei es in Bezug auf die benötigte IT-Infrastruktur zum Betrieb von KI-Anwendungen (im eigenen Rechenzentrum oder als Cloud-Lösungen) oder bei der Frage der Anbindung der KI-Systeme an die IT-Systeme der Unternehmen. Als Beispiel: Um bei einer Fluggesellschaft einen Flug umbuchen zu können, ist einerseits Kommunikation mit dem Nutzer notwendig, andererseits müssen IT-Systeme angebunden sein, die alternative Flüge vorschlagen und eine entsprechende systemseitige Umbuchung durchführen. Dafür braucht es eine Integration in die Backend-Systeme der Fluggesellschaft. Wir sind insbesondere da stark, wo wir die IT mit ihren Stärken und dem jeweiligen Business zusammenbringen können. Wir fahren einen Open Source Approach und ermöglichen Entwickler:innen, ihre eigene Integration in Backend-Systeme zu schreiben. Cognigy öffnet sozusagen die Tür für diese Citizen Developer, die Leute im Business können die Funktionalitäten entsprechend in ihren Projekten nutzen. Wir arbeiten aber nicht nur mit der IT zusammen. Für die erfolgreiche Einführung von KI-Anwendungen in Unternehmen ist die Zusammenarbeit mit Menschen in allen Unternehmensbereichen notwendig. Gerade das Zusammenspiel aus Business, IT plus Operations in einem Center of Excellence (CoE) macht die Transformation erfolgreich.

Wird Arbeit verloren gehen?

Das sehen wir in unserem Anwendungsbereich im Moment nicht. Jeder erlebt gerade, dass es im Kundenservice überall massivste Probleme bei der Erreichbarkeit von Callcentern und Contact-Centern gibt. Das hängt damit zusammen, dass nur noch wenige Leute diesen Job überhaupt machen wollen, weil er enorm stressig, schwierig und schlecht bezahlt ist. Sehr viele Arbeitsplätze in diesem Bereich sind zu besetzen. Zudem gibt es massive Turnover Rates, bis zu 100 Prozent der Callcenter-Agenten verschwinden nach einem Jahr wieder. Das heißt, es gehen Trainingsaufwände, Kosten für Personalbeschaffung, für Personalführung, für Management verloren. Und gleichzeitig haben die Unternehmen Probleme, überhaupt erreichbar zu sein, weil sie total unterbesetzt sind.

Die KI-Technologie hilft diese Schwachstelle kompensieren, indem ein Teil der Kundenkommunikation automatisiert wird, sodass die verbleibenden Callcenter-Agenten anderweitig eingesetzt werden können – dass sie z. B. die Gespräche übernehmen, die am besten von einem Menschen übernommen werden können. Die Diskussion, ob unsere Kund:innen mittels KI Mitarbeitende ersetzen können, führen wir derzeit nicht. Es geht darum, erreichbar zu sein. Unternehmen brauchen KI-Technologie und Automatisierung, um den Service für die Kund:innen aufrechterhalten zu können.

Was muss man denn tun, damit Beschäftigte in diesem Prozess auch empowert werden, und welche neuen Qualifikationen brauchen sie?
Ich glaube, dass hierdurch etliche neue Berufsbilder entstehen. Z. B. das des Conversation Designers, ein neues Profil, zu dem es bereits sehr viele Stellenausschreibungen gibt. Diesen Karriereweg können sowohl Menschen aus den Callcentern als auch aus dem Design-Bereich oder mit einem Background in der IT einschlagen. Hierzu gibt es kostenlos verfügbare Kurse und weitreichende Angebote zur Weiterbildung. Allgemein bietet der Bereich der KI-Technologien viele Möglichkeiten, sich weiterzubilden. Nicht zuletzt sind die Einstiegshürden, um Zugang zu derartigen Technologien zu finden, stark gesunken, sodass nun viel mehr Mitarbeitende die Möglichkeit erhalten, sich damit auseinanderzusetzen. Das sind genau die Mitarbeitenden, die den Unternehmen helfen, zukunftsfähig und stark zu bleiben.

Ihr habt z. B. ein Konzept zur Weiterbildung von einem einfachen Telefonisten zu einem Bot-Trainer?
Wir haben eine eigenständige Cognigy Academy aufgebaut, in der wir mit Online-Trainings die Möglichkeit bieten, einerseits unsere Plattform kennenzulernen und sich andererseits mit Konzepten wie Conversation Design vertraut zu machen.

Wir wollen Leuten, die sich mit diesen Themen auseinandersetzen, ein Low-Code-Tool-Set an die Hand geben, damit sie mitwirken können. Ich glaube, das ist sehr wichtig. KI hat das Problem, dass sie für viele wie eine Blackbox erscheint. Wir wollen dieses Mysterium KI herunterbrechen, um konkret zu sagen: So kannst du es nutzen. Wir wollen zeigen, was mit derartiger Technologie möglich ist, und unsere Erkenntnisse mit praktischen Beispielen teilen. Hierzu gibt es u. a. die Cognigy.AI Showcases oder unsere CX DISRUPTORS Series – A Conversation Series on Taking CX to the Next Level.

Wird es in zehn Jahren noch Menschen in Callcentern geben?
Auf jeden Fall, weil es immer komplizierte Fragestellungen gibt, die nicht automatisiert gelöst werden können und sollen. Für diese Fälle möchte man immer Menschen in die Interaktion mit Kunden bringen. Unternehmen können aber jetzt darüber nachdenken, für welche Anwendungsfälle sie ganz

bewusst einen persönlichen Kontakt schaffen möchten. Bisher sind sie dazu nicht in der Lage gewesen, weil ihre knappen Ressourcen an anderer Stelle komplett gebunden waren. Und hier reden wir schon über Wertschöpfung. Man kann jetzt Technologie benutzen, um einfache, wiederkehrende Anfragen automatisiert zu lösen, und Wertstiftendes erledigt der Mensch. So entstehen neue Wertströme und eine bessere Kundenzufriedenheit.

Wo stehen wir in zehn Jahren beim Einsatz von KI und bei der Veränderung von Arbeit?

Wir sehen gerade, wie schnell die Technologieentwicklung voranschreitet. Man muss unbedingt mitgestalten und darf sich davor nicht verschließen. Die aktive Mitgestaltung ist essenziell und ich wünsche mir, dass wir das in Europa noch wesentlich stärker tun: Gestalten statt Verbieten. Ich hatte gerade ein spannendes Gespräch mit einer privaten Universität, die in den Mittleren Osten nach Dubai expandiert. Die setzt solche Themen aufs Curriculum, sie wollen das Low Code Tooling an die Studierenden heranführen, in die Ausbildung einbringen. Ich finde, wir könnten noch einen Schritt weiter gehen: in die Schulen, damit wir auch die Generationen ausbilden, die in Zukunft bei solchen Themen mitwirken können. Wenn schon Schüler:innen das Verständnis und den Background haben, Technologie aktiv mitzugestalten, verliert KI das Geheimnisvolle. Ich bin sicher, der Einsatz von generativer KI wird massive Auswirkungen auf unsere Arbeitswelt haben. Ich glaube aber, wenn wir es gut gestalten, werden wir einen sehr, sehr positiven Effekt haben. Und wir werden dann vielleicht auch darüber nachdenken können: Wo und wie wollen wir unsere Zeit in Zukunft verbringen? Und wo und wie findet Wertschöpfung statt? Das werden die entscheidenden Fragen sein.

Ich jedenfalls habe mich entschieden und gestalte als COO und Co-Founder von Cognigy aktiv die Zukunft der KI-Technologie in Europa und Deutschland mit.

Herzlichen Dank für das Gespräch.

7. „DIGITALE TRANSFORMATION IST ZU 80 PROZENT EIN MENSCHENTHEMA“

Im Gespräch mit Anna Kopp, Microsoft Deutschland GmbH

ANNA KOPP

Anna Kopp ist als CIO/CDO von Microsoft Deutschland für die interne IT zuständig. Bei Microsoft arbeite man schon seit 2017 daran, eine verantwortungsvolle KI-Infrastruktur aufzubauen, sagt sie. Wir sprachen mit ihr über Verantwortung bei der Einführung von neuen Technologien und die neue Art des Lernens.

Frau Kopp, einem Pionier wie Microsoft kommt eine gewisse Verantwortung zu, indem er z. B. Gefahrenstellen markiert. Wie geht Microsoft mit dieser Verantwortung um?

Anna Kopp: Wir müssen natürlich sicherstellen, dass jede Innovation verantwortungsvoll erfolgt. Dies wird bei leistungsstarken neuen Technologien wie beispielsweise der generativen KI noch wichtiger. Wir legen alles darauf aus, Dienstleistungen und Produkte zu entwickeln, die vertrauenswürdig und sicher sind.

Die Geschichte lehrt uns, dass transformative Technologien wie KI neue Regeln erfordern. Proaktive Selbstregulierungsbemühungen verantwortungsbewusster Unternehmen werden dazu beitragen, den Weg für diese neuen Gesetze zu ebnen.

Die gute Nachricht ist, dass wir nicht bei null anfangen müssen. Bei Microsoft arbeiten wir seit 2017 daran, eine verantwortungsvolle KI-Infrastruktur aufzubauen. Das hat uns geholfen, Grundsätze, Richtlinien, Prozesse, Tools und Governance-Systeme für verantwortungsvolle KI zu entwickeln. Wir haben das in den sechs Responsible-AI-Prinzipien zusammengefasst:

- Fairness,
- Inclusiveness,
- Reliability & Safety,
- Transparency,
- Privacy & Security,
- Accountability.

Es wird ja derzeit viel über Regulierung von KI diskutiert. Wie viel gesetzliche Regulation braucht es aus Ihrer Sicht?

Wichtig ist, dass Politik, Gesetzgebung und Technologie Hand in Hand gehen und es Guardrails, also Rahmenbedingungen gibt, die mit der Innovation Schritt halten. So können wir langfristig verantwortungsvolle Innovation vorantreiben.

Wie wichtig sind ethische Kriterien für die Kunden und wird sich diesbezüglich in den nächsten Jahren etwas verändern?

Wenn ich mein eigenes Kaufverhalten ansehe, dann habe ich mich früher immer an neuen, technologisch coolen Produkten orientiert. Irgendwann wurden die Produkte technologisch immer gleichwertiger. Dann schaut man, welcher Anbieter den besten Service hat. Aber auch hier werden die Unterschiede immer geringer, weil viele Anbieter ihre Leistungen verbessert haben. Aus diesem Grunde werden jetzt Werte für die Kaufentscheidung der Kunden immer wichtiger. Die Unternehmen versuchen sich heute an werteorientierten Themen wie Privacy, Compliance, Sustainability und sogar Arbeitsplatzethik. Z. B. haben wir derzeit Anfragen von mehreren Kunden, eine ISO-Zertifikation 45001 für Arbeitssicherheit und Gesundheitssystem durchzuführen, weil sie großen Wert darauf legen, dass es ihren Beschäftigten gut geht. Und natürlich ist Sustainability im Moment ein Top-Thema.

Es heißt immer wieder, dass AI ein großer „Jobkiller" ist. Wie positioniert sich ein Unternehmen wie Microsoft als einer der großen Anbieter für AI-Lösungen dazu?

Ich sehe die Systeme als Unterstützung für den Menschen. Dadurch haben die Mitarbeitenden mehr Zeit, sich auf wichtigere Aufgaben zu konzentrieren. KI ermöglicht es, nicht nur nach Informationen zu suchen, sondern auch direkte Antworten auf Fragen zu finden. Sie kann Menschen dabei helfen, inmitten komplexer Daten und Prozesse passgenaue Erkenntnisse zu gewinnen. KI wird die Produktivität steigern und letztendlich auch für mehr Wohlstand insgesamt stehen. Und wenn man sich die Sache genauer ansieht, wird schnell deutlich, dass die digitale Transformation auch eine Menge neuer Jobs schafft. Wichtig ist, dass diese neuen Jobs andere Skills erfordern. Es ist ein Skill-Shift erforderlich und an dieser Stelle müssen wir ansetzen. Wir müssen die betroffenen Beschäftigten rechtzeitig auf die neu entstehenden Jobs vorbereiten und Ressourcen für ihre Weiterbildung bereitstellen.

Das klingt noch sehr nach Zukunftsmusik. Gibt es bei Microsoft aktuell eine konkrete Transformationsstrategie?

Transformation ist kein Hobby, mit dem HR sich als Nebenprojekt beschäftigen könnte. In die Transformation muss ich gezielt investieren. Skilling und Learning kosten viel Geld. Wir haben aus diesem Grunde bei Microsoft die Rolle des Chief Learning Officer neu geschaffen, weil kontinuierliches Lernen heute einer der zentralen Erfolgsfaktoren ist. Die Aufgabe des Chief Learning Officer ist, Lernen programmatisch aufzusetzen. Das zeigt übrigens auch, dass nicht nur auf der operativen Ebene, sondern auch im Management durch Digitalisierungen neue Rollen entstehen.

Was machen Sie bei Microsoft konkret, um kontinuierliches Lernen zu ermöglichen?

Wenn etwas Neues kommt, dann müssen jeder und jede lernen. Da gilt das Motto: „Okay, let's do that." Wir versuchen, das Lernen bei Microsoft aber so attraktiv wie möglich zu gestalten. Wir haben Mobile Apps, die Beschäftigte unterstützen, um schnell kontextbezogen zu lernen. Die Beschäftigten können nach dem Pull-Prinzip genau das lernen, was sie benötigen, und natürlich auch das, worauf sie Lust haben. Wir müssen auch beim Lernen insgesamt schneller werden. Wenn Sie an das klassische Classroom Learning denken, wie lange es dauert, eine ganze Mannschaft für drei Tage oder eine Woche zusammenzubekommen: ewig. Deswegen müssen wir auch das Lernen ganz neu denken. Es wird in Zukunft auch noch mehr darum gehen, je nach Anforderung und Kontext schnell selbstorganisiert zu lernen: Learning on demand ist hier das zentrale Stichwort. Mit LinkedIn Learning und Viva Learning bieten wir Möglichkeiten an, mit denen die Beschäftigten abhängig von aktuellen Anforderungen und ihrer Rolle schnell und individuell angepasst lernen können. Früher war es doch häufig so, dass ich drei Tage in einem Training saß und dann waren nur ein paar Stunden dabei, die wichtig für mich waren. Jetzt arbeiten wir mit Lernmodulen, die je nach aktueller Job-Rolle genutzt werden können. Das ist viel effektiver.

Also wir haben ein komplettes Lernprogramm, das nach Rollen unterscheidet. Wenn ich z. B. Support-Techniker bin, brauche ich ein anderes Wissen, als wenn ich Technical Account Manager für ein gewisses Produkt bin. Da muss ich alles über das Produkt wissen und ich muss dafür zertifiziert sein. Insgesamt wird das Thema Zertifizierung immer wichtiger. Unsere Kunden erwarten mittlerweile, dass jemand zertifiziert ist. Und für unsere Mitarbeitenden haben wir einen Learning Day jede Woche.

Wie hat sich das Lernen seit der Corona-Krise verändert?

Wir haben noch immer Classroom Trainings, aber die sind dann für sehr spezifische technische Trainings – oder wenn wir einen interessanten externen Keynote Speaker haben. Die weichen Themen wie Coaching machen wir natürlich in Präsenz. Aber wir bieten das immer auch hybrid an. Wir haben sehr oft Trainer im Haus, die z. B. Sales coachen. Das muss dann so gestaltet werden, dass auch die Beschäftigten teilnehmen können, die an dem Tag aus irgendeinem Grund nicht teilnehmen oder anreisen können. Wir haben ja auch Mitarbeitende, die woanders sitzen, und aus Umweltschutz- und Kostengründen müssen wir die ja nicht immer alle einfliegen lassen.

Was wird sich in den kommenden Jahren beim Lernen noch verändern?

Es gab eine Zeit, da baute man ein großes Tool, etwa ein ERP-System, das dann über die ganze Organisation ausgerollt wurde. Das habe ich mehrmals in den 1990er Jahren genau so erlebt. Damals hat man die Software auf das jeweilige Unternehmen zugeschnitten und dann wurde 15 Jahre damit gearbeitet. Diese relativ stabilen Zeiten sind vorbei. Heute bekommen Sie, grob gesagt, alle zwei Wochen ein neues Tool mit neuen Funktionen. Das heißt, wir müssen die Beschäftigten darauf vorbereiten, dass sie kontinuierlich immer wieder Neues lernen müssen. Es wird schon seit vielen Jahren über lebenslanges Lernen gesprochen. Jetzt ist es Realität! Und wir müssen die Menschen, aber auch die Unternehmen insgesamt darauf vorbereiten. Das ist eine echte Herausforderung.

In der Initiative HFA geht es darum, den Faktor Mensch bei der Einführung von AI ins Zentrum zu rücken. Was halten Sie davon?

Ich meine, dass digitale Transformation zu 80 Prozent ein Menschenthema und nur zu 20 Prozent ein Technologiethema ist. Von daher finde ich die HFA-Initiative sehr spannend. Aus vielen Gesprächen mit den CIOs in unterschiedlichsten Ländern haben wir gelernt, dass natürlich eines der Top-Themen gegenwärtig die Technologie Cloud ist. Dann kommen aber gleich Themen wie Learning, Communication, Transformation, d. h. nicht-technologische Themen, also Themen, die auch in der HFA-Werte-Charta angesprochen werden.

Wenn der Faktor Mensch bei der digitalen Transformation so wichtig ist, muss sich da nicht auch die Rolle des CIO verändern?

Ja, absolut. In der Vergangenheit war die Rolle des CIO und die Rolle der IT insgesamt sehr technologisch geprägt. Es ging vorrangig um technische Einführung von neuen IT-Systemen. Das ändert sich gerade. Ich beobachte, dass IT und HR stärker zusammenrücken. Das finde ich eine sehr spannende Bewegung und ich gehe davon aus, dass auch künftig in vielen anderen Unternehmen die beiden Bereiche HR und IT miteinander verwachsen. Angesichts der Tatsache, dass die digitale Transformation zu 80 Prozent ein Menschenthema ist, halte ich diese Entwicklung für absolut sinnvoll.

Wenn Sie auf die HFA-Werte-Charta blicken, was fehlt Ihnen da noch?
Also für mich ist der HFA-Ansatz definitiv eine Chance! Aber das Thema Gesundheit fehlt mir. Gesundheit wird mehr und mehr in den Fokus rücken. Wir sind derzeit weit von der Gefahr einer Unterbeschäftigung entfernt. Aktuell haben wir durch den Fachkräftemangel eine dauerhafte Überlastung der Mitarbeitenden. Das bedeutet auch, dass wir derzeit die Technik nicht nur zur Entlastung bei der Arbeit einsetzen müssen, sondern auch zur Entlastung der mentalen Überlastung. Wir haben z. B. einen Raum, in dem kann sich ein Mitarbeiter/eine Mitarbeiterin mithilfe einer VR-Brille von Magic Horizons, einem Münchner Start-up, in eine Meditation begeben. Oder in der Mittagspause mit Delfinen schwimmen, wenn er oder sie das möchte. Das ist auch eine Art menschenfreundlicher Automatisierung, den Beschäftigten etwas für ihre Gesundheit anzubieten. Gleichzeitig ist der Return on Invest für uns als Unternehmen extrem hoch: Beschäftigte, die unter Dauerstress stehen, sind nicht kreativ. Gestresste und unglückliche Mitarbeitende sind außerdem eher bereit, das Unternehmen zu verlassen. Aber unsere Mitarbeitenden sind unser Aushängeschild beim Kunden. Wie ich oben bereits erwähnt habe, wollen Menschen mit Menschen zusammenarbeiten. Das gilt auch für unsere Kundenbeziehungen.

Wie wird sich die Welt in den nächsten Jahren 20 Jahren verändern? Brauchen wir dann überhaupt noch Menschen in den Unternehmen oder werden wir völlig befreit von Arbeit sein?
Wir sind nun im 21. Jahrhundert und wir Menschen sind noch immer da. Wenn Sie sich die ganzen alten Science-Fiction-Bücher und -Filme ansehen, z. B. von Isaac Asimov oder Robert E. Heinlein, dann haben die uns damals vermittelt, dass die Maschinen die Menschen vernichten, weil die sagen: Mensch, du bist gefährlich. Also die Idee, dass der Mensch aus der

Arbeit verschwindet, ist alles andere als neu. Aber die Menschen sind geblieben. Denn Menschen wollen mit Menschen zu tun haben. Ich möchte hier mit euch das Interview machen und nicht mit Kevin the Robot. Und was wir als Menschen mitbringen, das sind neue Ideen, Innovation, unsere Persönlichkeiten und Mitgefühl, Emotionen. Es gibt mittlerweile Popstars, die durch AI kreiert sind und die man kaum noch von einem Menschen unterscheiden kann, aber irgendwie merken Menschen immer: Da stimmt irgendwas nicht. Da fehlt etwas. Ich bin digitale Optimistin und gehe davon aus, dass uns KI das Leben erleichtern wird, dass sie uns hilft, unsere Produktivität weiter zu steigern, aber sie wird Menschen nie völlig ersetzen.

Herzlichen Dank für das Gespräch.

8. „ICH STEHE AUF DER SEITE DERJENIGEN, DIE AI ALS ‚AUGMENTED INTELLIGENCE' SEHEN"

Im Gespräch mit Julia Bangerth, DATEV eG

JULIA BANGERTH

Julia Bangerth ist Vorständin für Personal und Operations bei DATEV eG, einer Genossenschaft für die steuerberatenden Berufsstände sowie deren Mandant:innen. DATEV unterstützt ihre Mitglieder und Kund:innen als Softwarehaus und IT-Dienstleister. Wir haben Julia Bangerth gefragt, wie die digitale Transformation die Kanzleien verändert und was sie über ethische Standards denkt.

Wie wird sich Ihrer Ansicht nach das Thema KI im Bereich der Steuerberatung auswirken und wie stehen Ihre Mitglieder aus Steuerberatung, Wirtschaftsprüfung und Rechtsberatung dazu?
Julia Bangerth: Seit Ende 2022 ist das Thema KI mit großer Macht ins Bewusstsein der Öffentlichkeit gespült worden: Die US-amerikanische Firma OpenAI hat mit dem Chatbot ChatGPT ein KI-Modell veröffentlicht,

das auf eine dialogische Weise mit den Nutzer:innen interagiert. Außerhalb der Fachwelt hat das für großes Erstaunen und Verblüffung gesorgt. Aber wenn man ehrlich ist: KI begleitet uns unbemerkt schon an sehr vielen Stellen, sei es im Smartphone, im Navigationssystem, bei Übersetzungstools oder auch in der einen oder anderen professionellen Anwendung, auch im Kontext der Steuerberatung, auch von uns.

Die Grundidee der Large Language Models, auf denen auch ChatGPT basiert, ermöglicht uns zahlreiche Verbesserungen und Erweiterungen unseres Lösungsportfolios, unserer Dienstleistungen und Services für unsere Mitglieder und Kund:innen, darunter in Einsatzgebieten wie Wissensbereitstellung, Schriftguterstellung, Erstellung von Unterlagen für ein Beratungsgespräch oder der Bearbeitung von Service-Anfragen.

Andere Konzepte wie Machine Learning werden heute schon eingesetzt, um Prozessautomatisierungen mit selbstlernenden Systemen zu gestalten, beispielsweise in der Finanzbuchführung. Wenn die Kanzleien spüren, dass da echte Effizienzpotenziale vorhanden sind, dann ist schnell auch die Bereitschaft da, sich mit solchen Tools auseinanderzusetzen. Allerdings ist die Akzeptanz von KI auch eng gekoppelt mit positiven Erfahrungen. Je weniger ich Arbeitsergebnisse nachvollziehen und kontrollieren kann, desto geringer ist die Bereitschaft, sich darauf einzulassen. Das ist ein wenig wie mit Assistenzsystemen im Auto. Ich fange ja auch nicht gleich mit dem vollautonomen Fahren an, sondern habe erst ein Assistenzsystem, das mich ein bisschen unterstützt, sodass ich Vertrauen fassen kann.

Es heißt immer wieder, dass AI ein großer „Jobkiller" ist. Wie ist das bei einer Genossenschaft wie DATEV, deren Eigentümer ja die Mitglieder sind?

Welche genauen Auswirkungen KI auf Arbeit haben wird, da gibt es ja durchaus unterschiedliche Thesen. Was ganz sicher richtig ist: KI wird die Tätigkeitsprofile von Jobs verändern. Aber werden dadurch Arbeitsplätze abgebaut? Wenn Sie sich die Geschichte der technologischen Entwicklung und insbesondere der Digitalisierung der letzten Jahrzehnte anschauen, war immer wieder die Sorge groß, dass viele Arbeitsplätze wegfallen. Bislang ist das nicht in einem bedeutsamen Ausmaß passiert. Wenn ich mir angucke, wie groß der Arbeitskräftemangel mittlerweile ist, muss ich sagen, dass ich gar nicht so große Sorgen habe, dass KI Arbeitslosigkeit produziert. Und das gilt auch für unsere Mitglieder. Es herrscht Fachkräftemangel bei den Steuerfachangestellten. Uns fehlt der Nachwuchs. Das wird dazu führen, dass KI-Lösungen immer stärker akzeptiert und genutzt werden. Außerdem entstehen ganz neue Geschäftsmodelle, die ohne KI gar nicht funktionieren würden.

Es gibt gerade die Diskussion darüber, ob KI ganze Arbeitsplätze wegrationalisieren wird oder eher im Sinne von „Augmented Intelligence" nur Teile von Tätigkeiten wegfallen. Wie sehen Sie das?
Also ich muss sagen, wir haben bis jetzt noch keine Software eingeführt, die Tätigkeiten wirklich obsolet gemacht hat, sie hat sie eher verändert. Nehmen Sie unseren Servicebereich: Der Service kümmert sich selbst um Themen wie Automatisierung und schaut, dass es Selbstlern-Dokumente für unsere Mitglieder gibt. Vieles davon unter Einsatz von KI-Technologien. Ich stehe auf der Seite derjenigen, die AI als „Augmented Intelligence" sehen.

Was macht die DATEV konkret für Integration und Qualifikation ihrer Beschäftigten?
Wenn wir selbst Dritt-Produkte einführen, achten wir sehr stark darauf, dass schon bei der Auswahl viele Kolleginnen und Kollegen wie auch der Betriebsrat einbezogen werden, dass sich nicht nur die interne IT darum kümmert. HR sorgt dafür, dass die Fachbereiche, die betroffen sind und ihre Bedarfe haben, mit eingebunden werden. Ich nehme mal als Beispiel die Einführung von Microsoft Teams, das verändert deutlich die Arbeitsweise in den Unternehmen. Wir haben zuerst einige Mitarbeitende mit einer geführten Lernreise Grundfunktionen erlernen lassen und haben dann gefragt: Was passt, was passt nicht? Wir haben auch nicht gleich alle Funktionen aufgemacht. So haben wir die Organisation schrittweise an das Tool herangeführt und ihr ermöglicht, parallel auch die kulturellen und prozessualen Veränderungen zu erlernen.

Dieses Muster ist allgemein sehr wichtig: Wo früher der Fokus vor allem auf der Vermittlung von Fachwissen lag, merken wir heute, dass es beim Lernen auch ganz viel um weiche Themen wie Neugierde, Offenheit, Lernkompetenz geht. Und hier ist es die Verantwortung von Unternehmen, ihre Mitarbeitenden nicht allein zu lassen, sondern sie bei ihrer individuellen Lernreise zu unterstützen. Wir haben daher dezentrale Lernunterstützungsrollen geschaffen, die in ihrem Umfeld genau dies tun sollen, nah an den Menschen, nah an ihren Tätigkeiten, direkt in ihren Arbeitsprozessen.

Darüber hinaus bieten wir viele verschiedene Qualifizierungsangebote für unterschiedliche Wissenslevels: für den Quereinstieg, für verschiedene Lerntypen und Zielgruppen, mit unterschiedlicher Dauer. Wir arbeiten intensiv daran, allen eine Beteiligung an dem Lernprozess zu ermöglichen, sowohl in einer konsumierenden wie auch in einer teilgebenden Rolle. Dafür haben wir organisationale Lernplattformen geschaffen, die jede und jeder für sich und das eigene Thema nutzen kann.

Müsste digitale Qualifizierung stärker gesellschaftlich berücksichtigt werden?

Die rein technologische Umstellung ist sicher nur ein Teil der Herausforderung, es ist eben auch eine Frage von Kulturwandel. Der Einsatz von KI und Automatisierung führt zu starken Veränderungen von Tätigkeitsprofilen und Arbeitsabläufen. Es gibt durchaus Länder, die besser als wir in Deutschland umfassend auf diesen Wandel vorbereiten, die schon frühzeitig angefangen haben, nicht nur Jugendliche oder Langzeitarbeitslose weiterzubilden oder auszubilden, sondern ihre gesamte Bevölkerung. Dazu gehören insbesondere die nordischen Länder oder Singapur. Und wir sehen, dass es eine hohe Bereitschaft bei den Menschen gibt: Studien sagen, dass 80 Prozent der Menschen gerne eine Weiterbildung in Richtung Daten, KI und Automatisierung machen würden. Wir bieten in der Gesellschaft insgesamt zu wenig zu diesen wichtigen Themen an.

Eine Initiative, die positiv hervorsticht, ist die „Allianz digitale Kompetenz" des Bayerischen Digitalministeriums. Die Staatsministerin Judith Gerlach hat Unternehmen in Bayern eingeladen, über eine zentrale Vermarktungsplattform des Ministeriums Lernangebote für die bayerische Bevölkerung zu offerieren, nicht nur mit klassischen Lernformaten, sondern beispielsweise auch mit Hackathons, Coding Dojos und Barcamps. Viele große Unternehmen sind der Einladung gefolgt, auch wir. Denn warum sollten wir nicht Themen, die wir für unsere Mitarbeitenden aufbereiten, auch zur allgemeinen Entwicklung von Digitalkompetenzen einbringen? Auch das hat was mit Verantwortung von Unternehmen in der Transformation zu tun.

Es wird gerade viel darüber diskutiert, KI zu regulieren. Der Ruf nach gesetzlichen Rahmenbedingungen wird immer lauter. Wie steht DATEV dazu?
Es ist auf jeden Fall wichtig, dass es eine gesellschaftliche Debatte über das Thema KI gibt. Und es ist klar, dass Rahmenbedingungen geschaffen werden müssen. In der HFA-Initiative sprechen Sie von Werten. Ich finde diesen Gedanken sehr gut und würde das ethische und regulatorische Rahmenbedingungen nennen. Etwa: Wie gehen wir mit datenschutzrechtlichen Fragen um, ohne damit die Weiterentwicklung von KI zu verlangsamen?

Mir ist auch das Stichwort Diskriminierung wichtig, natürlich müssen Algorithmen, KIs und Automatisierungslösungen auch zu einer Demokratisierung beitragen. Also zum Nutzen vieler, idealerweise aller Menschen sein und nicht nur für einzelne Gruppen. Das ist aus meiner Sicht ein ganz wichtiger Punkt.

Es gehört sicher zu den größten Herausforderungen, auf der einen Seite ethische und regulatorische Rahmenbedingungen zu schaffen und auf der anderen Seite nicht das Tempo zu verringern, mit dem wir die neuen Technologien einsetzen.

Hat die Unternehmensform der Genossenschaft in einer dynamischen Welt überhaupt noch eine Überlebenschance?
Mit ganz großer Sicherheit. Ich habe schon in börsennotierten Unternehmen gearbeitet und in inhabergeführten Unternehmen mit unterschiedlichsten Rechtsformen. Am meisten überzeugt hat mich die Genossenschaftsform. Als Genossenschaft sind wir erfolgreich, wenn wir durch unser Tun unsere Mitglieder erfolgreich machen. Diese Kundenzentrierung, von der viele Unternehmen sprechen, ist in unserer DNA ganz tief verankert, denn die Mitglieder sind gleichzeitig unsere Eigentümer. Somit haben wir ein besonderes Mindset in Fragen ökologischer, wirtschaftlicher und sozialer Verantwortung. Die Genossenschaft ermöglicht den Aufbau von Ökosystemen, die in der digitalen Transformation immer wichtiger werden. Beim Thema KI beispielsweise werden einzelne Unternehmen

ohne Ökosystem und ohne Zusammenarbeit untereinander kaum erfolgreich sein.

Abschließend würden wir gerne von Ihnen selbst wissen: Welche Tätigkeiten im Alltag würden Sie am liebsten von „Kollege Bot" übernehmen lassen?
Also ich muss sagen: Ich liebe jegliche Technologie, die es irgendwo gibt. Vom Saugroboter bis zu sämtlichen Assistenzsystemen im Auto probiere ich alles aus. Was mir aber tatsächlich noch fehlen würde, wäre so ein richtiger Roboter, der zu Hause alles in Ordnung bringt, da würde ich sofort Ja sagen.

Herzlichen Dank für das Gespräch.

9. „NEUE WEGE, UM KI FÜR GUTE ARBEIT NUTZBAR ZU MACHEN“

Im Gespräch mit Oliver Suchy, DGB

OLIVER SUCHY

Das fordert Oliver Suchy, Leiter der Abteilung Grundsatz und Gute Arbeit im DGB-Bundesvorstand. Er betont im Prozess der Digitalisierung vor allem die Chancen für die Beschäftigten und sieht angesichts neuer Knappheiten sogar Notwendigkeiten. Dies sei allerdings alles andere als voraussetzungslos. Im Interview erklärt er auch, warum es gerade jetzt wichtig ist, dass die Transformation menschenfreundlich gelingt.

Herr Suchy, der DGB hat sich sehr viel mit dem Thema KI beschäftigt, ist so etwas wie ein Vorreiter. Welche Chancen und Risiken für die Beschäftigten können Sie erkennen?
Oliver Suchy: Bei der Nutzung von KI-Systemen sehen wir vor allem große Chancen für Gute Arbeit in der Zukunft. Und die wollen wir natürlich nutzen. Es ist allerdings oft ein schmaler Grat, denn Unterstützung

und Entlastung durch KI kann – wenn es schlecht gemacht ist – schnell in zusätzlichen Stress und Arbeitsdruck umschlagen. Ebenso kann es zur Simplifizierung von Arbeit kommen, sodass qualifizierte Arbeit entwertet wird. Außerdem können die Technologien natürlich auch zur reinen Gewinnmaximierung ohne Rücksicht auf die Beschäftigten angewendet werden – dafür gibt es ja schon zahlreiche Beispiele. Das bedeutet dann vor allem Rationalisierung, Arbeitsverdichtung und neue Formen der Kontrolle und Überwachung. Dies gilt es zu vermeiden. Deshalb kommt es darauf an, neue Wege zu gehen, um KI tatsächlich im Sinne der Beschäftigten zu nutzen und Gute Arbeit zu fördern. Die erste Frage sollte deshalb immer sein, wofür und wie soll KI eigentlich eingesetzt werden, was ist das Ziel und wo liegen Sollbruchstellen? Darüber braucht es transparente Verständigungs- und Verhandlungsprozesse – und zwar auf Augenhöhe. Schließlich geht es auch um Akzeptanz und Vertrauen. KI bietet neue Potenziale, doch sie werden bislang viel zu wenig genutzt. Es braucht ein neues Mindset. Für antiquierte Antagonismen haben wir auch keine Zeit.

Warum brauchen wir die Digitalisierung?

Die Digitalisierung ist ein entscheidender Faktor für Produktivität und Wohlstand, genauso ein maßgebliches Instrument für die drängende Klimawende. Digitalisierung kann und sollte ebenso genutzt werden, um dem Fachkräftemangel zu begegnen. Es gibt gute Beispiele für Automatisierungsstrategien, die nicht entwickelt wurden, um Leute loszuwerden, sondern um die Lücken zu schließen, die in den nächsten zehn Jahren ja auch immer größer werden. Der Fachkräftemangel, den wir momentan haben, ist aus meiner Sicht nur ein müdes Lüftchen im Vergleich zu dem, was uns in den nächsten zehn Jahren bevorsteht. Ich sehe deshalb eine echte Notwendigkeit, moderne Technologien einzusetzen, um die Beschäftigten zu unterstützen und nachhaltig zu entlasten. Es ist nicht so sehr die Frage, ob uns Maschinen die Arbeit wegnehmen: Es geht darum, Hightech zu nutzen, um Belastungen zu senken. Moderne Technologien sollten stärker dazu beitragen, dass Fachkräfte länger gesund in Arbeit bleiben können. Hier haben wir bislang ein Riesenproblem, denn der Arbeitsstress geht vielen Beschäftigten seit Jahren derart an die Substanz, dass sie viel zu früh krank aufgeben müssen: In jedem neuen Rentnerjahrgang wird rund ein Fünftel aus gesundheitlichen Gründen aufs Abstellgleis gestellt – das bedeutet: Erwerbsminderungsrente, also Armutsrente, im Schnitt mit 52 Jahren. Das kann sich niemand leisten: auch nicht unsere Gesellschaft. Nutzen wir die Digitalisierung also für eine echte Humanisierung der Arbeit. Das bedeutet gleichzeitig Sicherung des Wohlstands, von der die Gesellschaft profitiert.

Also sollten wir diese übliche Dichotomie von Chancen und Risiken eigentlich hinter uns lassen ...

Nicht nur eigentlich. Ich gehe inzwischen bei jeder Veranstaltung nach Hause, wenn jemand ernsthaft wieder anfängt, das zu diskutieren. Es ist ein Loop geworden, der nicht aufhört – aber letztlich auf Stillstand programmiert ist. Wir hatten das schon am Anfang der Digitalisierungsdebatte unter Arbeiten 4.0. Jetzt heißt das Ganze KI und die Debatte fängt wieder von vorne an. Während die Technologien neue Sprünge machen – siehe ChatGPT –, dreht sich der politische Diskurs im Kreis. Das muss sich ändern: Es gibt immer Chancen und Risiken, aber das sind nicht unterschiedliche Welten, sondern zwei Seiten einer Medaille. Entscheidend ist doch, wie die Chancen definiert werden: Beim Technologieeinsatz geht es am Ende meist weniger um Disruption, sondern um Optimierung – nur in welcher Form? Als kurzfristige, betriebswirtschaftliche Gewinnoptimierung, bei der auch Beschäftigte ‚gewinnoptimiert' werden sollen? Das ist aber nicht nur ökonomisch kurzsichtig, sondern auch arbeitspolitisch nicht nachhaltig. Es braucht deshalb eine Optimierung für nachhaltige Arbeit. Davon profitieren dann beide Seiten – nicht zuletzt vor dem Hintergrund der demografischen Entwicklung auch die Arbeitgeber, Betriebe und Verwaltungen.

Ich bin überzeugt, dass die Debatte deshalb einen ganz anderen Spin braucht. Auch die Arbeitgeber wissen ganz genau, dass nicht nur akut ein paar Leute fehlen: In den nächsten zehn bis 15 Jahren sind es Millionen Fachkräfte, die fehlen werden. Wie halten wir also unser Wohlstandsniveau aufrecht? Wie verbessern wir Produktion und Services und schaffen die Klimawende? Wie kommen wir gleichzeitig zu mehr Produktivität? Ich glaube, je länger man sich damit aufhält, über Chancen und Risiken zu lamentieren, desto mehr wertvolle Zeit geht völlig sinnfrei verloren.

Erinnern wir uns: Es ist jetzt genau zehn Jahre her, als die berühmt-berüchtigte Studie der Oxford-Wissenschaftler Carl Benedikt Frey und Michael A. Osborne „The Future of Employment" veröffentlicht wurde. Damals war die Aufregung groß, weil angeblich fast die Hälfte der Jobs durch die Digitalisierung in Gefahr sei. Das ist natürlich Unsinn – aber die Debatte ist mit KI wieder da. Das demografische Problem kennen wir dagegen schon seit der ‚Rürup-Kommission' – und das war vor 20 Jahren. Nur werden die Dinge nicht zusammen gedacht, nicht vernetzt. Dafür ist es aber höchste Zeit, denn das ist Transformation.

Welche Bereiche sind vom Arbeitskräftemangel besonders betroffen?
Schauen wir uns als Beispiel nur mal die Pflege an: Die Leute dort können nicht mehr, weil die Personalbemessung nicht stimmt, die Belastungen zu hoch sind. Jüngst hieß es aus der Zentrale der Arbeitgeberverbände, wir bräuchten wieder mehr „Bock auf Arbeit". Sorry: Die Pflegekräfte haben Lust, und sie tragen eine hohe gesellschaftliche Verantwortung. Aber sie sind völlig überlastet – auch trotz Digitalisierung. Der DGB-Index Gute Arbeit zeigt dies jedes Jahr. Ich kann die Schlagzeile „Digitalisierung bringt höhere Belastungen" schon nicht mehr hören. Ich hätte gerne mal die Schlagzeile: „Trend gedreht: Entlastung dank effektiver Digitalisierung – und: Fachkräftelücke wird kleiner". Da wollen wir hin.

Was müssten wir dafür tun?
Wir befinden uns ja in Zeiten permanenter Veränderungen. Und dies müssen wir besser organisieren, insbesondere im Kontext von KI und algorithmischen Systemen: Es kommt entscheidend darauf an, das sogenannte Change-Management zu ändern. Es muss gerade bei KI am Arbeitsplatz darum gehen, Kritikalitäten zu klären, die Folgen abzuschätzen, Blockaden zu lösen und vor allem den Einsatz für nachhaltige Arbeit gemeinsam strategisch zu planen. Das ist die wirkliche Challenge. Im DGB-Konzeptpapier „Gute Arbeit by design" haben wir eine solche „Optimierung" dieser Change-Prozesse für die KI-Nutzung beschrieben. Der Ansatz innovativer Wege wird auch in anderen Arenen wie z. B. der „Plattform Lernende Systeme" der Bundesregierung grundsätzlich geteilt. Es fehlt aber an der Skalierung. Wir schaffen die nötige Breiten-

wirkung noch nicht. Deshalb erwarten wir auch mehr politische Unterstützung: und zwar für einen neuen Rechtsrahmen für KI in der Arbeitswelt. Die KI-Verordnung der EU wird dies nicht leisten können: Deshalb brauchen wir eine Untersetzung für die betrieblichen Akteure. Schließlich gibt es riesige Unsicherheiten sowohl bei Arbeitgebern als auch bei Betriebsräten und Beschäftigten im Umgang mit KI-Systemen. Klare Regeln helfen.

Viele argumentieren, dass gesetzliche Regulierung den Transformationsprozess eher bremsen würde.
Das meine ich mit antiquierten Antagonismen: Es sind Reflexe von gestern, die – eigentlich – keinen Platz mehr haben sollten für die Gestaltung der Zukunft. Leider löst der Begriff Regulierung oft automatisch diese Abwehrhaltung aus. Es geht aber letztlich um eine Form von Verbindlichkeit für das, was in der Fachwelt Konsens ist: eine neue Verabredung für Zukunft. Bis heute werden viele Fragestellungen im Geist des Gestrigen mühsam und immer wieder neu ausgehandelt. Wenn die Politik Rechtssicherheit schafft, z. B. für die Transparenz von KI-Anwendungen oder die Datennutzung am Arbeitsplatz, würden auch die betrieblichen Akteure maßgeblich entlastet. Es könnte sehr viel positive Energie freigesetzt werden. Wir arbeiten daran.

Welche Regulierungen werden dringend benötigt?
Regeln braucht es vor allem in drei Bereichen: Erstens braucht es dringend Transparenz- und Informationsrechte gegenüber den Anbietern von KI-Anwendungen. Das sind unabdingbare Basics. Daran wird auf EU-Ebene gearbeitet: Der sogenannte AI-Act wäre zwar die weltweit erste Regulierung von KI. Ob nach dem Trilog wirklich wirksame Lösungen herauskommen, ist allerdings mehr als fraglich. Für den Arbeitskontext würde dies ohnehin nicht ausreichen – das liegt auch an der Rechtsgrundlage der KI-Verordnung, die am EU-Binnenmarkt ausgerichtet ist. Für den Arbeitskontext ist – zweitens – noch wichtiger eine Weiterentwicklung der Mitbestimmung für die Skalierung von Best Practice: Präventive Ansätze zu Zielvereinbarungen, Kritikalitätseinstufungen und Folgenabschätzungen – all das wird gebraucht, doch genau dies fehlt in der Regel. Nur wenn wir die Mitarbeitenden mit ihren

betrieblichen Interessenvertretungen frühzeitig und ernsthaft in die genannten Prozessschritte einbeziehen, wird die Transformation erfolgreich und human friendly sein. Darum geht es ja auch in der Initiative Human Friendly Automation mit ihrer Charta. Dazu gehört auch der dritte Punkt: die Datennutzung, also vielmehr die Nutzung der Datenanalytik – ein Riesenthema, für das es auch Klarheit und Sicherheit geben muss. Die Sorge der Beschäftigten vor Kontrollverlust, digitaler Vermessung und KI-basierten Vorhersagen des eigenen Seins ist riesig. Dem muss man begegnen, damit die Leute Vertrauen fassen können – und auch Systeme ins Laufen kommen, die sinnvoll sind, aber ohne persönliche Daten gar nicht funktionieren.

Wann ist denn eine Einführung von KI für Sie human friendly, auf was müssten Betriebe bei der Implementierung achten?
Das Wichtigste ist, und das zeigen Initiativen wie HFA und auch viele Praxisbeispiele, dass mit einem neuen Geist an die Sache herangegangen wird. Es hat sich in vielen Kontexten gezeigt, dass es sehr erfolgversprechend ist, wenn Mitbestimmungs- und Beteiligungsprozesse so früh wie möglich beginnen, also – am besten – schon bei einer gemeinsamen Ziel- und Strategieentwicklung. Genauso wichtig ist es, dass in der Folge lebendige Vereinbarungen geschlossen werden, um auch Interventionsmöglichkeiten zu haben, wenn es schiefläuft. Leider ist es viel zu oft Realität, dass weder die betroffenen Beschäftigten noch die betrieblichen Interessenvertretungen rechtzeitig und transparent einbezogen werden. Am Ende hat man dann viel investiert, viel Zeit vergeudet und muss trotzdem von vorne anfangen, weil es nicht funktioniert. Die prädiktive – also vorausschauende – Analyse für den KI-Einsatz ist ein zentrales Feld, das die betrieblichen Akteure gemeinsam angeht und das gerade nicht Maschinen überlassen werden sollte. Dabei geht es auch um die Gestaltung der Schnittstellen – also die Aufgabenteilung von Mensch und Maschine, die Veränderung von Belastungsprofilen, neue Qualifikationsbedarfe usw. Die Idee, KI würde es schon richten, ist genauso absurd wie die Haltung, es ginge besser ohne Mitbestimmung und ohne die Einbeziehung der Beschäftigten. Wir stehen an der Schwelle zu einem neuen Zeitalter der Arbeit. Dafür braucht es ein neues Bewusstsein, wie es die HFA-Initiative zum Ausdruck bringt.

Welche Rollen spielen in diesem Prozess die Betriebsräte?
Die Welt ist bunt, aber: Die Betriebsräte sagen uns, sie werden in der Regel zu spät informiert und von der rasanten Geschwindigkeit der technologischen Entwicklung rechts und links überholt. Es braucht neben den Transparenz- und Informationsrechten dringend einen Kompetenzaufbau – auch durch externe Sachverständige. Das ist – trotz der letzten Reform des Betriebsverfassungsgesetzes – noch immer ein Riesenproblem, bei dem die Politik nachsteuern sollte. Ein echtes Mitbestimmungsrecht für KI gibt es auch noch nicht. Hier scheint es ideologische Blockaden zu geben, denn in der Sache gibt es einen breiten Konsens aus Wissenschaft und Praxis.

Was halten Sie von Initiativen wie Human Friendly Automation?
Die Initiative HFA mit ihrer Charta lebt genau den Geist, den wir für die notwendigen Veränderungen brauchen. Solche Initiativen sind sehr wichtig. Sie zeigen vorbildlich und im Konkreten, wie die Einführung von KI in Unternehmen und selbst von Automatisierungsstrategien menschenfreundlich – und das bedeutet: im Sinne der Beschäftigten – funktionieren kann. Die HFA-Initiative, der ja viele Praktiker:innen und Wissenschaftler:innen angehören, hat das Potenzial, zum Blueprint für politische Ableitungen zu werden. Politische Regeln funktionieren immer am besten, wenn sie sich aus der Praxis ableiten. Die HFA-Initiative ist für mich ein Leuchtturm. Aber es nützt leider wenig, wenn wir ein paar strahlende Leuchttürme haben und es darunter dunkel bleibt in Deutschland.

Herzlichen Dank für das Gespräch.

V. LEUCHTTÜRME IN DER PRAXIS: WAS WIR VON VORREITERN LERNEN KÖNNEN

1. Automatisierung in der Bundesagentur für Arbeit?! Ein Pilotfall für Human Friendly Automation

Martin Födisch, Senior-Experte im Bereich Digitales Change-Management, Bundesagentur für Arbeit

Die Bundesagentur für Arbeit hat steigende Anforderungen zu erfüllen, nicht zuletzt an einen bürgerfreundlichen Service. Dabei wird es schon schwierig, die im Zuge des demografischen Wandels ausscheidenden Beschäftigten zu ersetzen. Automatisierung tut not. Aber wo ansetzen? Die Antwort orientierte sich an der Werte-Charta der HFA: an den Schmerzpunkten der Beschäftigten, die diese selbst ja am besten kennen! Die mühsame und aufwendige Bearbeitung und Verteilung eingehender Mails soll durch eine Human Friendly Mail Automation erheblich erleichtert werden und so Kapazitäten für lohnendere Tätigkeiten freisetzen. Künftige Automatisierungsprojekte in der BA sollen dem hier erprobten Vorgehen folgen, mit einer von der HFA-Werte-Charta abgeleiteten Change-Management-Methodik.

Mehr Service trotz Arbeitskräfteknappheit

Die Bundesagentur für Arbeit (BA) ist mit rund 110.000 Mitarbeiterinnen und Mitarbeitern die größte Dienstleisterin für den deutschen Arbeitsmarkt. Die Dienstleistungen werden in 155 Agenturen für Arbeit im gesamten Bundesgebiet – nah an den Bürgerinnen und Bürgern – erbracht. Zur Aufgabenerfüllung sowie zur Interaktion mit den Bürgerinnen und Bürgern, Kundinnen und Kunden und Institutionen sowie innerhalb der eigenen Organisation verfügt die BA über eine umfangreiche Informations- und Kommunikationstechnik, die in einen Bereich „IT und digitale Prozessentwicklung" und ein IT-Systemhaus gegliedert ist. Im Bereich „IT und digitale Prozessentwicklung" werden geschäftspolitische Führungsaufgaben u. a. in den Bereichen IT-Strategie und IT-Sicherheit bearbeitet. Das IT-Systemhaus repräsentiert als interner Dienstleister der BA eine der größten IT-Land-

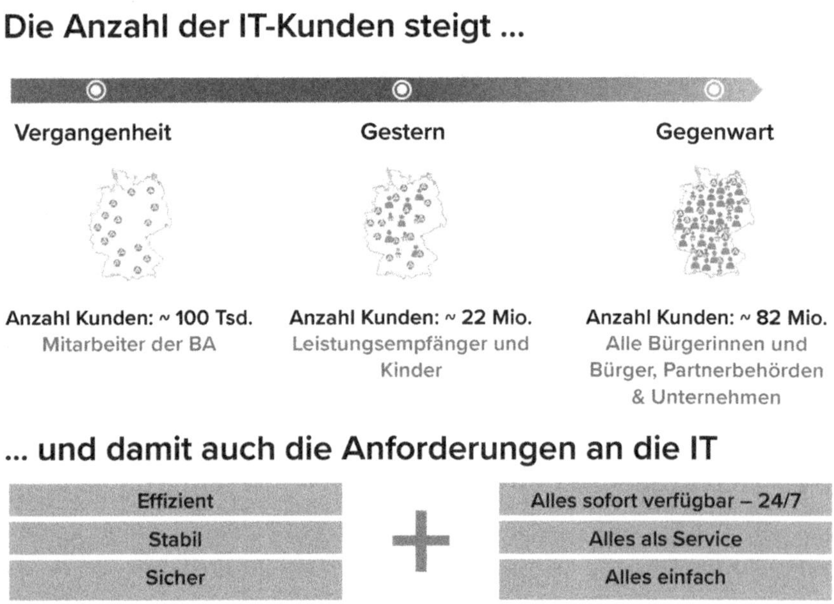

Abbildung 1: Darstellung Kundenentwicklung BA

schaften Deutschlands und erbringt Leistungen in den Bereichen Systementwicklung, Produktion und zentrales Projektmanagement.

Im Laufe der letzten Jahre hat sich die IT der BA erheblich gewandelt. Wurden früher die IT-Verfahren für die Mitarbeitenden gebaut, so ist die BA-IT heute auch für die Entwicklung, Pflege und den Betrieb einer Vielzahl von Online-Verfahren für Leistungsempfängerinnen und Leistungsempfänger, Bürgerinnen und Bürger, Partnerbehörden und Unternehmen zuständig.

Mit der steigenden Anzahl an potenziellen Nutzerinnen und Nutzern, neuen technischen Möglichkeiten sowie sich wandelnden Rahmenbedingungen sind auch die Anforderungen an die IT gestiegen. Die Bürgerinnen und Bürger erwarten heute von öffentlichen Institutionen digitale Services, die sie in vergleichbarer Art und Weise auch von privatwirtschaftlichen Unternehmen und Institutionen kennen. Sie erwarten eine Bereitstellung der digitalen Services 24/7, eine einfache, nutzerfreundliche Bedienung, niederschwellig erreichbare Informationen, schnelle Entscheidungen und die Möglichkeit, jederzeit den Stand der Bearbeitung sowie ihrer Daten auf einen Blick zu erfahren.

Auf der anderen, internen Seite besteht bei den Mitarbeitenden die berechtigte Erwartungshaltung, dass die IT-Verfahren sicher und stabil zur Verfügung stehen, die Bearbeitung durch gute digitale Werkzeuge unterstützt und so eine effiziente Aufgabenerledigung möglich ist.

Neben der Erwartungshaltung der Mitarbeitenden hat auch das Management und die Organisation als Gesamtes eine veränderte Erwartungshaltung an die IT der BA. Nach der „Dekade der Digitalisierung" mit Umsetzung von Anforderungen aus dem Onlinezugangsgesetz (OZG) hat die Vorstandsvorsitzende der BA Andrea Nahles die „Dekade der Automatisierung" ausgerufen. Das Ziel der Automatisierung ergibt sich aus dem berechtigten Interesse, die digital zur Verfügung stehenden Daten auch intern nutzbar zu machen. Weitere Gründe zur Automatisierung ergeben sich aus den Herausforderungen, mit denen die BA – wie viele andere Institutionen und Unternehmen auch – bereits jetzt und zukünftig immer stärker konfrontiert ist. Dies sind der zunehmende Fachkräftemangel und die demografische Entwicklung. Hiervon ist auch die öffentliche Verwaltung zunehmend betroffen.

Die BA wird in den nächsten zehn Jahren rund ein Drittel der heutigen Mitarbeitenden allein altersabgangsbedingt verlieren. Hinzu kommt noch die natürliche Fluktuation durch Personen, die die BA verlassen und woanders tätig werden. Selbst wenn die BA beabsichtigen würde, diese Lücke durch Ausbildung, Einstellungen und Qualifizierungen zu schließen, wird das angesichts der Veränderungen hin zu einem Arbeitnehmermarkt nicht gelingen. Hinzu kommt der allgegenwärtige Fachkräftemangel, der auch vor White-collar-Berufen nicht haltmacht. Die BA, als größte Dienstleisterin am Arbeitsmarkt, steht hier in einem Wettbewerb mit anderen Institutionen und Unternehmen.

Auf Basis dieser Erkenntnis ist die (Teil-)Automatisierung der nach außen und innen wirkenden Geschäftsprozesse für die BA ein Teil der Lösung, um auch zukünftig eine qualitativ hochwertige Aufgabenerledigung sicherzustellen und die Anforderungen aus Politik, Wirtschaft und von Seiten der Bürgerinnen und Bürger zu erfüllen.

Human Friendly Mail Automation

Wie vorstehend beschrieben, wird Automatisierung als Teil der Lösung bei der Bewältigung der genannten Herausforderungen gesehen. Als eines der zentralen Ziele in der Kundenkommunikation, auch aus den Erkenntnissen der Covid-19-Pandemie heraus, wird beispielhaft das Herunterfahren der Nutzung der freien E-Mails verfolgt. Grundsätzlich ist es das Ziel der BA, die Kundenkommunikation auf einfachere und sicherere digitale Wege, wie die Nutzung von Postfachnachrichten, zu verlagern. Ein Teil der Kommunikation seitens der Kunden wird aber auch weiterhin per klassischer E-Mail erfolgen. Die Sortierung und Weiterleitung an die zuständigen Abteilungen und Mitarbeitenden erzeugt hierbei einen enormen Bearbeitungsaufwand, den man gerne zugunsten „sinnvollerer" Aufgaben reduzieren würde. Hierbei ist der Einsatz von künstlicher Intelligenz in der E-Mail-Bearbeitung strategisch einer der nächsten Schritte, um Teilautomatisierungen durchzuführen und so den manuellen Aufwand für die Mitarbeitenden zu reduzieren. Hierfür wurde im vergangenen Jahr ein Proof of Concept (PoC) initiiert, bei dem Möglichkeiten und Grenzen einer Automatisierung der E-Mail-Bearbeitung untersucht wurden. Der Name des PoC: Human Friendly Mail Automation (kurz: HFMA). Innerhalb des PoC wurde eine technische Machbarkeitsstudie durchgeführt und Maßnahmen erarbeitet, durch die der Bearbeitungsprozess von E-Mails beschleunigt werden kann.

Die BA-IT unter Leitung von CIO Dr. Markus Schmitz hat es sich jedoch zur Mission gemacht, Automatisierung nicht mit dem Ziel durchzuführen, Mitarbeitende einzusparen. Stattdessen soll Automatisierung Mehrwerte und Chancen für Kundinnen und Kunden, Mitarbeitende und die ganze Organisation schaffen und nachhaltig umgesetzt werden. Aus diesem Grund hat CIO Schmitz den Autor dieses Beitrags gleich zu Beginn der Initiative Human Friendly Automation gebeten, diesen visionären HFA-Ansatz für die BA anwendbar zu machen. So wurden die Schmerzpunkte nicht von Führungskräften oder der IT vorgegeben, sondern gemeinsam mit den am Arbeitsprozess beteiligten Mitarbeitenden erarbeitet. Die Perspektive der Beschäftigten wurde also von Anfang an mit einbezogen – das bildet den Kern des Human-Friendly-Automation-Ansatzes, der in diesem PoC angewandt wurde. Der Mensch steht im Fokus der Automatisierung und die Konsequenzen, die sich aus der Automatisierung von Arbeitsschritten für Mitarbeitende ergeben, werden genauso betrachtet wie die Mehrwerte und Prozesseffizienzen, die durch Automatisierung erzielt werden können.

Die Ergebnisse des PoC beinhalten innovative Maßnahmen zum Einsatz von KI in den oben beschriebenen Handlungsfeldern, die zu maßgeblicher Zeitersparnis innerhalb des Prozesses führen und den Arbeitsablauf für Mitarbeitende vereinfachen. Zusätzlich wird aber auch einen Schritt weitergedacht: Wie kann ein mögliches Skalierungsprojekt so umgesetzt werden, dass die Technologie gut auf die Mitarbeitenden angepasst ist? Und wie kann der frei werdende Zeitraum so gestaltet werden, dass für Mitarbeitende Chancen z. B. für Weiterbildung entstehen? Ein solch mehrdimensionales Projekt kann nur funktionieren, wenn alle Beteiligten auf gemeinsame Werte abgestimmt sind und das Projekt in den Rahmen der Gesamtorganisation eingefasst ist. Es ist nicht ausreichend, dass die Projektmitarbeitenden aus den Fachteams und der IT kommen. Zusätzlich braucht es auch übergreifende Bereiche wie Datenschutz, Datenethik, Unternehmensstrategie und ganz wesentlich und von Anfang an den Personalbereich bzw. HR. Nur so kann gewährleistet werden, dass die von Automatisierung betroffenen Beschäftigten in den Mittelpunkt gestellt werden und Automatisierung im Ergebnis nachhaltig Mehrwerte und Chancen für Kundinnen und Kunden, Mitarbeitende und die ganze Organisation schafft.

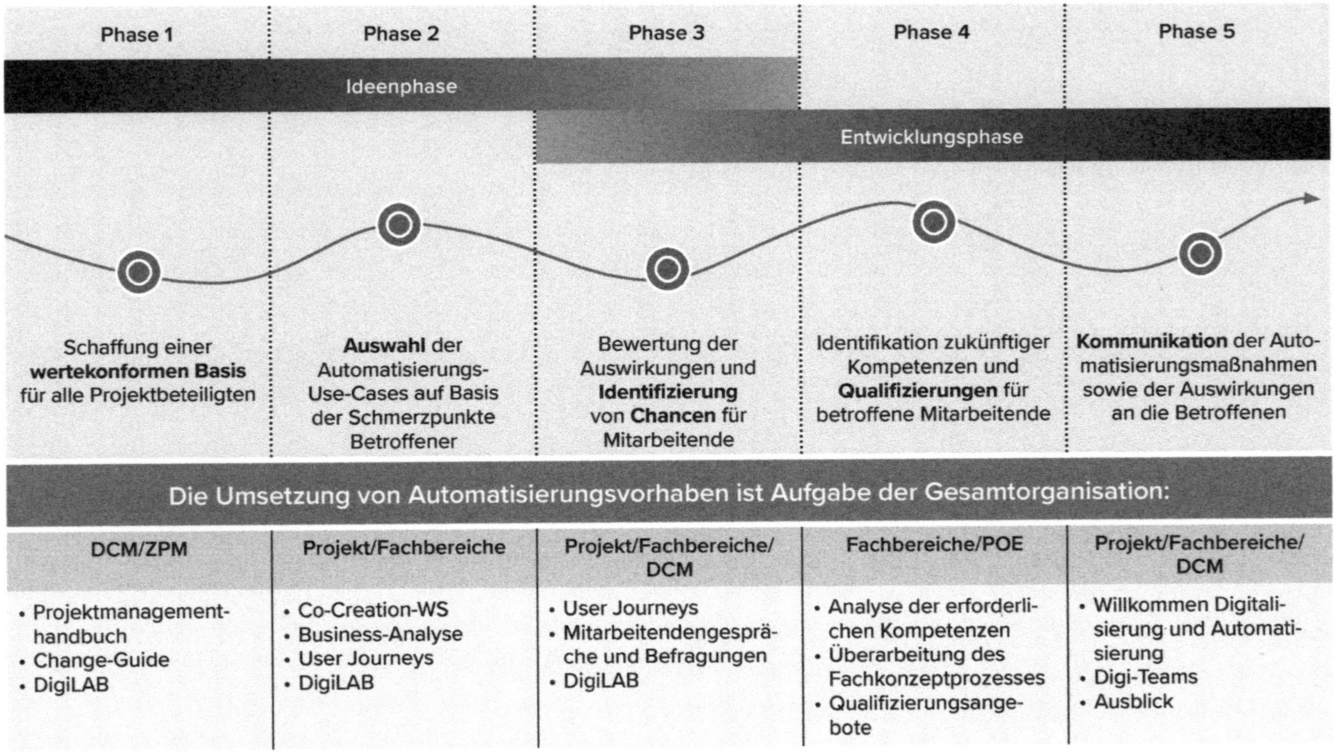

Abbildung 2: Neues Prozess-Design für KI/Automationsprojekte der BA

Innerhalb des PoC wurde neben technischen und fachlichen Lösungsansätzen auch ein neues methodisches Vorgehen erprobt, welches sich zukünftig innerhalb der BA als Standard für Automatisierung etablieren soll. Ziel der BA ist es, Automatisierungsprojekte human friendly umzusetzen. Hierbei wird die Human-Friendly-Automation-Werte-Charta und eine abgeleitete HFA-spezifische Change-Management-Methodik ins Zentrum des Handelns gestellt. Das methodische Vorgehen gestaltet sich dabei entsprechend Abbildung 2 und stellt den Menschen in allen Projektphasen konsequent in den Fokus.

Das BA-interne Digitale Change-Management (DCM) begleitet das Projekt in allen Phasen, bringt die betroffenen Bereiche zusammen und bindet konsequent die von Automatisierung betroffenen Beschäftigen mit ein.

Die Mitarbeitenden sollen Automatisierung nicht als Bedrohung wahrnehmen. Vielmehr sollen sie ihre Schmerzpunkte in den aktuellen Geschäftsprozessen selbst herausarbeiten und benennen und so die Ausgestaltung der zukünftigen Geschäftsprozesse ganz wesentlich beeinflussen können. Die operativen Mitarbeitenden werden also bei der Lösungserarbeitung und Umsetzung von Automatisierungsvorhaben eingebunden und gestalten so die BA der Zukunft mit.

Im vorliegenden Projekt war der Kern der Erarbeitung der Schmerzpunkte ein interdisziplinärer Co-Creation-Workshop. Methodisch wurde hierbei der Design-Thinking-Prozess mit dem Human-Friendly-Automation-Vorgehen zusammengebracht. Hierfür wurden zunächst Personas, als Stellvertreter der typischen Beschäftigten in den Service-Centern, gebildet. Mithilfe dieser Personas wurden die Beschäftigten analysiert, um deren Handlungen und Verhalten besser verstehen zu können. Basierend auf den erarbeiteten Personas wurden sogenannte User Journeys entwickelt, die den Arbeitstag einer Persona (bzw. einen prozessualen Ausschnitt davon) beschreiben und ermöglichen, Schmerzpunkte zu identifizieren.

Abschließend wurden die Erfahrungen der Workshopteilnehmenden sowie deren unterschiedliche Perspektiven genutzt, um mögliche Lösungen der Schmerzpunkte zu finden.

Die Kernerkenntnisse zu den Schmerzpunkten im Prozess lassen sich wie folgt zusammenfassen: Kundendatenabgleich mit Stammdatenverwaltungsverfahren, Weiterleitung der E-Mails, Veraktung in der elektronischen Akte. Auf die Lösung dieser Schmerzpunkte fokussiert sich dann der PoC.

Alle gesammelten Erkenntnisse aus dem PoC sowie das Vorgehen innerhalb des PoC sind unmittelbar in die Projektdefinitionsphase für ein mögliches Umsetzungsprojekt eingeflossen. Die PDP wird gegenwärtig durchgeführt und noch im Jahr 2023 abgeschlossen.

Eine Kultur des Lernens

Ein human friendly Vorgehen in Automatisierungsprojekten beschleunigt diese zunächst einmal nicht. Auch trägt das HFA-Vorgehen nicht zur Komplexitätsreduktion bei der Umsetzung von Automatisierungsprojekten bei. Das Vorgehen stellt bei konsequenter Anwendung aber sicher, dass die von Automatisierung betroffenen Beschäftigten mit all ihren Ängsten und Schmerzpunkten gehört werden, ein Gesicht bekommen, in die Lösungserarbeitung eingebunden und so ein Teil der Lösung werden. Es trägt mithin zur Akzeptanzerhöhung von Automatisierungsprojekten bei und verhindert unter Umständen Verzögerungen, die ihre Ursache in einer fehlenden Akzeptanz haben. Ebenso klärt das HFA-Vorgehen bereits während der IT-Implementierung die Rahmenbedingungen für die Team-Zusammenarbeit ab, sodass die Chance auf Adaption der Automatisierungstechnologie erhöht werden kann und es dadurch ebenfalls zu geringeren Verzögerungen kommt. Im Weiteren unterstützt das systematische Vorgehen auch die Beteiligung von Gruppen und Abteilungen, die in der Vergangenheit bei Automatisierungsvorhaben meist außen vor waren. Insbesondere sei hier der Personalbereich (HR) genannt. Dieser nimmt nämlich bei human friendly umgesetzten Automatisierungsprojekten eine ganz zentrale Rolle ein. Bereits während der Projektlaufzeit werden den Beschäftigten Personalentwicklungsmaßnahmen, Chancen, Entwicklungspfade und Alternativen aufgezeigt. Der Personalbereich benennt aber auch klar die Veränderungen, die sich für Betroffene infolge der Automatisierung ergeben werden. Weiterhin entwickeln sie gemeinsam mit der IT und der Führungsebene ein Zielbetriebsmodell für die Gesamtorganisation, in dem Automatisierung einen zentralen Punkt bildet und alle Parteien einen positiven Beitrag leisten können. Weiterhin informieren sie stetig den Personal-/Betriebsrat und tauschen sich zum Thema Automatisierung mit diesem aus.

Gesamthaft unterstützt der Personalbereich eine Kultur des Lernens, beispielsweise durch Anreizsysteme, die auf eine lernende Organisation einzahlen, schafft ein attraktives Qualifizierungs- und Trainingsangebot und definiert einen Ansprechpartner in der Personalentwicklung für jedes operative Fachgebiet. Beim Thema „Learning & Training“ ist aber nicht nur der Personalbereich gefragt, hier müssen auch die Fachbereiche Anforderungen an die „Mitarbeitenden der Zukunft“ definieren, operative Führungskräfte müssen Vorbildfunktionen übernehmen und sich zu „Coaches für Fachkräfte“ weiterentwickeln. Insgesamt bedarf es stärker als bisher einer Kultur, die die Mitarbeitenden stets in den Fokus nimmt.

Die vorstehenden Punkte führen dazu, dass Fragen der Arbeitsorganisation und des Jobtransfers nicht erst nach Abschluss eines IT-Projektes, sondern bereits während der Implementierung und damit so früh wie möglich behandelt werden. Hierdurch kann das Automatisierungsprojekt so schnell und so zielgerichtet wie möglich effektive und effiziente Wirkung entfalten. Dies ist ein praktischer positiver Beitrag auch gegen den drohenden Personalmangel infolge des demografischen Wandels.

KOMMENTAR

Daniel Schaffeld, René Tillmann, Geschäftsführer hijob GmbH

DANIEL SCHAFFELD, RENÉ TILLMANN

Die Bundesagentur für Arbeit ist eine Organisation mit Symbolkraft. Sie ist eine der größten Behörden in Deutschland und einer der größten Arbeitgeber des Bundes. Da ihr Geschäftszweck im Wesentlichen darin besteht, Menschen rund um das Thema Arbeit und beruflicher Entwicklung zu beraten, steht ein solches Projekt unter besonderer Beobachtung. Somit hat das Projekt Mail-Automatisierung die große Chance, als Leuchtturmprojekt und als Beispiel für weitere Projekte und Institutionen zu fungieren.

Beeindruckend und wegweisend für das Projekt ist der Wertekanon. Dieser zeigt auf, dass Automatisierung nicht zwingend gleichbedeutend ist mit Rationalisierung, sondern auch individuelle Veränderung und Entwicklung der Menschen entlang der Prozesskette bedeuten kann, die sich auch persönlich positiv und nachhaltig auf die berufliche Entwicklung auswirkt. Ich würde mir wünschen, noch mehr über die bisherigen und künftigen Tätigkeiten und Qualifikationen der Beschäftigten zu erfahren, denn mit dem Fokus auf die persönliche Weiterentwicklung der Mitarbeitenden liegen mindestens drei große Chancen auf der Hand:

1. Die Fokussierung auf die Kunden der Bundesagentur kann besser gelingen.
2. Der Fachkräftemangel kann zumindest teilweise kompensiert werden.
3. Die Verweildauer der Mitarbeitenden kann aufgrund steigender Zufriedenheit und beruflicher Perspektiven erhöht werden.

Dieses Projekt ist ein Mammutprojekt. Der vorab definierte Wertekanon sorgt dafür, dass sämtliche Projektmitglieder Extrameilen gehen und substanzielle Diskussionen mit den unterschiedlichsten Interessengruppen in Kauf nehmen mit dem Ziel, eine Human Friendly Automation zu erzielen. Im Erfolgsfall kann das ein wegweisendes Projekt für sämtliche Organisationen und Unternehmen werden, die die Auswirkungen eines zunehmenden Arbeitnehmermarkts spüren.

2. KI IN DER ENERGIEWIRTSCHAFT – KI-ENTWICKLUNG UND EMPOWERMENT ZUSAMMENDENKEN

Sabine Knör, Mitglied der Geschäftsleitung, ENERGY4U GmbH

SABINE KNÖR

Auch in einem komplexen und stark regulierten Feld wie der Energiewirtschaft kann man KI nachhaltig und menschenfreundlich in die Praxis bringen. Dazu beschreitet das Beratungsunternehmen ENERGY4U neue Wege: Ein JumpStart-Workshop bezieht alle Stakeholder von Anfang an ein, insbesondere auch Betriebsräte und Beschäftigte. Nur so kann erreicht werden, dass die erarbeiteten Modelle auch tatsächlich produktiv genutzt werden – Technik und Arbeit werden zusammengedacht. Besondere Sorgfalt gilt der kriteriengeleiteten Auswahl von nachhaltigen Use-Cases, die in kurzer Zeit spürbare Vorteile bringen.

Der Energiemarkt, ENERGY4U und Künstliche Intelligenz – ein Dreamteam?

Die ENERGY4U GmbH wurde im Mai 2000 gegründet und ist seitdem auf die Beratung von Energieversorgungsunternehmen im SAP-Umfeld spezialisiert. Zu den Portfolioelementen gehören neben der Einführung von SAP vor allem Erweiterungen aufgrund regulatorischer oder kundeneigener Anforderungen. Neben diesem Kerngeschäft unterstützen wir unsere Kunden auch in weiteren Bereichen, um eine umfassende Beratung sicherzustellen. Dazu gehören Analytics, Smart Energy und auch der Einsatz Künstlicher Intelligenz.

Energieversorgungsunternehmen befinden sich seit der Liberalisierung des Energiemarktes in einem ständigen Wandel, der zunehmend an Dynamik gewinnt. Zu den aktuellen Herausforderungen gehören u. a. die Dezentralisierung der Energieversorgung, der Wandel in den Kundenanforderungen sowie die zunehmende Nutzung von Elektromobilität. Dazu kommen branchenübergreifende Trends wie der Fachkräftemangel. Aus diesem Grund sind unsere Kunden auf Prozessoptimierungen und Entlastung durch Automatisierung sowie auf innovative Geschäftsmodelle angewiesen.

Aufgrund unserer Markt- und Prozessnähe in Kombination mit IT-Know-how und KI-Expertise haben wir früh die Chancen der Nutzung Künstlicher Intelligenz für den Energiemarkt u. a. im Bereich Prozessautomatisierung erkannt. Wir haben in den letzten Jahren zahlreiche Projekte mit mittelständischen und großen Kunden in unterschiedlichen Anwendungsbereichen umgesetzt und geben in diesem Beitrag einen Einblick in unsere Sicht bezüglich Status und Möglichkeiten von KI im Energiemarkt. Besonderes Augenmerk liegt dabei auf den Erfolgsfaktoren von KI-Projekten: der Auswahl des Anwendungsfalles, der unmittelbaren Einbindung aller Stakeholder von Projektbeginn an und den notwendigen Kompetenzen.

Der Mensch im Fokus: Einsatz von KI im Energiemarkt

Die Energieversorgungsunternehmen in Deutschland stehen aktuell unter hohem Druck. Regulatorische Anforderungen wie die Energiepreisbremse und der Roll-out intelligenter Messsysteme binden Ressourcen, während das Wartungsende für die SAP Business Suite 7 die Unternehmen zu einem

Umstieg auf eine neue Version oder einen Wechsel des Anbieters zwingt. Die vorhandenen Fachkräfte müssen daher eine Vielzahl von Parallelprojekten stemmen. Für die Unternehmen kann es somit ein wichtiger Erfolgsfaktor sein, die Fachkräfte von repetitiven Routineaufgaben zu entlasten. Um unsere Kunden dabei optimal zu unterstützen, durchlaufen wir gemeinsam mit ihnen ein dreistufiges Verfahren:

(1) Definition der Ausgangssituation

Jeder Kunde ist anders – hat andere Mitarbeitende sowie kulturelle und technische Voraussetzungen. Daher muss zu Beginn einer KI-Reise neben dem Ziel auch der Startpunkt klar sein, um alle Beteiligten involvieren zu können. Aus unserer Erfahrung ist es wichtig, bei der Auswahl der KI-Anwendungsfälle auf folgende Parameter zu achten:

- Erfahrung des Kunden mit der Technologie: Ist es eines der ersten KI-Projekte des Kunden, sollte ein zeitlich begrenzter Anwendungsfall mit nicht zu hohem Ressourceneinsatz gewählt werden, um schnelle Erfolge zu erzielen und Vertrauen zur Technologie aufzubauen.
- Vorhandene Technologie: Es muss berücksichtigt werden, welche technologischen Rahmenbedingungen genutzt werden. Kann der Kunde nicht auf eigene Cloud-Ressourcen zurückgreifen, die oft notwendig sind, müssen diese bereitgestellt und die Nutzung muss auch mit weiteren Stakeholdern sowie mit Datenschützern geklärt werden.
- Einstellung des Kunden gegenüber der Technologie: Herrscht überwiegend Skepsis, sollte der Schulungs- und Change-Management-Aspekt betont werden; dafür sind Ressourcen einzuplanen, um eine produktive Nutzung sicherzustellen.
- Vorhandene Daten(-qualität): Bei der Use-Case-Auswahl muss die vorhandene Datengrundlage berücksichtigt werden. Ggf. müssen notwendige Daten erst gesammelt und ein anderer Anwendungsfall priorisiert werden.

(2) Auswahl des Use-Case

ENERGY4U setzt Use-Cases in verschiedenen Bereichen ein. Ziel ist dabei jeweils die Entlastung der Mitarbeitenden von repetitiven Aufgaben, damit sie Freiraum für andere Tätigkeiten erhalten. Abbildung 1 zeigt einen Überblick über verschiedene Einsatzmöglichkeiten.

- *Kommunikation:* In diesem Bereich geht es vor allem um die Entlastung von Mitarbeitenden im Kundenservice. Energieversorger werden von Kunden über verschiedene Kanäle zu unterschiedlichen Themen kontaktiert. Bislang ist der Automatisierungsgrad jedoch bei den meisten Energieversorgern im Vergleich zu anderen Branchen gering. Durch die enormen Fortschritte im Bereich Textverständnis kann Künstliche Intelligenz die Sachbearbeiter:innen aber wirksam unterstützen: von automatisierter Vorselektion bis hin zu automatisierter Bearbeitung von Standardfällen. So wird sichergestellt, dass Kunden bei einfachen Anliegen eine schnelle Antwort erhalten und die Mitarbeitenden mehr Zeit in komplexe Anfragen investieren können.
- *Vorausschauende Wartung:* Die Stromnetze in Deutschland sind aktuell so zuverlässig wie in kaum einem anderen Land. Dies liegt auch an den hohen Anforderungen, die an die Wartung der Netze gestellt werden. Künstliche Intelligenz kann Energieversorger in der automatisierten Detektion von Schäden unterstützen und die Versorgungssicherheit auch in Zeiten erhöhter Anforderungen an die Stromnetze sicherstellen.
- *Marketing:* Seit der Liberalisierung des Energiemarktes herrscht auch im Bereich der Energielieferanten Wettbewerb im Markt. Zwar ist die Wechselbereitschaft vieler Kunden gering, dennoch steigen die Anforderungen an gezielte Ansprachen und Marketingkampagnen. Auch hier kann KI durch Clustering und Prognosen unterstützen.

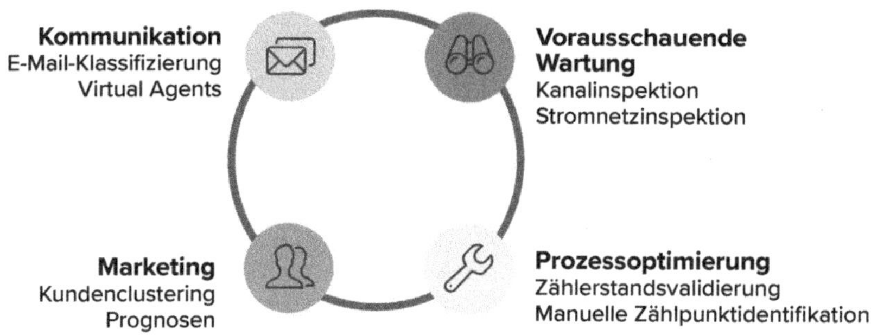

Abbildung 1: Einsatzmöglichkeiten von KI

- *Prozessoptimierung:* Dieser Bereich steht bei den meisten unserer Kunden derzeit im Fokus. Durch zahlreiche Parallelprojekte sind die Mitarbeitenden in den Fachbereichen oft überlastet, neue Kolleg:innen zu finden fällt in Zeiten des Fachkräftemangels nicht immer leicht. Aus diesem Grund sind Anwendungsfälle zur Prozessoptimierung wichtig, um Freiräume für andere Projekte zu schaffen. Im Folgenden wird einer unserer am häufigsten eingesetzten Anwendungsfälle näher beschrieben.

Deep Dive: Use-Case Zählerstandsvalidierung

Ein exzellentes Beispiel für Prozessoptimierung mithilfe von KI ist die sogenannte Zählerstandsvalidierung. Melden Kunden Zählerstände an den Energieversorger, werden diese vom ERP-System automatisiert geprüft. Bei Ablesefehlern oder Unregelmäßigkeiten müssen die Stände von Mitarbeiter:innen manuell geprüft werden. Da durchschnittlich ca. 70 Prozent der Unregelmäßigkeiten nach Prüfung freigegeben werden können, gibt es hohes Potenzial für eine Automatisierung. Wir haben die manuelle Prüfung durch ein Machine-Learning-Modell ersetzt, das auf Basis historischer Daten trainiert wird. Nach Produktivsetzung gelangen nur noch tatsächliche Fehler zur Sachbearbeitung und die Abteilung wird wesentlich entlastet. Dieser Anwendungsfall eignet sich auch für Kunden, die erste Erfahrungen mit KI sammeln wollen:

- Der Projektumfang ist gut abgrenzbar und eine Produktivsetzung kann innerhalb von nur drei Monaten erfolgen. Die Mitarbeitenden werden damit unmittelbar entlastet.
- Der Prozess ist gut erklärbar und eignet sich sehr gut, um Stakeholder bezüglich Vorgehensweise und Besonderheiten in KI-Projekten zu schulen.
- Die Daten sind in der Regel bereits im ERP-System gespeichert und können unmittelbar genutzt werden.
- Schließt der Kunde die Nutzung von Cloud-Technologien aus, kann der Anwendungsfall auch on premise durchgeführt werden.

(3) Projektdurchführung

Ein wesentlicher Erfolgsfaktor unserer Projekte ist der zu Projektbeginn durchgeführte sogenannte JumpStart-Workshop. Bei diesem Workshop wird ein Proof of Concept (PoC) erarbeitet, ein Business Case erstellt und vor allem werden die Stakeholder abgeholt und in den Mittelpunkt gestellt – und das innerhalb einer einzigen Woche. Alle vom Projekt betroffenen Mitarbeitenden werden angesprochen und eingebunden:

- die IT bei der Definition der Datenquellen und für die Erstellung und produktive Einbindung des Modells,
- die Mitarbeitenden aus der Fachabteilung für die Definition der Daten und die Nutzung des Modells im Prozessablauf,
- der Betriebsrat, um Auswirkungen auf das Arbeitsumfeld der Mitarbeitenden zu besprechen,
- die Datenschützer bei der Diskussion bezüglich der Sensibilität genutzter Daten,
- das Management zur Sicherstellung eines entsprechenden Commitments, um das Projekt auch produktiv umsetzen zu können.

Durch die Integration aller Stakeholder wird nicht nur sichergestellt, dass alle wesentlichen Informationen in die Modellierung einfließen und eine hohe Modellqualität erreicht wird. Noch wichtiger ist es, mögliche Bedenken und Zweifel zu adressieren, offen zu diskutieren und das Commitment aller Beteiligten zu gewinnen. Durch diese Vorgehensweise haben wir erreicht, dass die Modelle zu mehr als 95 Prozent tatsächlich produktiv genutzt und nicht nach einem PoC zu den Akten gelegt werden. Auf Basis des neu erworbenen Wissens konnten involvierte Mitarbeitende zudem weitere mögliche Anwendungsfälle besser einschätzen und in der Umsetzung unterstützen. Vor allem bei neuen Technologien wie Künstlicher Intelligenz, denen manche Mitarbeitende skeptisch gegenüberstehen, ist es wichtig, die Stakeholder von Anfang an in den Prozess einzubeziehen. Die weiteren Phasen wie Modelloptimierung und Deployment unterscheiden sich nach Schaffung der Grundlagen zu Projektbeginn nicht wesentlich von anderen IT-Projekten.

Lessons Learned

Aus unserer Perspektive sind folgende Punkte ausschlaggebend für Erfolg und Misserfolg Ihres KI-Projektes:

- Einbindung der Stakeholder: Anstatt Mitarbeitende mit vollendeten Tatsachen zu konfrontieren, sollten Schulungs- und Change-Management-Aspekte in den Projekten berücksichtigt werden. Nur so sind eine konstruktive Mitarbeit, ein gutes Ergebnis und die Motivation sicherzustellen, weitere Anwendungsfälle zu identifizieren.

- Gezielte Auswahl der Use-Cases: Die Auswahl sollte nicht abhängig davon sein, welcher Anwendungsfall am besten klingt, sondern nach klaren Kriterien erfolgen. Insbesondere bei den ersten Projekten ist es wichtig, schnelle Erfolge zu erzielen und ein realistisches Erwartungsmanagement zu betreiben.
- Schaffung der (technologischen) Voraussetzungen: Während zu Beginn unserer Projekte viele Unternehmen Cloud-Diensten skeptisch gegenüberstanden, hat sich diese Haltung in den meisten Unternehmen mittlerweile verändert. Zwar ist Cloud-Nutzung für KI-Projekte nicht immer zwingend notwendig, macht die Durchführung aber in der Regel einfacher und wirtschaftlicher. Auch die Analyse der Datenqualität muss in Unternehmen zukünftig stärker im Fokus stehen.

KOMMENTAR

Florian Haggenmiller, Leiter der ver.di Bundesfachgruppe Informations- und Kommunikationstechnologie (IKT)

FLORIAN HAGGENMILLER

Häufig verbinden Beschäftigte Digitalisierung und damit den Einsatz von KI mit Ängsten, etwa davor, den eigenen Arbeitsplatz zu verlieren, den neuen Anforderungen nicht mehr gerecht zu werden oder der Technik ausgeliefert zu sein. Dies führt häufig zu einer schlechteren Arbeitsqualität und – wie wir aus Erfahrung wissen – zu innerer Kündigung.

Vor allem KI kann aber zu besseren Perspektiven und mehr Freiheiten der Beschäftigten in der Arbeit führen, so wie sich das ENERGY4U zunutze gemacht hat. Die Voraussetzungen dafür sind Möglichkeiten zur Beteiligung an der Gestaltung der Prozesse – zur Beteiligung der Beschäftigten an ihren Arbeitsplätzen, zur Beteiligung von Betriebs- und Personalräten und auch der Gewerkschaften, wie das im JumpStart-Workshop gelungen ist. Dies ist nur erfolgreich bei konsequenter Einbindung der Mitarbeitenden von Projektbeginn an. Die dadurch erzielte Transparenz und die Möglichkeiten der Beschäftigten, auf die KI-Anwendung im Arbeitsleben Einfluss zu nehmen, führen zu mehr Akzeptanz und Engagement der Beschäftigten bei ENERGY4U. Wenn Sachbearbeiter:innen z. B. wegen der Vorselektion von Kundenanliegen mittels KI oder der Übernahme von Standardaufgaben durch KI mehr Zeit für qualitativ hochwertige Kundenbetreuung gewinnen, ist das ein sehr gutes Beispiel, wie KI Beschäftigte sinnvoll unterstützt und Kund:innen zufriedener macht. So kann der technische Fortschritt zur nachhaltigen Weiterentwicklung der Arbeitswelt beitragen und zudem der Gesellschaft dienen.

3. HUMAN FRIENDLY AUTOMATION: PROZESSDESIGN FÜR DIE IMPLEMENTIERUNG VON KI-BASIERTEN AUTOMATISIERUNGS-TECHNOLOGIEN

Lars Schatilow, Initiator von Human Friendly Automation und Associate Partner bei der IBM Deutschland GmbH,
Sophia Greulich, Beraterin für Change-Management bei KI-Implementierungen, IBM Deutschland GmbH

SOPHIA GREULICH, LARS SCHATILOW

Foto: Gene Glover

HFA ist nicht nur ein Werte- und Prinzipienfundament. HFA ist auch ein Design für den Implementierungsprozess von KI, der von Organisationen zunehmend zum neuen Standard erklärt wird. Damit verbunden ist eine grundlegende Erneuerung des vorherrschenden Technologie-Akzeptanz-Modells – ein Paradigmenwechsel. Worum es dabei geht und wie das in der Praxis funktioniert, lässt sich in diesem Beitrag nachvollziehen. Auf diese Weise kann einem Scheitern auch gut gemeinter Automatisierungsversuche vorgebeugt werden, wie es die hier erzählte

Geschichte der Erika W. anschaulich zeigt. Wo Mensch und Technik auf einer Ebene stehen und stets gemeinsam betrachtet werden, kann eine Win-win-Situation geschaffen werden.

Einleitung: die Geschichte der Erika W.

In diesem Artikel erfahren Sie, warum es ein neues Prozessdesign für die Implementierung von intelligenten Automatisierungstechnologien braucht. Um den Bedarf dafür zu verdeutlichen, stellen wir zunächst ein Beispiel aus der Praxis vor:

Die Service-Center-Mitarbeiterin einer großen Krankenkasse, Erika W., beantwortet täglich zahlreiche E-Mails, Chats und telefonische Anfragen von Kundinnen und Kunden. Die Arbeitslast ist sehr hoch, die verschiedenen Aufgaben ermüdend und der immer noch fast unüberwindbare Arbeitsberg am Ende des Tages frustrierend.

Dann endlich kommt die große Ankündigung: Das Management möchte eine Entlastung durch Automatisierung der E-Mail-Beantwortungen erzielen, und dabei soll sogar Künstliche Intelligenz zum Einsatz kommen. Die Mitarbeiterin freut sich zunächst auf das Projekt. Prozessdesigner dokumentieren Erikas Arbeitsschritte, um sie an „Kollege Bot" übergeben zu können. Fast 50 Prozent ihrer täglichen Arbeit macht die Beantwortung der E-Mails aus. Erika erhält Schulungen, wie sie die KI trainiert. Sie denkt darüber nach, was sie in der gewonnenen Zeit Kreatives machen könnte, wozu sie sonst nie gekommen ist. Sie kennt ja KI und Automatisierung von ihrem Staubsaugroboter zu Hause. Dem schaut sie gerne zu, telefoniert in der Zeit mit Verwandten oder liest ein Buch auf der Couch.

In den ersten sechs Monaten hilft sie dem Roboter, die Mails korrekt zu beantworten. Sie freut sich, dass er immer besser wird. Ihre Transformationsaufgabe als Bot-Trainerin wird immer weniger gebraucht.

Eines Tages ruft ihr Chef an und bittet sie, ihren Fokus auf die Durchführung weiterer Telefongespräche mit Kunden zu legen. Sie habe durch die Automatisierung fast 50 Prozent mehr Zeit für die Bearbeitung der komplexen Fälle gewonnen. Erika ist frustriert. Die Telefonate waren immer sehr anstrengend. Die Beantwortung der E-Mails war für sie eine Gelegenheit zum Durchatmen. Sie hat den Eindruck, dass es dem Management nur darum ging, dass sie mehr von dem erledigen soll, was unangenehm ist. Das, was sie entspannt, muss sie an ihren „digitalen Kollegen" abgeben. Erika fällt immer öfter aus. Kolleginnen und Kollegen müssen ihre Arbeit mitmachen. Nach ein paar Monaten entscheidet sich Erika, das Unternehmen zu verlassen. Es sei nicht mehr „ihre Arbeit".

Das hier skizzierte Szenario beschreibt eine Erweiterung der Fähigkeiten durch intelligente Automatisierungstechnologien. Ein anderes Szenario wäre die vollständige Ersetzung von Tätigkeiten, sodass die Mitarbeitenden genötigt sind, sich beruflich (innerhalb oder außerhalb der Organisation) neu zu erfinden. Wir haben bewusst ein Fähigkeiten erweiterndes Beispiel gewählt, denn diese Art von KI-Nutzung ist gewöhnlich das vorherrschende Argument, wenn digitale Automatisierung und eine Entlastung der Beschäftigten angekündigt werden. Doch gerade hier wird deutlich: Selbst wenn der Automatisierungsgrad im gesamten Arbeitsalltag der betroffenen Mitarbeitenden nur mittelmäßig ist, ist die Auswirkung auf ihre berufliche Identifikation enorm.

Es ist in der Regel natürlich nicht die Absicht der Projektsponsoren, die Zufriedenheit der Beschäftigten zu beeinträchtigen und dadurch zudem, wie in diesem Beispiel, erhebliche Folgekosten im Personalmanagement zu generieren. Es herrscht eher Unwissenheit in der gesamten Organisation darüber, wie KI und die Automatisierung von Geschäftsprozessen auf individueller Ebene wirken und welche Effekte auf Arbeit sogar auch bei jenen Anspruchsgruppen entstehen, die gar nicht zur direkten Zielgruppe der geplanten Veränderung gehören (beispielsweise externe Übersetzungsbüros bei Einführung von KI-gestützter Übersetzungssoftware in einem Unternehmen).

Projekte der intelligenten Automatisierung werden in der Regel bislang wie klassische IT-Projekte behandelt: Der Fokus liegt auf der technologischen Umsetzung und dem Heben von Effizienzen. Die Frage nach der Organisation der menschlichen Arbeit kommt nicht ausreichend vor – auch nicht in dem noch immer vorherrschenden Modell für die Adaption von IT, das dem digitalen Change-Management weltweit zugrunde liegt. Wir gehen in unserem Beitrag nachfolgend hierauf detailliert ein und präsentieren Human Friendly Automation als ein neues Vorgehensmodell, das den Bedürfnissen der Menschen und der qualitativen Personalplanung bereits während der technischen Einführung ausreichend Relevanz schafft.

Situation: Veränderungsmanagement bei IT-Implementierungen

Die Einführung einer IT-basierten Innovation hat stets mit Veränderungen für Menschen zu tun. Als Verantwortliche für Digital Change ist es unsere Aufgabe, diese Veränderungen für eine Vielzahl von Software-Varianten und Implementierungen bei Kunden im nationalen oder globalen Kontext zu organisieren.

In der Regel sind das sehr große IT-Projekte, an denen eine Vielzahl von Beteiligten mitwirkt und in denen es Tausende von Beschäftigten und Kunden gibt, die von den Veränderungen in ihrer täglichen Arbeit betroffen sein werden.

Die Ausschreibungen für diese Vorhaben definieren für das Change-Management vor allem die Aufgabe, sich um die schnelle und nachhaltige Nutzung der technischen Innovationen durch die identifizierten Nutzergruppen zu kümmern. Um dies sicherzustellen, müssen wir primär zwei Dinge tun:

- durch Kommunikationsmaßnahmen die Veränderungen für die jeweilige Zielgruppe sinnvoll vermitteln und Unterstützung erreichen;
- die rasche und wirksame Befähigung der unterschiedlichen Ziel- und Nutzergruppen in Bezug auf die Anwendung der Technologie sicherstellen.

Das heute noch dominierende Change-Management für IT-Projekte (kurz Digital Change) erzeugt insbesondere für die Einführung von KI und Geschäftsprozess-Automatisierungstechnologien eine Hemmschwelle. Darauf gehen wir im Rahmen dieses Beitrages noch näher ein. Doch zunächst widmen wir uns der Frage: Was ist der Grund für das vorherrschende Verständnis von Digital Change, das sich in der Regel ausschließlich auf die schnelle Implementierung und nachhaltige Nutzung einer Software-Innovation konzentriert und die Veränderungen für die Kontaktpersonen vernachlässigt?

Das vorherrschende Paradigma: Davis' Technologie-Akzeptanz-Modell (TAM)

Das Digital Change-Management erfolgt seit Jahrzehnten weltweit nach einem bestimmten Paradigma, dem Technologie-Akzeptanz-Modell (TAM). Fred D. Davis hat es 1985 in seiner Doktorarbeit am MIT (A technology acceptance model for empirically testing new end-user information systems: theory and results) entwickelt und 1989 veröffentlicht.

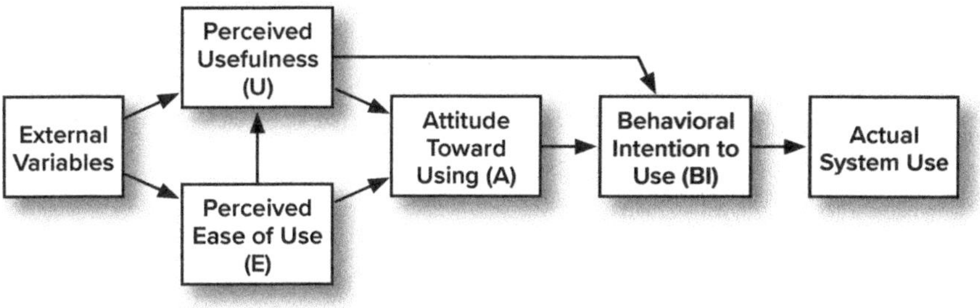

Abbildung 1: Aufbau des Technology Acceptance Model. Quelle: Nippie: Aufbau des Technology Acceptance Model, CC BY 3.0, https://commons.wikimedia.org/w/index.php?curid=14457270

Das TAM trifft Annahmen darüber, weshalb eine Person eine Technologie nutzt oder nicht nutzt. Es bildet die Basis für die Maßnahmen des Change-Managements entlang von IT-Implementierungen: Die Nützlichkeit der Technologie sollen Anwender erkennen und ihre störungsfreie Nutzung soll dauerhaft sichergestellt sein. Doch dann geht es wieder um die beiden Kernaufgaben, die Kunden mit Change-Management für IT-Projekte verbinden: aktivierende und informierende Kommunikation für potenzielle Nutzer sowie Nutzer-Trainings. Beide Leistungen kreisen stets eng um die zu implementierende Software. Fragen nach den Auswirkungen auf Teamstrukturen, Gesundheit, berufliche Identifikation, auf Jobrollen sowie Verantwortlichkeiten oder die Erfordernis von Jobtransfers bleiben ausgeklammert. Der Mensch ist in dem noch immer vorherrschenden Digital-Change-Paradigma nur Mittel zum Zweck – der Sicherstellung einer störungsfreien

Anwendung der Software. Was mit dem Menschen passiert, kann das TAM nicht beschreiben.

Dies ist, basierend auf unseren Erfahrungen, in der Ära von KI und digitaler Automatisierung eine Schwäche, die sich innerhalb von ein paar Geschäftsjahren zum Nachteil des Unternehmens auswachsen kann. Das TAM bedarf der Erweiterung.

Neues Prozessdesign für die Implementierung erforderlich

Genau an diesem Punkt setzt das Prozessdesign HFA an. Wir erweitern (nicht ersetzen!) das TAM. Dabei heben wir die Trennung des Projekts in

Human Friendly Automation Adoption Model (HFAAM)

How Human Friendly Automation (HFA) is complementing Davis' Technology Acceptance Model (TAM) to address the needs of employees as they adopt AI & automation

by Lars Schatilow, Dr. phil. 2023

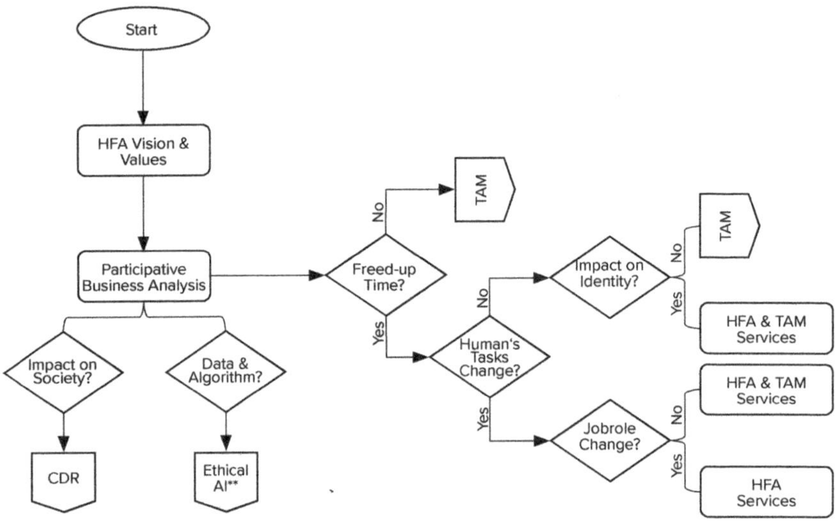

* CDR = Corporate Digital Responsibility follows an HFA related process flow.

** Ehtical & Trustworthy AI = Focus on Data Management, algorithm transparency & ethics follows an HFA related but own process flow.

Abbildung 2: Human Friendly Adoption Flow – ein Überblick von Lars Schatilow

einen technischen und einen Veränderungsmanagement-Strang auf, zwei Stränge, die klassischerweise oft isoliert voneinander betrachtet werden. Technik und Arbeit gehören von Beginn an zusammen.

HFA umfasst das gesamte (IT-)Prozessdesign, da es die Frage nach dem Menschen und dessen Arbeit kontinuierlich, integriert und konsequent berücksichtigt. HFA setzt auch eine interdisziplinäre Projekt-Governance voraus und kann als neuer Prozessstandard für alle KI-Vorhaben einer Organisation genutzt werden.

Auf diese Weise wird sichergestellt, dass von Anfang an mitgedacht wird, welche Auswirkungen die digitale Automatisierung auf die Kollegen und Kolleginnen, ihre Berufsidentität und ihre Arbeitsschritte, aber auch die von anderen hat. So wird frühzeitig erkennbar, welche Maßnahmen ergriffen werden müssen, um eine erfüllende und wohlstandssichernde Weiterentwicklung für diese Menschen zu ermöglichen, um die Zeit zur Wertschöpfung (time to perform) erfolgreich zu verkürzen.

Die Vorgehensweise besteht aus verschiedenen aufeinanderfolgenden Phasen, von denen sich bereits die erste maßgeblich von der üblichen Vorgehensweise in einem IT-Projekt unterscheidet.

Wir alle kennen sogenannte Missions- und Visionsworkshops zu Beginn von großen Transformationsprojekten: Wo wollen wir eigentlich hin? Welche Ziele (vor allem monetäre) wollen wir erreichen? Was sich bei einer Transformation mit den Ansätzen von Human Friendly Automation unterscheidet, ist, dass zu Beginn eines Projektes nicht nur eine Vision, sondern vor allem eine gemeinsame Wertebasis zwischen allen Projektbeteiligten festgelegt wird, zu deren Einhaltung sich alle verpflichten. Die Grundlage bildet die vom HFA-Expertennetzwerk erarbeitete Werte-Charta.

Diese Wertebasis ist speziell auf KI-basierte Automatisierungsprojekte ausgelegt. Nach unseren Erfahrungen aus bisherigen Projekten ist das Wichtigste, was die Charta leistet, nachhaltige Sensibilität und ein aktiver Dialog zwischen allen Projektbeteiligten, seien es Entwickler:innen, HR-Beschäftigte, Sponsoren oder Betriebsräte. In diesem Dialog geht es um die Auswirkungen digitaler Automatisierung auf Mitarbeitende, um diese empathisch zu verstehen und dadurch das gesamte Technologieprojekt kontinuierlich und gemeinsam human friendly zu gestalten. Wir haben erlebt, dass das Wohl und die Zukunft der menschlichen Kolleg:innen ein Ansporn für die Projektbeteiligten der technischen Seite ist. Grundsätzlich empfehlen wir als Startpunkt für den Wertedialog basierend auf der HFA-Charta die Gremien des Aufsichtsrats und der Geschäftsführung.

Nach der Festlegung der Werte werden in einem HFA-konformen Automatisierungsprojekt die nächsten Schritte und Maßnahmen anhand einer speziell entwickelten Reifegradanalyse festgelegt. Die Analyse, die verschiedene Dimensionen umfasst, legt offen, wie fortgeschritten die Organisation im Bereich menschenzentrierter Automatisierung ist. Gibt es beispielsweise ein Konzept zur Governance von Automatisierungslösungen? Inwieweit werden bereits die Personalabteilung und der Betriebsrat in solche Projekte eingebunden? Hatten die Mitarbeitenden die Möglichkeit, sich über ihre weitere berufliche Identität Gedanken zu machen? Ist den Mitarbeitenden bekannt, welche Weiterentwicklungs- oder Umschulungsmöglichkeiten ihnen ihre Organisation bietet? Sind Führungskräfte in der Lage, den Wandel für ihre Teams zu gestalten?

Basierend auf den Ergebnissen der Analyse können dann die Maßnahmen abgeleitet werden, die für die Organisation die größten Mehrwerte liefern.

Den Kern der HFA-konformen Vorgehensweise bildet das HFA Impact Assessment, das parallel zur Prozessanalyse durchgeführt wird. Hierauf gehen wir im nächsten Abschnitt anhand von Erikas Beispiel detaillierter ein.

Um einen Gesamtüberblick über die Vorgehensweise zu schaffen, fehlen jedoch noch die letzten Schritte nach dem Impact Assessment: Es muss eine klare Zukunft für die betroffenen Mitarbeitenden skizziert werden. Diese Zukunft muss realistisch und nachhaltig sein – und transparent an die Kolleg:innen kommuniziert werden. Floskeln wie „Die Mitarbeitenden haben dann Zeit für spannendere und wertstiftendere Aufgaben“ sollen aus dem Wortschatz eines HFA-konformen Projektes verbannt werden – vor allem wenn weder klar ist, welche Aufgaben das sein sollen, noch, ob sie zur Arbeitsidentität der Mitarbeitenden und ihren Kompetenzen passen.

Die hier diskutierten Fragen in Bezug auf die Zukunft der Menschen infolge der digitalen Automatisierung werden wir in den letzten Phasen eines HFA-konformen Projekts beantworten. Die Bestimmung eines Target-Operating-Modells inklusive der Aufgabengebiete und deren Aufteilung sowie des Einbezugs von „Kollege Roboter" wird gemeinsam mit den Teams erarbeitet und umgesetzt. Die Mitarbeitenden dürfen ihren zukünftigen Arbeitsalltag mitgestalten und identifizieren sich so viel mehr mit ihrem zukünftigen Aufgabengebiet. Mögliche Lücken hin zu ihren neuen Aufgaben werden dadurch geschlossen, dass die Aus- und Weiterbildungsprogramme der Organisation und mögliche Zugangshemmnisse genau analysiert werden. Diese werden derartig ausgestaltet, dass Mitarbeitende sie nutzen können und wollen, um sich für ihre neue Aufgabe „bereit" zu machen. Jobtransfer-Coaching rundet die Leistungen im HFA-Prozessdesign ab. Das alles erfolgt während des laufenden IT-Projektes und nicht erst im Nachgang.

Nachhaltige Automatisierung, die sowohl Effizienzen als auch Chancen für Organisation und Mensch schafft, kann nur erfolgreich sein, wenn in Zukunft Mensch und Technologie auf einer Ebene stehen und stets gemeinsam betrachtet werden. Der HFA-Implementierungsprozess ist bisher einzigartig und stellt das nachweislich sicher. Ein Vorteil, der im Rahmen von Good-Governance- und ESG-Standards besonders relevant wird.

Einblick in HFA-Methoden: neue Tools für neue Anforderungen

Das Prozessdesign HFA besteht aus einem Set von neuen Methoden (Tools), um passgenaue Leistungen in Bezug auf das Veränderungsmanagement für KI und digitale Automatisierungsprojekte erbringen zu können. Dazu gehört an prominenter Stelle das Automation Impact Assessment inklusive der Identity Matrix.

Hierfür kehren wir zu Erika W. zurück. Wir gehen allerdings dieses Mal von dem Szenario aus, dass das digitale Automatisierungsprojekt, das die Arbeitsrealität von Erika W. verändert, human friendly durchgeführt wird. Ziemlich am Anfang nach dem Projektstart steht das Automation Impact Assessment an. Gemeinsam mit ein paar Kolleginnen und Kollegen wird

Erika zu einem Workshop eingeladen. Sie freut sich auf den Workshop, da sie über das Projekt gut informiert wurde.

In dem Workshop wird Erika zunächst gebeten, ihren aktuellen Arbeitsablauf zu skizzieren: Sie telefoniert einen überproportionalen Anteil des Tages, hat jedoch auch immer ein paar Stunden Zeit, um E-Mails zu beantworten. E-Mails beantworten ist oft mühsam, sie muss Daten aus verschiedenen Tools zusammenkopieren, Akten anlegen, Mails weiterleiten. Das Mail-Schreiben selbst entspannt sie jedoch auch, denn dadurch muss sie nicht den ganzen Tag lang am Telefon sprechen. Außerdem hat sie sich über die Jahre einen Kommunikationsstil per Mail angeeignet, auf den sie stolz ist: ein sehr professioneller Ton, viele gut klingende Floskeln – und sie ist sehr gut darin geworden, den Inhalt einer Mail sofort zu erfassen und schnell die Antwort zu entwerfen.

Im Workshop wird sie genau danach gefragt: „Welche Aufgaben deines Arbeitsalltages machen dir Spaß?", „Wo siehst du überflüssige Tätigkeiten, für die es eine Automatisierung bräuchte?", „Was hat es für Konsequenzen für dich, wenn du Teile deiner Arbeit an ‚Kollege Roboter' übergibst – wie beispielsweise das Schreiben der Mails?"

Erika fühlt sich vielleicht nicht als reine „Callcenter-Mitarbeiterin" und möchte nicht auf die Telefonate reduziert werden. Um Frustration und eine Abwehrhaltung zu vermeiden, müssen neue Aufgabenbereiche geschaffen werden, mit denen sich Erika identifiziert. Kann Erika vielleicht einen Teil ihrer Zeit für eine andere Abteilung Aufgaben am PC erledigen? Welche Fähigkeiten hat sie bereits, was müsste sie lernen, um das zu tun?

Die Jobidentität, die mittels der HFA Identity Matrix analysiert wird, umfasst aber noch weitere Aspekte neben den eigentlichen Arbeitsschritten. Das Thema Beziehungen am Arbeitsplatz spielt eine maßgebliche Rolle für die psychische Gesundheit von Mitarbeitenden: Vielleicht war das Beantworten von Mails die einzige Gelegenheit, während der Erika mit ihren Kollegen soziale Interaktion hatte, beispielsweise um gemeinsam komplizierte Fälle anzugehen. Erika ist ein sehr teamorientierter Mensch, und wenn man ihr die Beziehung mit Kolleginnen und Kollegen wegnimmt, zerstört man gleichzeitig einen großen Teil ihrer Arbeitsidentität. Das ist eine Beobachtung, die uns oft mitgeteilt wird – und von den Beschäftigten hören wir dann stets einen Wunsch: den Erhalt der Mensch-Mensch-Interaktion.

Dem können wir mit dem Einsatz des HFA Impact Assessment sowie der Identity Matrix Rechnung tragen, in dem wir früh die Mitarbeitenden einbeziehen, in ihre Rolle schlüpfen und ein echtes Verständnis für ihre Bedürfnisse entwickeln. Das daraus entstehende Wissen stellen wir im weiteren HFA-Prozess nicht nur Ansprechpartner:innen in HR, sondern auch technischen Entwickler:innen vor, um im technischen Design ebenfalls Anpassungen an die Bedarfe von „Kollege Mensch" vornehmen zu können.

Fazit

Als wir vor drei Jahren anfingen, das Prozessdesign für HFA zu definieren, war das Bewusstsein für die Bedarfe einer Erika W. nicht vorhanden. Ausschreibungen beschränkten sich oftmals auf Ziele der Personalkostensenkung. IT-Anbieter beschränkten sich mit ihren Prozessanalysen auf das Aufzeigen von Einsparpotenzialen. Diese Zeiten sind spätestens seit dem öffentlichen Bewusstsein um die Wirkung von generativen KI-Modellen (wie ChatGPT) vorbei. Am 2. Mai 2023 fand der erste Streik von Kreativen statt: Die Drehbuchautor:innen in Hollywood fürchten, dass die KI künftig ihre Arbeit maßgeblich erledigt und für sie nur ein gering vergütetes „Controller-Dasein" übrig bleibt. Doch auch das Ziel vieler Unternehmen, den Fachkräftemangel durch digitale Automatisierung zu beantworten, gelingt nicht mit einem Technologie-Akzeptanz-Modell, das für die Ära der Bots, Avatare und KI nie ausgelegt war.

Mit HFA haben wir nicht nur das Wertefundament für eine ganze Epoche gelegt, sondern mit dem neuen HFA-Prozessdesign auch einen Weg beschrieben, wie man den klassischen IT-Prozess zum Wohl der Beschäftigten und der Gesellschaft sowie zur Sicherstellung von Produktivität neu erfinden kann.

Das Vorgehen findet sowohl im öffentlichen Sektor als auch in der Privatwirtschaft Anwendung. Rückmeldungen belegen den Erfolg: Mehr Zustimmung. Mehr Sinnstiftung für Projektteams. Mehr Zuversicht: „Endlich nimmt sich jemand unserer Zukunft an."

Wir sind überzeugt, dass HFA der richtige Ansatz ist, um KI und Automatisierung in einem noch nie dagewesenen Maße skalieren zu können, da die Menschen von Beginn an wissen: „Ich habe einen persönlichen, nachhaltigen Vorteil durch intelligente Automatisierung bekommen."

KOMMENTAR

Sarah Schmidt, Systemische Change-Managerin und Gründungsmitglied HFA

SARAH SCHMIDT

Nur ca. 20 Prozent aller IT-Projekte werden nachhaltig erfolgreich implementiert. Viele Prozesse vergessen schlichtweg den Faktor Mensch und Einsparungen und Effizienzen schrumpfen zusehends, wenn diese Prozesse auf die Realität treffen. Daher ist für eine nachhaltige Implementierung ein früher offener Dialog in einem vertrauensbasierten Umfeld von maßgebender Bedeutung. Ängste, bisherige Erfahrungen, Ideen verdienen am Anfang des Projekts Raum und Zeit, um gehört und verstanden zu werden. Dabei spielt es eine große Rolle, dass der Blick über die einzelne Abteilung hinausgeht. Hier bietet das HFA-Prozessdesign die Basis dafür, während des gesamten Projekts Mensch und Technologie gemeinsam auf einer Ebene zu behandeln. Aufkommende Fragen können so umfassend beantwortet werden, blinde Flecken reduzieren sich, Einsparungen und Effizienzen bleiben hoch.

Auf den ersten Blick scheint das HFA-Prozessdesign komplizierter, kosten- und zeitaufwendiger, und ja, dem ist so. Bei genauerer Betrachtung wird aber klar: Die Fragen, Irritationen und Zustände der Mitarbeitenden werden, wenn sie nicht am Anfang Zeit und Raum im Projekt erhalten haben, außerhalb des Projektrahmens, und dann gefärbt und zeitverzögert, an die Oberfläche kommen. Der Aufwand an Geld und Zeit erhöht sich dann um ein Mehrfaches.

Technologien werden wie in jeder Wirtschaftsrevolution neue Berufe, sogar ganz neue Sparten hervorbringen. Jeder und jede von uns, egal welcher Bereich oder welches Level, muss sich mit seiner Berufsidentität früher oder später beschäftigen. Doch bis dahin sollten wir das, was uns alle eint, respektieren und schätzen – Menschlichkeit. Das HFA-Prozessdesign zeigt einen möglichen Weg auf, wie die Menschen als diejenigen zur Geltung kommen können, die durch Innovation, Resilienz und Ideenreichtum die eigene Organisation langfristig wettbewerbsfähig halten.

4. KI IM IT-SUPPORT – WIE MIT LOW-CODE-PLATTFORMEN BESCHÄFTIGTE ZU GESTALTER:INNEN DER AUTOMATISIERUNG WERDEN

Christoph Peters, Professur für Wirtschaftsinformatik, insb. Intelligente Informationssysteme und -prozesse, Universität Leipzig; Assistenzprofessor, Universität St. Gallen, Institut für Wirtschaftsinformatik,
Felix Reichert, Geschäftsführender Gesellschafter, Starke + Reichert GmbH & Co. KG,
Berit Gläsel, Business-Analystin, Starke + Reichert GmbH & Co. KG

CHRISTOPH PETERS, FELIX REICHERT, BERIT GLÄSEL

In kleinen und mittleren Unternehmen sind die Ressourcen oft knapp und größere Investitionen kaum möglich. Die Starke + Reichert GmbH & Co. KG, ein Pionier bei Dokumentenmanagement-Systemen, hat einen Weg gezeigt, wie man auch in dieser Situation mit den Problemen der Überlastung des IT-Supports und des gleichzeitigen Fachkräftemangels umgehen kann. Das geschieht entlang der Werte und Prinzipien der Human Friendly

Automation: Gemeinsam mit den Beschäftigten erkunden Werkstudierende, wie durch den Einsatz von KI im IT-Support die Dienstleistungsqualität für die Anwender:innen und zugleich die Arbeitsqualität für die Beschäftigten gesteigert werden kann. So wird „von unten" ein Chatbot entwickelt – mithilfe von Low-Code-Plattformen, sodass Vorkenntnisse im Programmieren nicht nötig sind. Das Ergebnis: Die Beschäftigten werden entlastet, die Kundenzufriedenheit wird gesteigert.

Problemkonstellation im IT-Support

Der heutige IT-Support hat an vielen Stellen mit großen Herausforderungen zu tun. Zum einen herrscht ein Mangel an Fachkräften, der in Verbindung mit einer hohen Fluktuation von Mitarbeitenden steht. Dies führt zu Herausforderungen bei der Besetzung von Support-Teams, da es schwierig ist, qualifiziertes Personal zu finden und langfristig zu binden. Zum anderen nimmt die Anzahl der Support-Anfragen aufgrund der fortschreitenden Digitalisierung und der damit einhergehenden steigenden Anzahl an IT-Systemen kontinuierlich zu. Die wachsende Komplexität und Vielfalt der Systeme erfordert spezifisches Fachwissen und Erfahrung, die durch die begrenzte Verfügbarkeit von qualifizierten Support-Mitarbeitenden zunehmend belastet werden. Die hohe Fluktuation führt zudem zu einem Verlust an Know-how und erschwert die Einarbeitung neuer Mitarbeitender. Es entsteht ein Spannungsfeld zwischen der Erbringung einer qualitativ hochwertigen Support-Qualität und der Bewältigung der wachsenden Arbeitslast. Es besteht dringender Handlungsbedarf, um den IT-Support effizienter zu gestalten und die Belastung der Mitarbeitenden zu reduzieren, um langfristig einen reibungslosen Support sicherzustellen.

Diese allgemeine Situationsbeschreibung trifft in ganz spezifischer Form auch für die Starke + Reichert GmbH & Co. KG zu. Als Softwarehersteller für das Starke-DMS®, ein modulbasiertes Dokumentenmanagement-System, mit dem Unternehmen ihre Arbeitsprozesse digital abbilden können, entsteht eine zusätzliche Herausforderung. Das Produkt selbst ist komplex und kann durch seinen modulbasierten Charakter und die entsprechende Individualisierbarkeit passgenau auf die Bedürfnisse der Kund:innen zugeschnitten werden, was aber wiederum die Komplexität hinsichtlich der Anfragen an den IT-Support erhöht. Das gilt für alle Ebenen des IT-Supports, also First-, Second- und Third-Level Support.

Auch spielt die Vielfalt der Kommunikationskanäle eine entscheidende Rolle. Support-Anfragen können per Mail, Telefon oder über ein Online-Formular eingereicht werden und müssen dann durch den First-Level Support oft händisch im Ticketsystem angelegt werden. Da auch Starke + Reichert zusätzlich noch den Mangel an Fachkräften zu bewältigen hat, wirkt sich diese Ressourcenknappheit nicht unerheblich auf den zeitlichen Faktor der Ticketbearbeitung aus, insbesondere wenn relevante Informationen zur Bearbeitung fehlen. Die Aufgabe des First-Level Support (Hotline) besteht darin, einfache und repetitive Anfragen direkt zu lösen, gleichzeitig die Support-Anfragen aller Kommunikationskanäle zu orchestrieren, fehlende Informationen zu beschaffen und aufwendige Anfragen auf die anderen Support-Level zu verteilen. Da das Starke-DMS® mit jeder neuen Version an Komplexität gewinnt, wäre auch zukünftig ein stetiger Anstieg dieser Belastungssituation zu erwarten. Ein Weiter so ist also keine Option. Der Veränderungsdruck ist real, eine tatsächliche Veränderung kein Nice-to-have, sondern notwendig, um bei steigender Komplexität und Menge an Support-Anfragen menschzentriert Support in hoher Qualität liefern zu können.

Das Ziel ist es daher, die Potenziale von künstlicher Intelligenz (KI) und entsprechender Automatisierung zu heben. Dabei geht es insbesondere darum, dies gemeinsam mit den Beschäftigten zu explorieren, um die Situation im IT-Support insgesamt zu verbessern.

Die Entwicklung des Chatbots

Eine KI-basierte Lösung der Herausforderungen, die gleichzeitig menschzentriert ist und die Mitarbeitenden im IT-Support systematisch von Anfang an miteinbezieht, um KI-Potenziale zu heben, ist unstrittig ein erstrebenswertes Ziel. Aber wie soll dies ganz praktisch aussehen? Wer kann was parallel zu den sonst laufenden Prozessen und anfallenden Arbeitsaktivitäten übernehmen? Realistisch gesehen ist es meist so, dass weder im IT-Support noch in anderen Abteilungen wie etwa der Entwicklung zusätzliche Ressourcen frei sind. Es braucht also nicht nur Kreativität bezüglich der KI-basierten Lösung als solcher, sondern auch

Kreativität bei der Umsetzung. Wir zeigen im Folgenden auf, wie im Kontext des oben beschriebenen Veränderungsdrucks die neue Lösung, der KI-basierte Chatbot, durch den Dreiklang aus 1) engagierten Werkstudierenden und motivierten Mitarbeitenden, 2) technologisch neuen Möglichkeiten wie Low-Code-Plattformen sowie 3) Mut der Geschäftsführung entwickelt werden konnte.

(1) Engagierte Werkstudierende und motivierte Mitarbeitende

Aufgrund der Belastungssituation vor Ort übernehmen zwei eigens für das Projekt eingestellte Werkstudierende die Entwicklung über eine Low-Code-Development-Plattform. Die Werkstudierenden arbeiten eng mit den Mitarbeitenden der Hotline zusammen, um eine Lösung zu entwickeln, die sich nach den Anforderungen und Bedürfnissen der Mitarbeitenden richtet. Dadurch werden die Mitarbeitenden aktiv in die Gestaltung des Chatbots eingebunden und sollen perspektivisch auch nötige Anpassungen und Weiterentwicklungen übernehmen. Konkret werden gemeinsam mit dem IT-Support bereits bestehende Support-Tickets identifiziert, die häufig vorkommen, die über die Starke-DMS®-Dokumentationen leicht durch Anwender:innen selbst zu beheben sind oder für die eine allgemeine Lösung durch den IT-Support besteht. Einmal pro Woche werden außerdem in einem gemeinsamen Meeting neu identifizierte Tickets besprochen, die im Nachgang implementiert werden. Gleichzeitig testen die Mitarbeitenden der Hotline den aktuellen Stand des Chatbots regelmäßig, um die Usability zu gewährleisten und iterativ Anpassungen zu ermöglichen. Es entsteht ein „Verbesserungs-Pingpong“ zwischen IT-Support-Expertise und nutzerzentrierten Weiterentwicklungen über die Low-Code-Plattform.

(2) Low-Code-Plattformen

Der Chatbot selbst wird mittels Low-Code-Technologie entwickelt, d. h. es sind seitens der Werkstudierenden keine Programmierkenntnisse nötig. Besonders hervorzuheben ist, dass mittels dieser neuen Technologie nicht nur die erstmalige Implementierung des Chatbots ohne Programmierkenntnisse erfolgen kann. Viel wichtiger erscheint, dass kontinuierliche Veränderungen und Optimierungen des Chatbots wiederum sehr Business-nah und ohne Programmierkenntnisse umgesetzt werden können, beispielsweise direkt im Anschluss an Erkenntnisse aus den oben beschriebenen wöchentlichen Meetings.

(3) Mut der Geschäftsführung

Die Verzahnung von Vertrauen in die Mitarbeitenden und Offenheit für neue technologische Machbarkeiten braucht sicherlich auch den Mut der Geschäftsführung. Nur so gelingt es, sowohl neue, motivierte Mitarbeitende, in diesem Fall Werkstudierende, von der Idee und Aufgabe zu begeistern als auch die nötigen Rahmenbedingungen dafür zu schaffen: Die Werkstudierenden erhalten die nötigen Freiräume, um leichtgewichtig, aber doch systematisch die Expertise und Erfahrung der bestehenden Mitarbeitenden einbinden und sich gleichzeitig durch die Neuentwicklung eines Chatbots verwirklichen zu können.

Die Entwicklung und Einführung des Chatbots macht aus der bisherigen bilateralen Beziehung zwischen Support-Anfragenden und IT-Support-Mitarbeitenden nun ein Ökosystem, da ergänzend der Chatbot hinzukommt und sowohl Anfragende als auch Mitarbeitende integriert. Dies wird in Abbildung 1 veranschaulicht.

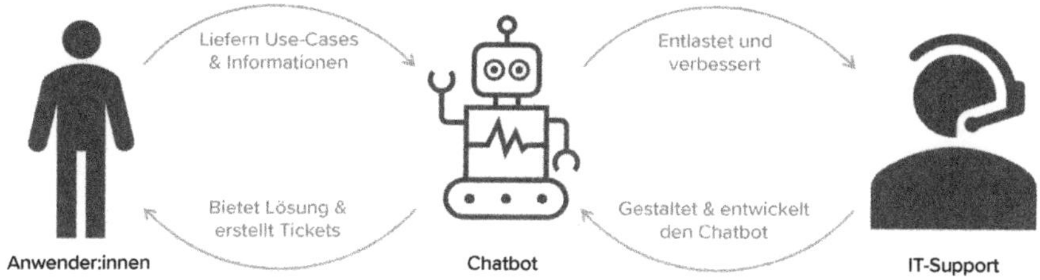

Abbildung 1: Entwicklung und Verbesserung des Chatbots im Ökosystem

Im Ergebnis entsteht ein Ökosystem. Der Chatbot liefert auf der einen Seite für die Anwender:innen (im günstigsten Fall) erste Lösungen oder zumindest einen einheitlichen Ticketerstellungsprozess. Auf der anderen Seite liefern Anwender:innen durch ihre gestellten Anfragen die notwendigen Informationen, die für die Bearbeitung des Tickets notwendig sind. Da aus den fertigen Tickets ggf. neue Frage-Antwort-Paare für neue Lösungen im Chatbot entstehen können, liefern Anwender:innen dadurch zugleich mögliche neue Use-Cases für die Weiterentwicklung des Chatbots. Auf der Seite des IT-Supports kann der Chatbot neben einer Entlastung der Mitarbeitenden auch zu einer verbesserten Support-Qualität führen, weil sie nun genügend Zeit dafür haben. Letztlich bietet der Einsatz des Chatbots auch ein Empowerment für den IT-Support, da die Mitarbeitenden den Chatbot selbstständig gestalten und weiterentwickeln. Eine zwingende Voraussetzung dafür ist die aktive Nutzung des Chatbots. Wenn diese erreicht werden kann, kann durch die fortwährende eigenständige Gestaltung eine Lösung entstehen, deren Nutzen bereits durch die reine Interaktion skaliert.

Eine Besonderheit ist hierbei, dass mit geringen Investitionen bei knappen Ressourcen notwendige Innovationen im Mittelstand zu erreichen sind. Die Nutzung einer Low-Code-Anwendung erlaubt ein Learning on the job und erfordert nur wenig Vorkenntnisse. Die Herausforderung besteht in der Anfangszeit der Entwicklung: Die ohnehin knappen Ressourcen sind effizient zu mobilisieren, um zukünftig eine deutliche Entlastung sowie Aufwertung der Arbeitsaufgaben erreichen zu können. Die dafür notwendige Mehrarbeit konnte in diesem Fall über Werkstudierende sehr gut kompensiert werden, da diese die Anregungen der Hotline-Mitarbeitenden aufnehmen und die Entwicklung der Lösung eigenständig vorantreiben.

Ein ganz konkreter Einblick in die neuen Abläufe

Wenn für eine eingehende Support-Anfrage entweder bisher keine Lösung besteht oder die angebotene Lösung des Chatbots nicht hilfreich ist, startet automatisch der Prozess der Ticketerstellung. Dazu wird bereits zu Beginn des Chats eine Automatisierung verwendet, die alle notwendigen Systemparameter direkt aus dem Starke-DMS® an den Chatbot übergibt (etwa die genaue Version der Software und anderes mehr), sodass Anwender:innen nur noch die spezifischen Angaben zu ihrer Anfrage machen müssen. Die noch zu klärenden Fragen werden gemeinsam mit dem IT-Support aufgenommen und für bestehende Tickets getestet, um direkt zu überprüfen, ob durch diese Fragen alle notwendigen Informationen erfasst wurden. Der Einsatz des Chatbots realisiert so einen einheitlichen Prozess der Ticketerstellung über einen einzigen Kanal und schafft hier zeitliche Freiräume für die Mitarbeitenden, sodass sie direkt mit der

Bearbeitung des Tickets beginnen können. Davon profitieren auch die Anwender:innen selbst.

Potenziale durch den Chatbot

Die Einführung und Weiterentwicklung des KI-basierten Chatbots bei Starke + Reichert bringt viele Potenziale mit sich, die teilweise bereits bestätigt werden konnten und die voll im Einklang mit der HFA-Werte-Charta stehen:

- Die Arbeitserleichterung durch den Chatbot übersteigt den Wartungsaufwand deutlich, der Arbeitsalltag der Support-Mitarbeitenden wird von repetitiven Anfragen weitgehend befreit und Aufgabenunterbrechungen können vermieden werden. Dies steigert die Arbeitsqualität der Mitarbeitenden und schafft Ressourcenfreiräume.
- Im besten Fall fängt der Chatbot zukünftig alle repetitiven und einfachen Anfragen ab, sodass sich die Mitarbeitenden der Hotline auf ihr aufwendigeres Tagesgeschäft konzentrieren können – der Chatbot schafft hier wichtige Ressourcenfreiräume, die die Mitarbeitenden entlasten.
- Die Expertise der bestehenden Mitarbeitenden wird durch die Aufwertung ihrer Tätigkeit stärker wertgeschätzt.
- Die Fokussierung auf die Expertise und Kernkompetenz der Mitarbeitenden für komplexere Anfragen, kombiniert mit der 24/7-Bearbeitung von einfachen Anfragen durch den KI-basierten Chatbot, führt zu höherer Support-Qualität und kann entsprechend höhere Kundenzufriedenheit bewirken.
- Dass die Verbesserung des Chatbots nun auch für Mitarbeitende ohne Programmierkenntnisse möglich wird, verändert die Rollen sowohl intern im IT-Support als auch im Wechselspiel zwischen IT-Support und Entwicklungsabteilung fundamental. Sind den Mitarbeitenden für bestimmte Anfragen gute Lösungen bekannt, können sie dies direkt via Low-Code-Plattform implementieren und schon die nächste Anfrage dieser Art wird seitens des Chatbots übernommen.
- Onboarding neuer Mitarbeitender kann wesentlich schneller realisiert werden.

- Digitalisierung und Automatisierung wird bottom-up ermöglicht und von unten vorangetrieben, um eine Lösung zu entwickeln, die den Beschäftigten wirklich weiterhilft.
- Durch die Gestaltung der Low-Code-Anwendung sind die Beschäftigten selbst handlungsfähiger geworden. Die Besonderheit ist, dass die KI hier nicht einfach willkürlich Mitarbeitende ersetzt, sondern beteiligungsorientiert zum Einsatz kommt und weiterentwickelt wird.
- Neuere Entwicklungen hinsichtlich generativer KI werden viele weitere Gestaltungsmöglichkeiten bringen, die, in ähnlich menschzentrierter Weise eingesetzt, auch zu dem beitragen, was im Vordergrund stand, steht und stehen sollte: IT-Support von morgen, der Mitarbeitende entlastet und besseren Support für Kund:innen liefert.

KOMMENTAR

Tanja Leyerer, Studentin Psychologie und Informatik, Steuerfachangestellte, HFA-Mitglied

TANJA LEYERER

Das Konzept von Starke + Reichert zeichnet sich durch einen ganzheitlichen Ansatz aus, der auf die Betonung der menschlichen Aspekte, die Förderung von Wertschätzung und die Beteiligung der Mitarbeitenden abzielt. Dadurch wird aus einem rein technischen Tool ein Transmitter für Human-Friendly-Werte und ein holistischer Arbeitsansatz, der den aktuellen Bedürfnissen entspricht.

Die Umsetzung dieses Konzepts bringt sowohl den Mitarbeitenden als auch den Werkstudierenden zahlreiche Vorteile. Die Mitarbeitenden werden entlastet, da sie sich nicht zusätzlich zur täglichen Arbeitslast mit den neuesten Tools auseinandersetzen müssen. Stattdessen steht ihnen ein Kollege zur Seite, der ihnen zuhört und versucht, Probleme zu lösen. Sie sparen sich damit Zeit, Frust und kognitive Ressourcen und können sich besser auf ihre Kernaufgaben fokussieren.

Für die Werkstudierenden bietet sich eine besondere Chance. Sie dürfen am offenen Herzen operieren und direkt am Tagesgeschäft teilhaben. Sie erhalten durch das direkte Feedback im Austausch mit Kolleg:innen und Kund:innen Einblicke in das Arbeitsleben und erfahren durch eine sinnhafte Tätigkeit echte Anerkennung und Wertschätzung. Zudem haben sie die Möglichkeit, sich mit den neuesten Technologien auseinanderzusetzen und sich in einer sich schnell verändernden Welt an die Spitze der derzeitigen Entwicklungen zu setzen. Damit wird die persönliche und berufliche Entfaltung von Neugier und Spaß begleitet, was wiederum elementar für gutes Lernen ist.

Bei dieser Umsetzung liegt der Fokus darauf, dass die Bedürfnisse der Beteiligten berücksichtigt werden und eine aktive Teilhabe ermöglicht wird. Die Anerkennung, die Einbindung der Mitarbeitenden und die Schaffung einer sinnstiftenden Arbeitsumgebung stehen im Mittelpunkt. Durch diese Herangehensweise wird Human-Friendly-Leadership praktiziert, was sich in den Werten der HFA-Charta widerspiegelt.

In einer Zeit des Fachkräftemangels und einer sich stetig verändernden Arbeitswelt ist es erfreulich zu sehen, dass Starke + Reichert den Mut und die Weitsicht haben, den Fokus auf diese „weichen" Themen zu legen. Denn nur durch eine menschenorientierte Gestaltung und eine ganzheitliche Herangehensweise kann eine langfristige und nachhaltige Arbeitskultur geschaffen werden. Es geht darum, human friendly nicht nur als Produkt im Regal zu betrachten, sondern es aktiv zu leben und in den Arbeitsalltag zu integrieren.

5. PREDICTIVE MAINTENANCE IN DER LOGISTIK – KI GEGEN STRAFZAHLUNGEN UND STRESS

Michael Protzner, Leiter des Service-Centers of Competence für SMART Lifecycle Contracts Region Deutschland – Schwerpunkt Industrielogistik, Siemens AG,
Sebastian Mittelstädt, Head of Research Group, Siemens AG

MICHAEL PROTZNER, SEBASTIAN MITTELSTÄDT

Schauplatz ist eine große Industrie-Logistikanlage, die rund um die Uhr laufen muss. Über Förderbänder werden die Teile, die zur Fertigung eines Autos notwendig sind, geschleust, gelagert und schließlich der Produktion zugeliefert. In der Lagerhalle muss alles funktionieren, denn ihr Förderband ist direkt mit dem Band verbunden, an dem die Arbeiter eines großen Automobilherstellers den Wagen zusammenschrauben. Stoppt die Logistikanlage, ist auch die Produktion gefährdet. Deshalb leiden die Techniker, die für Wartung und Reparatur zuständig sind, häufig unter Stress und legen weite Wege zurück. Zur Erfüllung eines Servicevertrags mit der

Siemens AG managt ein achtköpfiges Siemens-Team, als Schichtleitung und Systemexperten, und ein siebenköpfiges Unterlieferanten-Team die Anlage. Steht sie länger still, sind Strafzahlungen fällig. Die Idee: KI könnte eine genauere Vorhersage liefern, Stopps und Stress vermindern. Dass diese Automatisierung human friendly laufen muss, stellt sich im Prozess des ersten Einführungsversuchs schnell heraus.

Ein Team an seinen Grenzen

Die große Lagerhalle ist eine Herausforderung, denn es gibt etwa 200.000 Lagerstellplätze, pro Tag werden mehrere Zehntausend Kisten ein- und ausgelagert. Auf der einen Seite der Halle kommen regelmäßig 40-Tonner an, es werden Pakete von Lkw abgeladen, die dann über Förderbänder zu entsprechenden Regalkörpern laufen.

Ein Auto wird aus gut 60.000 Komponenten hergestellt. Wenn ein Modell gekauft wurde, sagt die eindeutige Fahrgestellnummer auf einem Paket-Etikett, welche Einzelteile genau benötigt werden – welcher Sitz, mit Stoff oder Leder, welche Farben, welche Spiegel, welche Schrauben ... Die entsprechenden Teile eines gewählten Modells werden automatisch über Kommissioniersysteme zusammengesucht und in den Warenausgang überführt, um dann zusammengeschraubt, gesteckt, gebaut zu werden.

Dass die Etiketten kleben oder die Kisten ordentlich eingepackt sind, dafür ist der Betreiber der Logistikanlage zuständig, das Siemens-Team ist verantwortlich dafür, dass die Anlage läuft. Von PC-Arbeitsplätzen aus wird die komplette Antriebs- und Fördertechnik in der Halle gesteuert, Wartung und Reparaturen durch Techniker der Halle organisiert. Ein betriebsgeleiteter Service für den Automobilhersteller ist erforderlich, also organisiert das Team 15 Schichten pro Woche, 24 Stunden pro Tag, in 48 Wochen, um alle Zeiten abzudecken. In der Servicezeit gibt es etwa 71.000 Ereignisse pro Jahr: Fehlermeldungen, die dazu führen, dass die Maschinen stoppen und das Band stillsteht.

Das können Kleinigkeiten sein, etwa dass die Spaltkontrolle Alarm schlägt. Zwischen zwei Objekten ist immer ein bestimmter Abstand vorgeschrieben. Ist die Verpackung leicht beschädigt oder stehen lockere Etiketten vor, überprüfen Lichtschranken und Lichttaster den erforderlichen Freiraum und stoppen die Fördermaschine, sollte dieser nicht gegeben sein. Jemand aus der Technik muss loslaufen, die Ursache finden und das Band schließlich wieder freigeben.

Aber es gibt auch größere Vorfälle. So war vor zwei Jahren der Hubtisch, ein richtungsgebender Drehtisch, unerwartet defekt. Vier Stunden lang stand das komplette Förderband still. Damit die Produktion in der Montage überhaupt weitergehen konnte, schoben Arbeitende Pakete in einem speziellen Trägergestell von Hand über die Rollenbahn, mit einem Eigengewicht von fast einer Tonne.

Kleine, spontane Ausfälle, wie bei der Spaltkontrolle, sind unkritisch, aber wenn die Bänder im größeren Rahmen stillstehen, wird die Siemens AG pönalisiert. Das bedeutet, eine hohe Geldstrafe wird fällig. Zudem sind die Menschen bei steigender Produktion zunehmend gefordert: 25 Minuten Stillstand gelten als kritische Grenze. In dieser Zeit muss das Team entscheiden, wie reagiert wird, und rasch handeln, um einen Stopp in der Auto-Produktion zu verhindern. Die Ausfälle erreichten schließlich immer öfter die kritische Grenze von 300 Anlagestörungen pro Tag, Techniker legten dann große Strecken von gut 12.000 Schritten pro Schicht zurück, um irgendwo ein flatterndes Etikett oder eine lockere Schraube dingfest zu machen. Viele Mitarbeitende klagten über Probleme mit den Bandscheiben oder Knien und ein hohes Stresslevel.

Wie kann KI die Menschen in der Halle unterstützen?

2017 hatte das Siemens-Team die Vision, dass KI die Pönale verhindern und das Stresslevel der Menschen senken könnte. Immer öfter war man an die Grenzen des Möglichen gekommen. Trotz ständiger Optimierung des Systems in der Halle war es immer wieder zu Bandabrissen gekommen, die Situation war frustrierend. Man überlegte, welche Möglichkeiten der Verbesserung es geben könnte. Würde KI so etwas wie eine genau berechnete Wettervorhersage liefern? Würde sich damit enger eingrenzen lassen, wo etwas defekt wird und wann es zu welchen Ausfällen oder Verschleiß kommen wird? Denn wenn z. B. die Wartung des Hubtischs präventiv immer zu früh kommt, ist das teuer, kommt sie zu spät, geht wegen Maschinenstillstands ebenfalls Geld verloren. Ein ständiger, schwieriger Balance-Akt. KI müsste hier doch unterstützen können, den richtigen Zeitpunkt vorherzusagen.

2018 startete das Team den ersten Versuch mit einer Software. Der Proof of Concept zeigte, dass die Technologie auch in diesem Industrieumfeld nutzbringend einsetzbar wäre. Jedoch wurde der Erfolg durch den Aufwand getrübt: Die Ableitung der unabhängigen Variablen und der damit verbundenen Prozessdaten war schwierig, die Darstellung der Ergebnisse in der Benutzeroberfläche zu komplex, das Anomalie-Alarmsystem gab nicht die richtigen Hinweise.

Ingenieure standen vor einer Datenfülle, die eher für Datenwissenschaftler hilfreich war. Zwei Welten trafen aufeinander und neue Fragestellungen entstanden. Schließlich wurde zudem klar: Was den Datenwissenschaftlern und den Ingenieuren fehlte, war das spezifische Anlagenwissen der Servicetechniker. Allerdings sprachen die drei Gruppen des Teams nicht dieselbe Sprache. Der Erfahrungshorizont eines Ingenieurs ist die Neuanlage, die Abnutzung ist die Domäne des Servicetechnikers. Die verschiedenen Expertisen mussten erst zusammenfinden. Die dringende Notwendigkeit einer „Human Friendly Automation", bei der alle Teilnehmenden von Anfang an einbezogen werden, zeigte sich deutlich.

Ein paar Aussagen der Techniker aus dieser Phase zeigen, wo die Probleme lagen:

- „Aus dem Alarm der Anomalie sehe ich keinen Hinweis auf ein drohendes Problem an dem genannten Anlagenteil. Wie ergibt sich der Alarm?" Die Antworten darauf waren mit den Worten „Wahrscheinlichkeiten", „unabhängige Variablen", „Korrelationen" verbunden. Das hörte sich nicht nach Gewissheit an.
- „Ich als Servicetechniker kann dieser KI-Sache nicht vertrauen!"
- „Diese Benutzeroberfläche ist verwirrend."
- „Wir erhalten Alarme zu den technischen Abnutzungen, jedoch war die Vorwarnzeit nur neun Stunden und diese Infos gingen in der Schichtübergabe leider verloren."
- „Wenn dieses DING da ist, werde ich dann noch benötigt? Ich bin doch der Problemlöser!"
- „Es meldet so viele Alarme und ich sehe nichts an den Betriebsmitteln! Irgendwie bringt es nur zusätzlichen Datenmüll!"

Plötzlich war die Covid-19-Pandemie da. Dadurch veränderte sich die Zusammenarbeit stark. Teambesprechungen wurden auf Distanz abgehalten, Kollegen, die an Covid-19 erkrankten und z. B. Experten für frequenzgesteuerte Antriebe sind, konnten nur durch Anrufe unterstützen. Die Herausforderungen mit der Anlage waren unverändert hoch, jedoch durch die Lockdowns kam im Hinblick auf die elektronischen Komponenten noch ein weiteres Phänomen hinzu: Ausfall durch längere Standzeiten.

Das KI-Projekt pausierte und wurde erst fortgeführt, nachdem mit SieSALT™ ein neuer Lösungsanbieter gefunden worden war. Erfahrungen aus dem ersten Piloten wurden nun mit eingebracht, vor allem die Erkenntnis, dass Servicetechniker, Datenwissenschaftler und Projektierer von Anfang an in Teams zusammenarbeiten müssen. Der erste gescheiterte Use-Case hatte auch gezeigt, welche Eigenschaften eine KI für den Menschen haben muss: Verständlichkeit, Nachvollziehbarkeit, Vertrauen, Einfachheit und Komplexität, in einer für den Menschen angemessenen Darstellung. Eigenschaften, die auch die HFA-Werte-Charta fordert.

In einem Logistikzentrum sind die Herausforderungen, KI und Mensch in Einklang zu bringen, besonders hoch: Denn man hat es mit vielen verschiedenen Teilsystemen zu tun, die miteinander interagieren. Dies erhöht die Datenfülle und Komplexität enorm, allein 20 Geräte erzeugen mehr als 400 Datenpunkte, die mit sekündlicher Auflösung Informationen versenden. Die Korrelationen und die Zusammenhänge der Interaktionen lassen die Komplexität explodieren – aber gerade sie sind es, die Aufschlüsse darüber geben, wo Fehler sich einschleichen und entstehen könnten. Wenn z. B. Querverschiebewagen A in letzter Zeit immer wieder 90 Millisekunden länger auf Drehtisch B warten muss, ist das verdächtig. Die KI kann solche Effekte rechtzeitig erkennen, weiß jedoch nicht, was der Grund für die Verzögerung ist. Hier kommt der Techniker ins Spiel, der die Ursache herausfinden kann. Für ihn muss aber die KI ihre Ergebnisse in nachvollziehbarer und verständlicher Form liefern, damit er seine Handlungen ableiten kann. Aufwendige Kurven oder verwirrende Daten sind hier kontraproduktiv.

SieSALT steht für ein semiautomatisches Labeling-Tool. Es ermöglicht dem Menschen, mit der KI im Hintergrund aus der Datenfülle die richtigen Beispiele an Sensordaten herauszufiltern, die schließlich wiederum die Basis für das Training der KI bilden können. Das Ganze geschieht interaktiv. So kann der Mensch sofort sehen, was die KI aus den Beispielen lernt und wie sie sich verbessert. Genauso können Menschen das User Interface so konfigurieren, dass die Datenvisualisierungen genau das anzeigen, was sie sehen wollen. Beim Design des Interface wurden diesmal auch die Wünsche der Techniker berücksichtigt. Denn im Betrieb ist die Interaktion mit dem Menschen entscheidend. Zuerst sendet SieSALT nur einen Alarm an die Nutzeroberfläche des Leitsystems und ruft damit um Aufmerksamkeit. Nutzer:innen können dann in die Oberfläche von SieSALT wechseln und sich die zur Warnung gehörenden Daten ansehen. SieSALT ist mit erklärender Künstlicher Intelligenz ausgestattet. Damit kann SieSALT die Daten erläutern, plausibel machen, warum ein Fehler erkannt wurde. Falls diese Erklärung sinnhaft ist, werden Arbeitende entsprechend handeln. Ist sie nicht sinnhaft oder war es sogar ein Fehlalarm, kann dies durch Feedback an das System zurückgegeben werden, wodurch die KI trainiert wird.

Nur die Kombination aus dem Expertenwissen und der Kreativität des Menschen einerseits sowie der Rechenpower der KI andererseits macht KI-Systeme effektiv. Das versuchte SieSALT im Team zu berücksichtigen.

Aktueller Stand – wird das Vertrauen in die KI steigen?

Vertraust du dem Wetterbericht, wenn der abends sagt, morgens brauchst du keinen Regenschirm? Heutzutage tun wir das. Vor 20 Jahren noch nicht. Das ist der Punkt, an dem das Team in der Logistikhalle 2023 steht. Aktuell trainieren noch Datenwissenschaftler anhand von Wartungs- und Logbüchern die KI in der Halle.

Für die Endanwender in der Technik wurde, wie von ihnen gewünscht, das neue System in ihr gewohntes User Interface integriert. Es gibt keine verwirrenden Kurven, sondern einen ganz einfachen Alarm-Meldungstext. Service-Mitarbeitende sehen derzeit Datum, Uhrzeit, eine Alarmnummer und den Text: Steht dort beispielsweise WA05, wissen sie, in welchem Sektor der Anlage die Störung vorliegt und welches Automatisierungsobjekt damit verbunden ist. Nach der Meldung können sie entweder sofort loslegen oder sich die Arbeit für den nächsten planmäßigen Wartungszyklus vormerken, je nachdem wie kritisch dieser Alarm ist.

Derzeit kommt es also vor allem auf die Techniker an: Die Menschen müssten der KI vertrauen, das neue System annehmen. In der Halle gibt es noch zwei Meinungen. Pro KI sind die ganz Jungen, unter 30-Jährigen und die Älteren ab Mitte 50. Die Jungen haben noch kein großes Erfahrungswissen und fühlen sich von der KI unterstützt. Die Älteren freuen sich über die KI-Hinweise, weil sie nicht mehr so viel rennen müssen. Kontra sind die Skeptiker im mittleren Alter, die lieber auf ihre langjährige, gute Erfahrungsexpertise vertrauen, deshalb an ihren gewohnten Arbeitsabläufen und Regeln festhalten möchten. Sie nutzen die KI nicht oder selten.

Der nächste Schritt steht aktuell bevor: Techniker werden Ereignisse nicht nur abrufen, sondern auch eintragen können, um so die KI zu trainieren, sie auf aktuellem Stand zu halten. Es ist die letzte entscheidende Phase, eine, die zeigt, wie wichtig Human Friendly Automation ist: Nur wenn der Mensch erfährt, dass er die KI beeinflussen, kontrollieren und verstehen kann, wächst sein Vertrauen und damit überhaupt der Wert einer jeden Künstlichen Intelligenz. In der Logistikhalle können die Techniker ihr Wissen der KI mitgeben, sie so immer schlauer und genauer machen. Nur gemeinsam mit ihnen wird das neue System erfolgreich sein.

Anmerkung: Das Team besteht heute noch ausschließlich aus Männern, sodass wir in diesem Bericht auf weibliche Berufsbezeichnungen verzichten.

KOMMENTAR

Patricia Sliwinski, Change-Managerin, HFA Co-Founder, kobaltblau Management Consultants

Der Siemens-Fall zeigt eindrücklich, wie entscheidend die aktive Einbindung aller Betroffenen in die Entwicklung einer KI-basierten Predictive-Maintenance-Lösung ist. Zu der Erkenntnis, dass eine HFA-Herangehensweise sinnvoll ist, ist das Unternehmen gelangt, nachdem es eine Lernkurve mit einem früheren KI-Projekt durchlaufen hatte. Der erste Projektversuch hatte eine KI-Lösung hervorgebracht, die von den betroffenen Technikern nicht als hilfreich, verständlich oder vertrauenswürdig empfunden wurde. Die Nutzung der Lösung: nicht möglich. Ursache: Techniker waren nicht in das Projekt und den Entwicklungsprozess eingebunden. Erst in einem radikalen Neuaufschlag des Projekts wurden Servicetechniker:innen, Datenwissenschaftler:innen und Projektierer:innen von Beginn an eingebunden. Die aktive Zusammenarbeit machte es möglich, die Bedürfnisse und das Wissen der einzelnen

Gruppen sinnstiftend in die Gestaltung der Predictive-Maintenance-Lösung zu integrieren.

Darüber hinaus ist das geplante Vorgehen von Siemens hervorzuheben. Im zukünftigen Projektverlauf soll das bestehende Expertenwissen stärker genutzt werden. Techniker:innen werden selbstständig aktuelle Ereignisse der Anlage in das KI-System eintragen können. Anhand dieser Daten wird das KI-System weiter trainiert, um zukünftig genauere Vorhersagen treffen zu können. Im Sinne eines HFA-Vorgehens werden durch die Interaktion und das Feedback der Techniker:innen gezielt weitere Berührungspunkte zwischen Mensch und Maschine geschaffen. Denn erst durch eine aktive Beschäftigung mit dem KI-System kann sich Verständnis für die KI sowie Vertrauen in das System aufbauen. Spannend wäre es zu sehen, wie Siemens plant, insbesondere die Gruppe der bisherigen Skeptiker:innen zu zufriedenen Nutzenden des KI-Systems zu machen. Aus HFA-Perspektive sollte hier insbesondere daran gearbeitet werden, dass Skeptiker:innen nachvollziehen können, wie sie auch zukünftig einen sinnstiftenden und selbstbestimmten Beitrag zum erfolgreichen Betrieb der Anlage leisten – trotz oder auch dank des KI-Systems.

Siemens demonstriert mit diesem Case eine offene Fehlerkultur. Dies sollte in Organisationen stets die Grundlage für KI- und Automatisierungsvorhaben sein. Das Teilen solcher Beispiele kann dazu beitragen, dass auch andere Organisationen erkennen, dass eine human friendly KI-Einführung sowohl Ressourcen schont als auch auf das Vertrauen der Mitarbeitenden einzahlt.

6. FÜHRUNG NEU DENKEN – WAS FÜHRUNGSKRÄFTE BRAUCHEN, UM KI IN DER PRODUKTION NACHHALTIG EINZUFÜHREN

Yannick Peifer, Wissenschaftler am ifaa – Institut für angewandte Arbeitswissenschaft e. V.,
Peter Boenisch, Manager Technical Management bei der Süddeutschen Gelenkscheibenfabrik GmbH & Co. KG,
Sascha Stowasser, Institutsdirektor am ifaa – Institut für angewandte Arbeitswissenschaft e. V.

YANNICK PEIFER, PETER BOENISCH, SASCHA STOWASSER

In der Qualitätskontrolle der Süddeutschen Gelenkscheibenfabrik wurde KI erfolgreich zur Entlastung der qualifizierten Mitarbeitenden eingeführt. Für diesen Prozess erwiesen sich zwei Faktoren als besonders wichtig: eine Stakeholderanalyse mit allen Beteiligten sowie eine unterstützende und empathische Begleitung der Beschäftigten durch Führungskräfte. Bedenken und Sorgen konnten so nicht nur frühzeitig erkannt werden – sondern sie konnten auch genutzt werden, um das KI-System zu verbessern und nachhaltig zu gestalten.

Ausgangslage

Die Süddeutsche Gelenkscheibenfabrik GmbH & Co. KG (SGF) hat sich in den über 70 Jahren seit ihrer Gründung als Familienunternehmen mit ihren Produkten zu einem globalen Marktführer entwickelt. Wir bieten unseren Kunden individuelle und anspruchsvolle Lösungen zur Entkoppelung und Dämpfung von Schwingungen und Geräuschen in der Automobil- und Bahnindustrie sowie in industriellen Anwendungen. Im Bereich der Metallumformung fertigen wir hochfeste Metallteile für Pkw-Elektromotoren. Die Qualität dieser Produkte ist äußerst wichtig, weil von ihr sehr viel abhängt. Um die Qualitätskontrolle kontinuierlich zu verbessern und die hohen Qualitätsansprüche zu erreichen, erfolgt der Einsatz von Künstlicher Intelligenz. Konkret handelt es sich hierbei um die Überprüfung von Abgasanlagenaufhängungen.

Für die regelmäßige Qualitätskontrolle war die Anwendung von standardmäßigen Industriekameras in der Vergangenheit eine etablierte Lösung im Unternehmen. Durch die Anwendung entstand allerdings die Herausforderung, dass sich das Wissen zur Einrichtung und Anwendung der Kameras auf einzelne Mitarbeitende der SGF konzentrierte. Diese legten die Überprüfungsparameter in der Qualitätskontrolle selbstständig fest. Der entsprechende Prozess der manuellen und menschlichen Qualitätskontrolle ging folglich mit einem hohen Aufwand sowie starken subjektiven Einflussfaktoren einher. Infolgedessen bedurfte es einer neuen Lösung, welche die Resilienz gegenüber natürlichen Personalschwankungen (beispielsweise Personalausfall durch Krankheit) erhöht, die Mitarbeitenden bei ihrer repetitiven Tätigkeit entlastet, zu einer Reduzierung der vorhandenen Kosten führt und es ermöglicht, flexibel und unabhängig auf sich verändernde Anforderungen zu reagieren.

Lösung und Lösungsweg

Zur erfolgreichen Bewältigung der Herausforderungen wurde auf die Einführung von KI-Technologie gesetzt. Die Basis der KI-Anwendung bilden ausreichende Daten. In einem ersten Schritt wurden daher die Vergangenheitsdaten zur Qualitätskontrolle der hergestellten Abgasanlagenaufhängungen systematisch zusammengetragen und aufbereitet. Nach Abschluss erfolgte die Einführung und Anwendung einer Industriekamera, die mithilfe von etablierten KI-Technologien agiert. Ein neuronales Netzwerkmodell wurde auf Basis der zuvor aufbereiteten Daten für die zukünftige Aufgabenstellung trainiert. Es handelt sich demnach um einen Anwendungsfall, der auf die etablierten Ansätze und Methoden des maschinellen Lernens zurückgreift. Das Training der Industriekamera anhand der aufbereiteten Vergangenheitsdaten befähigte das KI-System für seine zukünftige Aufgabenstellung. So wurde es ermöglicht, dass das KI-System die komplexen Strukturen der Abgasanlagenaufhängungen analysieren kann, um daraufhin eine Bewertung vorzunehmen, ob Anomalien oder andere Konstruktionsfehler vorhanden sind (Abbildung 1).

Abbildung 1: Anwendung des KI-Systems zur Überprüfung der Abgasanlagenaufhängungen. Quelle: SGF

Anforderungen an Führungskräfte

Die Einführung und Anwendung von KI ist nicht trivial. Entscheidender Faktor sind die Führungskräfte. Diese nehmen bei der Einführung und Anwendung von KI unterschiedliche Rollen ein und haben dabei eine Schlüsselposition inne (Abbildung 2). Sie sind Begleitpersonen der Mitarbeitenden, die KI künftig anwenden, Projektverantwortliche des Veränderungsprozesses und Multiplikatoren der Technologie.

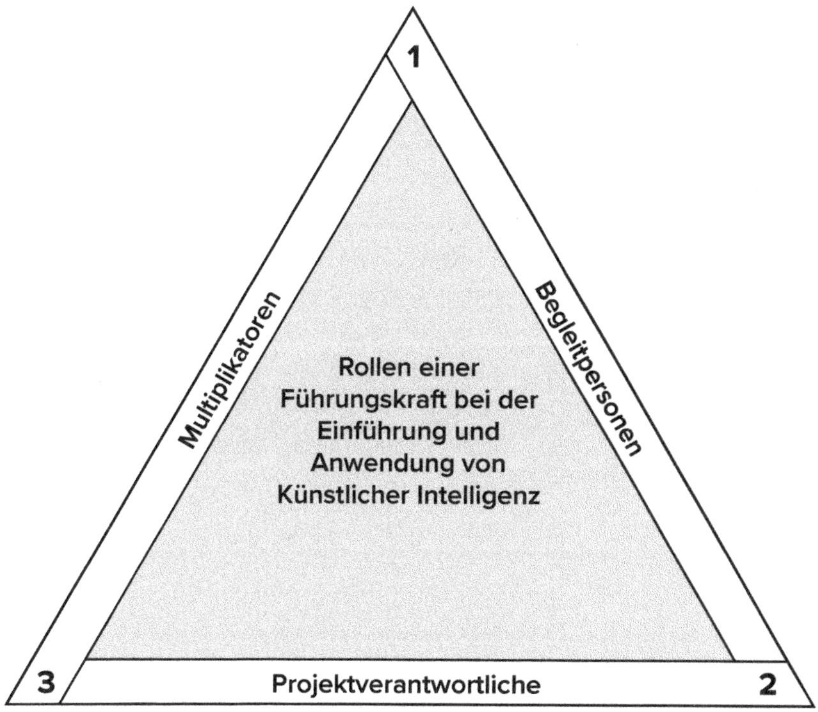

Abbildung 2: Rollen von Führungskräften bei der Einführung und Anwendung von KI. Eigene Darstellung

Die Anforderungen an ihre Arbeit sind umfangreich und interdisziplinär. Sie zeigen sich u. a. bei der Führung von Mitarbeitenden, der konzeptionellen Gestaltung des Veränderungsprozesses, der Qualifizierung und Kompetenzentwicklung und der Analyse von Prozess- und Tätigkeitsauswirkungen. Es sind also vor allem die Führungskräfte, die sich bei der Einführung von KI ihrer tragenden Rolle bewusst sein müssen. Sie müssen als Unterstützer des ganzen Projektteams agieren und dieses in der gesamten Transformation begleiten.

Lessons Learned und Erfolgsfaktoren des KI-Einführungsprozesses

Die erstmalige Einführung von KI bei der SGF belegte dabei die Wichtigkeit einer ganzheitlichen Stakeholderanalyse. Es galt, frühzeitig zu identifizieren, welche Mitarbeitenden vom Veränderungsprozess betroffen sind und welche weiteren Stakeholder (beispielsweise technische Integratoren) an der Einführung von KI beteiligt werden sollten. Aufgrund der Komplexität von KI erwies sich die Stakeholderanalyse als ein sehr wertvolles Instrument, da sie bereits zu Beginn des Veränderungsprozesses die Hoffnungen und Sorgen der Beteiligten transparent machen konnte. Die Analyse stellte heraus, dass es nicht zu unterschätzende Bedenken zum Umgang mit der neuen Technologie gab. Neben Befürwortern und Unterstützern gab es auch Beschäftigte mit Ängsten und Vorbehalten. Insbesondere das Top-Management unterstützte das KI-Projekt jedoch geschlossen. Das ausführende Team hatte somit das notwendige Vertrauen, um das Projekt trotz vorhandener Bedenken starten und vorantreiben zu können. Wertvoll war es, die aufgezeigten Kritikpunkte empathisch anzunehmen. Hier ist der erfolgreich durchgeführte Prototypentest mit der Abteilung des Qualitätsmanagements als wichtiger Erfolgsfaktor zu nennen. Der Prototypenaufbau zeigte den zukünftigen Nutzer:innen sowohl die Möglichkeiten als auch die Grenzen der KI-Technologie auf. Hierdurch konnte einerseits unrealistischen Erwartungen, andererseits auch den Bedenken entgegengewirkt werden.

Die Auswahl und Evaluierung des KI-Anbieters erfolgte anhand zuvor festgelegter Kriterien (beispielsweise der Visualisierungsmöglichkeit von Wahrscheinlichkeiten eines gefundenen Fehlers) und im Rahmen einer umfassenden Recherche. Da die von der Software gefundenen Fehler mit der aufgezeigten Wahrscheinlichkeit angezeigt werden können, war es möglich, die Arbeit der KI deutlich besser zu visualisieren. Dies unterstützte die erfolgreiche Einführung, denn der größte Kritikpunkt aus der Stakeholderanalyse war, dass zuvor getestete KI-Systeme lediglich eine Entscheidung als gut oder schlecht zuließen. Es wurde argumentiert, dass nicht ersichtlich sei, ob die KI den tatsächlichen Fehler gefunden hat oder das Bauteil aufgrund einer Fehldetektion auswirft. Durch die neuen technischen Möglichkeiten des ausgewählten KI-Systems konnte die vorhandene Kritik und Skepsis reduziert werden. Die Erfolgsfaktoren der Einführung waren demnach eine umfassende Stakeholderanalyse zu Beginn des Prozesses, die Akzeptanz der zukünftigen Nutzer:innen und die umfangreiche Integration und Beachtung von Bedenken seitens aller Beteiligten (Abbildung 3).

Abbildung 3: Integration der zukünftigen Nutzer:innen beim KI-Einführungsprozess. Quelle: SGF

Wichtig ist zudem, dass in der Anfangsphase mit Rückschlägen und Fehlern zu rechnen ist. Diese sollten allerdings als Lernfortschritt interpretiert werden. Aus den Erfahrungen der SGF zeigt sich weiterhin, dass KI Widerstände, Unsicherheiten und Skepsis bei den Mitarbeitenden erzeugen kann. Es ist hierbei an den Führungskräften, diese aufzunehmen und rational mit Zahlen, Daten und Fakten zu beantworten. Dabei ist der Rückhalt des Top-Managements notwendig, um vor allem in schwierigen Phasen der Einführung das Projekt weiterführen zu können. Im Zuge der kontinuierlichen Weiterentwicklung von KI gilt es zudem, die Möglichkeiten und Grenzen der Technologie immer wieder neu zu evaluieren und sich dabei auch durch externe technische Partner unterstützen zu lassen.

Insgesamt gesehen ließen sich durch die Anwendung von KI bei der SGF belegbare Erfolge erzielen. Auf der einen Seite konnte der Engpass bei den Personalressourcen der Mitarbeitenden, die zuvor für die Einrichtung der standardmäßigen Industriekameras zuständig waren, kompensiert werden. Auf der anderen Seite wurden die Mitarbeitenden, die den Arbeitsplatz zur Qualitätskontrolle beaufsichtigen, dazu befähigt, das intelligente KI-System in Zukunft autonom zu betreuen. Insgesamt gesehen wurde durch die konsequente und systematische Einführung und Anwendung von KI erreicht, dass sich die menschliche Arbeit verbessert hat. Das Ergebnis bildet eine umfangreiche Unterstützung des Menschen bei der repetitiven Analyse und Überprüfung der qualitätskritischen Faktoren der Produkte.

Ausblick zur KI-Entwicklung bei der SGF

Nach erfolgreicher Einführung der KI-Technologie zur Qualitätskontrolle im Bereich der Abgasanlagenaufhängungen soll KI möglichst flächendeckend im Unternehmen ausgerollt werden. Dies erfolgt unter Beachtung der aufgezeigten Erfolgsfaktoren sowie der gemachten Erfahrungen im Bereich der Abgasanlagenaufhängung. In einem ersten Schritt werden die bereits installierten Systeme mit der Maschinendatenerfassung zusammengeführt. Dieser Schritt lässt Rückschlüsse auf die Prozesse in Echtzeit zu und ermöglicht dadurch eine stetige Prozessoptimierung.

Neben der Anwendung von KI zur Qualitätskontrolle von Produkten wird an Projekten mit Cobots und KI gearbeitet. Hierbei geht es speziell um die Automatisierung von bestehenden Handarbeitsplätzen. Dabei wird das Ziel verfolgt, den Menschen bei monotonen Aufgaben zu entlasten und mithilfe des Werkzeugs „Cobot plus KI“ eine höhere Produktivität zu erzeugen.

KOMMENTAR

Jürgen Kandlbinder, Leiter Digitale Transformation NEXT, Bayernwerk AG

Warum sollte es der Süddeutschen Gelenkscheibenfabrik anders gehen als vielen anderen Produktionsunternehmen? Eine große Welle der Digitalisierung in allen Unternehmensbereichen steht an. Das Unternehmen muss sich mit dem Thema der Datenanalyse und dem Einsatz von KI auseinandersetzen, um die Qualität in einzelnen Prozessschritten zu erhöhen und gleichzeitig effizienter zu werden.

Bemerkenswert ist die Einschätzung des Unternehmens, dass die Implementierung von KI ein nicht trivialer Prozess ist. Denn immer, wenn es um nicht triviale Probleme geht, muss Führung bzw. müssen Führungskräfte ins Spiel kommen.

Im Unterschied zu vielen technizistischen Ansätzen der Implementierung ist dies dem Unternehmen bewusst. Mit dem Drei-Rollen-Modell und der Stakeholderanalyse liefert das Unternehmen seinen Führungskräften hilfreiche und praxistaugliche Tools, mit denen diese den komplexen Prozess erfolgreich gestalten können. Auch die Arbeit mit Prototypen ist sehr zu begrüßen. Chapeau! Hier ist das Unternehmen sehr viel weiter als der Durchschnitt der mir bekannten Unternehmen.

Die Autoren sprechen viel über den Umgang mit Ängsten und versuchen, mit der Stakeholderanalyse die Akzeptanz der Betroffenen gegenüber KI zu erhöhen. Das ließe sich noch weiterentwickeln, indem das Unternehmen die Beschäftigten von Anfang an aktiv in die Entwicklung der KI-Lösung einbindet. Neben transparenter Kommunikation und Empathie lassen sich die Ängste der Mitarbeitenden am besten bearbeiten, indem man ihre Selbstwirksamkeit erhöht. Und dazu braucht es einen breit angelegten Ansatz von Partizipation und Empowerment. Ich würde dem Unternehmen daher empfehlen, sein Führungsmodell um eine vierte Rolle zu erweitern: die Rolle des Ermöglichers von Beteiligung im ganzen Prozess. Das macht Führung nicht einfacher, aber es könnte sie noch erfolgreicher machen und die Akzeptanz von neuen Technologien signifikant erhöhen.

7. CHANGE-MANAGEMENT IN DER KI-ÄRA

Wie Change-Management bei der Implementierung von KI hilfreich sein kann und wie es sich dabei selbst verändern muss

Dirk Eichler, Senior Consultant Change-Management, AUDI AG,
Hans-Joachim Gergs, Gründer und Partner der Gesellschaft für empirische Organisationsforschung GmbH, langjähriger Senior Consultant Change-Management, AUDI AG

DIRK EICHLER, HANS-JOACHIM GERGS

Für Veränderungsprozesse gibt es etablierte Modelle des Change-Managements. Veraltet sind sie nicht, das zeigt dieser Beitrag anhand langjähriger Erfahrungen aus dem Change-Management bei der AUDI AG. Aber gerade KI-Einführungen benötigen ganz besonders eine frühzeitige Einbindung der Betroffenen, eine transparente Kommunikation und die Qualifizierung von Beschäftigten. Damit muss sich auch das Change-Management selbst verändern, und das gilt für alle Phasen des Change-Prozesses. Die Wertepaare der HFA-Charta erweisen sich hier als wegweisend.

Einleitung

Spätestens seit dem großen Erfolg von ChatGPT ist KI in aller Munde. Nach Schätzungen von IBM werden sich in den kommenden fünf Jahren 120 Millionen Beschäftigte weltweit neu erfinden müssen. Die Ursache: KI-basierte Automatisierung – die Bot-Ära. Sie wird auch bei der AUDI AG in den unterschiedlichen Geschäftsbereichen von der Entwicklung bis hin zur Produktion Einzug halten und Management, Beschäftigte und Betriebsräte vor neue Herausforderungen stellen. Es gilt daher, einerseits den Risiken des Einsatzes von KI-Lösungen vorausschauend zu begegnen und andererseits die mit der Digitalisierung verbundenen Chancen zu nutzen. Wichtig dabei ist, es darf bei der Einführung bei KI-Projekten nicht mehr bloß um die Aneignung von Bedienkompetenzen gehen, sondern es wird um die Transformation von organisationalen (Arbeits-)Strukturen und den beruflichen Orientierungen der Beschäftigten gehen müssen. Mit anderen Worten: Wenn die Frage nach der Zukunft für die Menschen nicht adäquat beantwortet wird, bleiben nicht nur die Skalierungen von KI und die erhofften Produktivitätsfortschritte aus, sondern es können auch erhebliche Risiken für den betrieblichen Frieden und die Sozialpartnerschaft in Unternehmen erwachsen.

Aus diesem Grund beschäftigen wir uns im Bereich Veränderungsmanagement der AUDI AG vorausschauend und eher noch explorativ mit dem Thema KI. Wir gehen davon aus, in der Beratung von Implementierungsprozessen einen wichtigen Beitrag dazu zu leisten, die mit KI verbundenen Chancen zur Humanisierung der Arbeit zu heben. Hierzu müssen das Methodenrepertoire und die eigenen Skills entsprechend weiterentwickelt werden. Und es gilt zu klären, wie sich die eigene Rolle als interne Beraterinnen und Berater im Veränderungsmanagement durch KI selbst verändern wird. Im Folgenden werden wir darstellen, welche Ansätze wir im Bereich Veränderungsmanagement entwickelt haben, um die Einführung von KI-Projekten angemessen begleiten zu können. Die HFA-Werte-Charta bietet uns eine hervorragende Grundlage, auf der wir unsere Change-Architekturen aufbauen können. Nach einem kurzen Rückblick auf die klassischen Modelle des Change-Managements werden wir darstellen, wie wir die in der HFA-Charta definierten Werte und Prinzipien in unserer konkreten Beratungspraxis im Sinne eines Human Friendly Change umsetzen.

Die klassischen Modelle des Change-Managements

Das Change-Management ist eine noch recht junge Disziplin. Insgesamt wurde die bisherige Diskussion von zwei Ansätzen geprägt, die wir auch in den Beratungsprozessen bei der AUDI AG seit Langem nutzen: dem bereits 1947 von Kurt Lewin formulierten Drei-Phasen-Modell und dem Acht-Stufen-Modell von John Kotter (1996). Kurt Lewin hat sich als erster Sozialwissenschaftler mit Veränderungsprozessen in Organisationen beschäftigt. Im Rahmen seiner Feldtheorie hat er ein Drei-Phasen-Modell sowie Grundprinzipien für Veränderungsprozesse entwickelt (Cummings et al. 2015). Nach Lewin (1947: 34) braucht es für einen erfolgreichen Veränderungsprozess drei Phasen der Veränderung: 1. Auflockern des aktuellen Niveaus (Unfreezing); 2. Hinüberleiten auf das Ziel-Niveau (Change); 3. Verfestigen der Veränderungen auf dem neuen Niveau (Freezing).

Die beiden Grundprinzipien, die die diesem Phasenmodell zugrunde liegen, sind:

- Partizipation: Für Lewin war das Thema Partizipation von zentraler Bedeutung. Aufgrund der Erfahrungen des Nationalsozialismus war er von einer zutiefst demokratischen Orientierung geprägt und fest davon überzeugt, dass die erfolgreiche Implementierung von Veränderungsvorhaben die Beteiligung aller betroffenen Stakeholdergruppen erfordere.
- Lern- und Entwicklungsprozesse: Lewin ging davon aus, dass sich soziale Systeme in einem kontinuierlichen Prozess der Anpassung befinden. Vor dem Hintergrund dieser Überlegungen hat er sein Drei-Phasen-Modell nicht als lineares, sondern als zyklisch-iteratives Modell konzipiert.

Anfang der 1990er Jahre hat das Change-Management einen enormen Aufschwung erfahren. Erstmals standen Restrukturierungen und Fusionen von großen Unternehmen an, wodurch der Bedarf an Change-Management-Konzepten deutlich anstieg. Die im Anschluss an Lewin entwickelten Phasenkonzepte des Change-Managements wurden immer differenzierter. Wir fokussieren uns hier auf das bekannteste Modell, das Acht-Stufen-Modell von John Kotter (1996):

1. *Creating a Sense of Urgency:* Zu Beginn des Veränderungsprozesses muss ein Gefühl der Dringlichkeit geschaffen werden, um allen Betroffenen zu verdeutlichen, warum die Veränderung des Status quo notwendig ist.
2. *Form a Guiding Coalition:* Im zweiten Schritt muss eine „Führungskoalition" etabliert werden, die über genügend Macht im Unternehmen verfügt, um den Veränderungsprozess durchzusetzen.
3. *Create a Vision and Strategy:* Die wichtigste Aufgabe der Führungskoalition ist es, eine Vision und Strategie für den Veränderungsprozess zu formulieren, die ein gemeinsames Verständnis über die Richtung der Veränderungen schafft und alle Beteiligten motiviert.
4. *Communicating the Vision:* Ziel auf dieser Stufe ist es, dass alle Beschäftigten die Vision und die Strategie verstehen. Durch gute Kommunikation sollen Unsicherheit und Widerstand verringert werden.
5. *Empower Broadbased Action:* Im fünften Schritt müssen die Beschäftigten ermutigt werden, neue Ideen und Ansätze einzubringen und auszuprobieren.
6. *Generate Short-Term Wins:* Da organisationale Veränderungen meist langwierig sind, braucht es einige schnelle Erfolge, um diejenigen Beschäftigten zu überzeugen, die der Veränderung neutral oder eher skeptisch gegenüberstehen.
7. *Consolidating Improvements and Producing More Change:* In dieser Phase werden alle Systeme, Strukturen und Regeln in Richtung der Vision verändert, um so die Nachhaltigkeit des Veränderungsprozesses zu sichern.
8. *Institutionalizing New Approaches:* Auf dieser Stufe geht es darum, neue Prozesse, Routinen und Normen nachhaltig in der Kultur der Organisation zu verankern.

Stellt man das Modell von Kotter dem Drei-Phasen-Modell von Lewin gegenüber, so kann man festhalten, dass in den ersten drei Stufen die Organisation für die Veränderungen aufgetaut wird (Unfreeze). Die Stufen 4 bis 6 umfassen die eigentliche Veränderung (Change) und auf den Stufen 7 bis 8 wird die Organisation auf dem neuen Soll-Zustand wieder eingefroren (Freeze). Der Vergleich der Modelle verdeutlicht aber auch, dass Lewin sein Modell im Unterschied zu Kotter nicht als linear, sondern als zyklisch-iterativ betrachtet hat. Ferner räumt er der Beteiligung und Partizipation der Beschäftigten eine sehr viel größere Bedeutung ein als Kotter, der Partizipation erst im Laufe des Veränderungsprozesses vorsieht. Diese Vorgehensweise hat sich in „klassischen" Restrukturierungsprojekten, so auch unsere Erfahrung bei Audi, als angemessen erwiesen. Bei der erfolgreichen Implementierung von KI-Projekten kommt jedoch der Partizipation, so die Erkenntnisse aus ersten empirischen Befunden (Kämpf/Langes 2021), eine sehr viel größere Bedeutung zu.

Change-Management in der Bot-Ära – wie sich das Change-Management selbst verändern muss und welche Chancen damit verbunden sind

Im Folgenden wollen wir der Frage nachgehen, inwiefern sich die Modelle von Lewin und Kotter auf die Implementierung von KI übertragen lassen. Braucht das Veränderungsmanagement einen völlig andersartigen Change-Ansatz oder können wir die beiden Modelle auf die besonderen Belange der Einführung von KI hin adaptieren?

Auf der Grundlage unserer ersten Beobachtungen bei der Implementierung von KI-Pilotprojekten bei der AUDI AG und des Erfahrungsaustauschs mit Fachkolleginnen und -kollegen aus dem HFA-Netzwerk kommen wir zu dem Ergebnis, dass die Modelle von Lewin und Kotter für die Einführung von KI-Projekten grundsätzlich geeignet sind. Sie bedürfen jedoch einer deutlichen Anpassung. Bei der Weiterentwicklung unseres Change-Ansatzes können die vier Wertepaare der HFA-Werte-Charta *Menschlichkeit & Autonomie, Entfaltung & Befähigung, Offenheit & Transparenz* und *Ganzheitlichkeit & Langfristorientierung* sowie ihre zwölf Prinzipien einen wichtigen Beitrag leisten. Die frühzeitige Einbindung der Betroffenen, eine transparente Kommunikation und die Qualifizierung von Beschäftigten galten schon bislang als wichtige Erfolgsfaktoren in Veränderungsprozessen. Bei der Umsetzung von KI-Projekten nimmt deren Bedeutung jedoch nochmals deutlich zu.

Wie aber kann die Verbindung von klassischen Phasenmodellen des Change-Managements und der HFA-Charta zu einem „Human Friendly Change" konkret aussehen?

Phase 1: Unfreeze

Der Phase des Unfreeze kommt gerade bei der Einführung von KI-Projekten eine besonders große Bedeutung zu, weshalb sich die Führung für die Gestaltung dieser Phase ausreichend Zeit nehmen sollte, um ein möglichst breites Verständnis zu entwickeln, was sich genau verändert, welche Chancen und Risiken bestehen. Es geht darum, gemeinsam mit den Beschäftigten eine Vision und Ziele für die geplanten KI-Anwendungen zu erarbeiten. Wichtig ist es in dieser Phase, die Beschäftigten über die Funktionsweise des KI-Systems aufzuklären. Ein Grundverständnis der Technologie ist die Basis, um Vertrauen aufzubauen. Auf der Grundlage von Vision und Strategie sollte dann gemeinsam mit den Betroffenen ein klarer Rahmen für den Veränderungsprozess entwickelt werden, der Sicherheit und Vertrauen schafft. Hier geht es um das konkrete Design der KI-Systeme, d. h. die Zusammenarbeit zwischen Menschen und KI, Fragen des Datenschutzes etc. Die Rahmensetzung muss ergänzt werden durch eine transparente Veränderungsarchitektur, die den Beschäftigten Orientierung und Transparenz über den Prozess der Implementierung vermittelt. Im Unterschied zum Modell von Kotter sollte bereits in der Phase des Unfreeze die Partizipation deutlich erhöht werden. In dieser Phase geht es darum, die HFA-Werte Menschlichkeit & Autonomie und Entfaltung & Befähigung umzusetzen.

Phase 2: Change

Kommunikation gilt schon seit Längerem als einer der wichtigsten Erfolgsfaktoren für das Gelingen von Veränderungsprozessen. Dies gilt nach unseren ersten praktischen Erfahrungen in besonders hohem Maße bei der Implementierung von KI-Projekten. Führungskräfte müssen die Vision und Strategie so kommunizieren, dass die Mitarbeitenden diese verstehen und nachvollziehen können. Darüber hinaus brauchen die Beschäftigten auch ein Verständnis des Big Picture. Damit sind die Anforderungen an die Change-Kommunikation in KI-Projekten besonders hoch.

Darüber hinaus muss in dieser Phase die Beteiligung der Beschäftigten nochmals erweitert werden. Gerade bei der operativen Umsetzung der KI-Projekte sollten die Beschäftigten von Beginn an aktiv einbezogen werden, etwa bei der Gestaltung der Mensch-Maschine-Interaktion. Nur unter dieser starken Beteiligung kann die Arbeit anwendungsfreundlich und human gestaltet werden. Eine große Bedeutung kommt in dieser Phase zudem der vorausschauenden Qualifizierung der Beschäftigten zu. Da mit der Einführung von KI-Lösungen immer ein Skill-Shift unter den Beschäftigten verbunden ist, muss die Kompetenzentwicklung ein zentraler Baustein der Veränderungsarchitektur sein. Die HFA-Werte Offenheit & Transparenz sowie Entfaltung & Befähigung sind in dieser Phase besonders zu berücksichtigen.

Phase 3: Refreeze

In der Organisationsforschung wird vermehrt die Frage gestellt, ob in einer Zeit beschleunigten Wandels die Phase des Refreeze überhaupt noch funktional ist. Neuere empirische Studien zeigen jedoch, dass chronisch instabile Organisationen zu Desintegration und damit zu einem Rückgang ihrer Leistungsfähigkeit tendieren (Gergs/Lakeit 2020). Organisationen stehen nicht nur vor dem Problem der ständigen Anpassung an sich verändernde Umweltanforderungen, sondern müssen parallel immer auch die Integration und Restabilisierung der Organisation im Blick behalten. Dies kann bei der Einführung von KI-Projekten vermutlich nur in begrenzter Weise gelten – begrenzt daher, weil z. B. bei der Einführung selbstlernender Systeme die Veränderung selbst zur Routine wird und der Veränderungsprozess nie abgeschlossen sein wird. Aus diesem Grunde müssen KI-Systeme nicht nur in der Einführung, sondern auch im operativen Einsatz kontinuierlich überprüft, evaluiert und ggf. angepasst werden. Um diesem Prozess einen sicheren Rahmen zu geben, könnte es sinnvoll sein, einen paritätisch besetzten KI-Rat zu etablieren, der die Change-Prozesse dauerhaft begleitet. In dieser Phase muss der Fokus auf die HFA-Werte Ganzheitlichkeit & Langfristorientierung gerichtet werden.

Ausblick: wie sich das Change-Management in der KI-Ära selbst verändern muss

Die bewährten Verfahren von heute werden angesichts der großen technologischen, wirtschaftlichen und gesellschaftlichen Veränderungen möglicherweise in Zukunft nicht mehr erfolgreich sein. Das gilt auch für das Change-Management selbst! Aus diesem Grund müssen wir auch unsere eigenen Methoden und Vorgehensweisen im Veränderungsmanagement der AUDI AG kontinuierlich auf den Prüfstand stellen. Unsere Argumentation hat gezeigt, dass die bestehenden Change-Modelle von Lewin und Kotter für die Implementierung von KI-Projekten nach wie vor Bestand haben und in allen Phasen des Veränderungsprozesses die Partizipation der Beschäftigten erfolgskritisch ist. Die HFA-Werte-Charta kann dazu beitragen und bei der Gestaltung von Change-Prozessen angewandt werden. Für die Entwicklung des Veränderungsmanagements sehen wir darüber hinaus folgende thematische Ansatzpunkte:

- *Personalentwicklung und Change-Management müssen enger zusammenrücken:* Bei der Implementierung von KI-Projekten muss das vorausschauende Qualifizieren von Beschäftigten zu einem zentralen Bestandteil der Veränderungsarchitektur werden. Die digitalen Möglichkeiten bieten zudem eine Chance, die Qualifizierung zunehmend maßgeschneidert auf das Individuum abzustimmen. Die Grenzen zwischen Personal- und Organisationsentwicklung werden infolgedessen verschwimmen. Insofern werden sich auch die Kompetenzanforderungen an die Steuerung von Veränderungsprozessen wandeln und für Change-Verantwortliche wird ein tiefes Verständnis für Personalentwicklungsthemen notwendig werden.
- *Das Comeback der lernenden Organisation:* Nicht nur auf der individuellen Ebene erfordert die Einführung von KI Lern- und Entwicklungsprozesse, sondern auch auf der Ebene der Gesamtorganisation. Aufgrund der Komplexität der KI-Projekte und der enormen Entwicklungsdynamik sollten diese Projekte zukünftig als kontinuierlicher Lernprozess angelegt werden. Ganz nach dem Motto: Selbstlernende KI-Lösungen brauchen selbstlernende Organisationen.
- *Beteiligungsformate weiterentwickeln:* Der Bedarf an partizipativen Methoden und Vorgehensweisen wird bei der Implementierung von KI-Projekten weiter steigen. Das Methodenrepertoire des Veränderungsmanagements ist in diesem Sinne weiterzuentwickeln.
- *Change-Management goes KI:* Auch wenn analoge Formate in Veränderungsprozessen weiterhin eine hohe Bedeutung haben werden, sollten wir uns im Change-Management dringend damit beschäftigen, wie digitale Formate und KI-Lösungen in der Begleitung und Beratung von Veränderungsprozessen sinnvoll genutzt werden können. Big Data und Machine Learning bieten neue Möglichkeiten zur passgenaueren

Gestaltung von Veränderungsprozessen. Dadurch wird die Profession des Change-Managements selbst herausgefordert und verändert. Es stellt sich die Frage, welche Qualifikationen wir im Veränderungsmanagement bei der AUDI AG zukünftig benötigen werden. Hier werden wir selbst zu Betroffenen und hoffen dann, dass dieser Veränderungsprozess human friendly erfolgt!

Literatur

Cummings, T. G., C. G. Worley (2015): Organization development & change. Mason (CA): Cengage Learning.

Gergs, H.-J., A. Lakeit (2020): Agilität braucht Stabilität. Mit Ambidextrie Neues schaffen und Bewährtes bewahren. Stuttgart: Schäffer Poeschel.

Kämpf, T., B. Langes (2021): Künstliche Intelligenz in der digitalen Arbeitswelt. Erste Befunde einer empirischen Bestandsaufnahme. In: DENK-doch-Mal.de. https://denk-doch-mal.de/tobias-kaempf-barbara-langes-kuenstliche-intelligenz-in-der-digitalen-arbeitswelt-erste-befunde-einer-empirischen-bestandsaufnahme/

Kotter, J. P. (1996): Leading Change. Boston: Harvard Business School Press.

Lewin, K. (1947): Resolving Social Conflicts: Selected papers on group dynamics. New York: Harper.

KOMMENTAR

David Hirsch, Senior-Berater „Arbeitsplatz der Zukunft", ALH Gruppe

DAVID HIRSCH

Wer ist als Nächstes dran? Die Auswirkungen von Künstlicher Intelligenz spürt man auch im Veränderungsmanagement bei Audi.

Funktionieren die klassischen Change-Modelle und die damit verbundenen Vorgehensweisen in der Bot-Ära noch? Es ist als sehr positiv zu bewerten, dass sich der Bereich Change-Management der AUDI AG bereits heute diesen Fragen stellt. Die klassischen Modelle bieten Leitplanken aus jahrzehntelanger Praxiserfahrung und mitunter auch Vorgehensweisen für eine immer chaotischer werdende Arbeitswelt. Der Beitrag verbindet die HFA-Werte mit den klassischen Change-Modellen und kommt zu dem Befund, dass die grundsätzlichen Phasen von Veränderungsprozessen auch in einer zukünftigen Bot-Ära sinnvoll sind. Bei der konkreten Ausgestaltung der einzelnen Phasen, so das Fazit des Beitrags, können die HFA-Werte und -Prinzipien äußerst hilfreich sein.

Was mir in der Betrachtung etwas zu kurz kommt, ist, dass es eben nicht nur um Bots geht, sondern um grundlegende Änderungen in dem Wie der Zusammenarbeit. Um die Wirkungen und Auswirkungen von KI transparent und erlebbar zu machen, sollte der Phase 1 eines Implementierungsprojekts noch eine zusätzliche Phase 0 vorgeschaltet werden. Für viele Beschäftigte ist generative KI (wie z. B. ChatGPT) nicht viel weniger als Raketenwissenschaft. Somit muss in dieser Phase 0 ein Verständnis geschaffen werden, was mit dieser neuen Technologie überhaupt möglich ist. Die Menschen müssen Zeit bekommen, um damit herumzuspielen. Dabei sollte darauf geachtet werden, dass auch konkrete Anwendungsfälle demonstriert werden. Es geht also darum, schon weit im Vorfeld der Einführung von KI-Lösungen das grundlegende Wissen der Beschäftigten um KI zu erhöhen.

Angesichts der Geschwindigkeit, in der sich aktuelle und zukünftige KI-Systeme und -Lösungen entwickeln werden, sehe ich ferner das „lineare" Vorgehen in den klassischen Change-Modellen als kritisch. Wenn wir Pech haben, dann erfolgt der Einsatz von KI in einer exponentiellen Kurve. Daher sollte dem iterativen Aspekt viel mehr Aufmerksamkeit zugewendet werden. Change-Projekte mit Laufzeiten von mehreren Monaten oder gar Jahren sollten in Zukunft nur noch die Ausnahme und nicht die Regel darstellen. Hier kann das von den Autoren vorgeschlagene Vorgehen durch den Rückgriff auf agile Methoden erweitert werden.

8. HFA GOES GLOBAL – HOW "PAYROLL" BECAME AN AGILE SPEEDBOAT WITH AI

Jon Lester, Vice President HR Technology, Data and AI, IBM

JON LESTER

There is a lot of talk about AI making simple clerical jobs obsolete, but perhaps creating new, better jobs. What might that look like? IBM has shown this in payroll accounting. Tedious manual transfer of data develops into qualified jobs as chatbot managers, communication specialists, web specialists and automation architects. People in payroll accounting are climbing to a new level in the value chain.

IBM's Payroll Transformation

The concerns surrounding the widespread adoption of AI and wider automation technologies are growing. Significant numbers of previously ring-fenced, traditional white-collar roles will be displaced by intelligent robots as manual, repetitive, high-volume tasks are increasingly automated. What is also becoming more apparent, however, is that, as in previous industrial revolutions, new 'human' roles are being invented that could not have been envisioned even 3 to 5 years ago. These roles are better paid in most cases and are moving humans up the value-chain in what is becoming a truly hybrid workforce. But what could this mean in practice? How do these new roles materialize?

IBM HR has undergone significant transformations in the 21st Century. It has moved from a local country delivery model to a number of centralized 'Delivery Centers' supporting over 300,000 employees in the first decade. In 2016 HR implemented a single global Cloud platform for HR 'back-office' functions including core HR, off-boarding, compensation, time and absence, benefits and a small number of our largest payrolls, i.e. US, UK and Canada.

Whilst this program exceeded its business case around consolidating and sunsetting over 200 different local systems, improving data quality, simplifying experiences for IBMers, and shifting the culture of HR from federated to centralized, it had not necessarily changed the way that work was delivered on the operations side of the individual HR functions. Outside the processes enabling manager and employee self-service, HR Operations' SMEs were still spending much of their time moving data manually across systems. They were reconciling what was in the destination system with the source system or validating all relevant data in the target system prior to running the gross-to-net. Whilst HR processes had been eliminated, standardized, or simplified for the end user, very little genuine transformation had been achieved for the operations experts.

In 2019 HR at IBM prioritized discerning how to transform the work undertaken by the HR operations teams in the delivery centers. One of the initial questions faced was where to start when implementing this new model of hybrid working. IBM HR chose payroll as the function around which to create a partnership of transformation. Payroll was ripe for human-friendly automation as the exemplar to the rest of HR and beyond, as there existed a great potential for 'Return on Investment' and a customer-focused culture that could be aligned to delivery excellence.

Taking processes 'as is' is not adequate ...

In creating a 'Transformation' capability within HR, leadership needed to understand that transformation does not just happen spontaneously but is something that needs to be orchestrated by a multi-skilled team of people willing to shift their own careers in new directions.

Key to HR Transformation methodology was to put Data and People firmly at the center. When the transformation team worked with its first country payroll (payroll is always local by nature and there is no true concept of a global payroll organization) it made the cardinal mistake of taking processes 'as is,' and simply applying automation to them. The end product was a group of badly automated processes with little or no value to payroll.

... working with the payroll SMEs is necessary!

After a brief retrospective, the team created a simple method as the basis for successful transformation in subsequent years:

- Always start with the experience of the end user and/or the process to be transformed. Work with the payroll SMEs; understand where they spend their time in every payroll cycle; and identify all manual touch points with a focus on volume and repetition.
- Next consider the different Automation technologies available to automate that process. These could include digital assistants, Robotic Process Automation (RPA), a new cloud platform, or simple analytics automation solutions.
- If applied correctly, the 'work' now undertaken by the payroll team is fundamentally transformed and unless the team is re-skilled (particularly in digital skills development), it is in effect not capable of delivering payroll in the new model. A rapid and fundamental shift in the training of, and investment into, the payroll operation's SMEs must be undertaken.
- The final element of transforming the payroll department was the organization structure, and a shift to an agile/transformational culture – in effect a continuous, self-transformational mindset. This meant monthly payrolls were managed via a Kanban board. Each team had daily stand-ups. They formed squads per country and tribes by region. There was a social contract that the team members themselves created and adhered to. New smaller transformations were delivered in agile sprints with retrospectives.

Procedure ...

AI and Automation therefore are key elements of this transformation, but automation can come in many forms. The first of these deployed for HR was a simple 'chatbot' which in later years was re-invented as an intelligent digital assistant. Based on an open platform of Watson Assistant and Watson Discovery the first FAQ chatbot in IBM HR was deployed in four weeks at the end of 2016 to coincide with a revamped and re-platformed annual global performance management program. The successful adoption of this HR chatbot in supporting large-scale programs, i.e. 90,000 questions in three weeks, set the agenda for self-serve Q&A support for managers and employees engaging HR.

In 2019 three major milestones were achieved: first, chatbot technology had evolved to enable a single chatbot (AskHR) for all HR FAQs and so simplify the experience; secondly, through the use of Watson Discovery, AskHR could also support policy search for HR across over 4500 policy pages on the company intranet; and thirdly, with the underlying cloud solutions going to Platform as a Service (PaaS) via open APIs the now digital assistant could deliver transformed/simplified transactions via clicks rather than native cloud pages.

These three capabilities significantly opened up the 'Natural Language Processing' AI solution to transform the way employees engaged with payroll. All simple FAQs, policy queries and several other transactions could now be delivered in seconds for a global audience, but personalized to the role, country, and seniority of the end user.

... and new roles for employees

Having a payroll SME develop the FAQs for a country payroll, they could move out of the tier 2 (payroll specialist) support model and instead become a 'chatbot manager' for payroll. They learned how to 'code' and train a chatbot in how to recognize specific questions and select the correct answer with high confidence levels. This new role for payroll would collate feedback from end users to constantly create new content.

Additionally, the payroll generalist who sat in Tier 1 (HR Helpdesk) also evolved into a new role, that of conversational specialist. Identifying the support operative who had the highest customer satisfaction for payroll related questions, the transformation team moved them out of first-line support and trained them in how to redesign payroll experiences/ processes via chat. For example, when asking, "how to find my payslip," the conversational specialist would create the simplest experience that would both outline the process in the relevant payroll solution and create a single link that would get them there.

Another new role created by using a digital assistant for payroll was that of web specialist. Adding Watson Discovery to the portfolio of the Assistant enabled policy search capability. However, every page on the intranet needed to be 'tagged' with key words to facilitate correct responses. The accuracy of search was improved by the specialist running annual metrics on policy page usage and removing redundant content – IBM HR moved from over 25,000 policy pages to under 10,000 within three years.

When combining the new skills and roles across payroll i.e., chatbot manager, conversational specialist, and web-page developer, a constantly improving digital assistant was created. One underlying principle in all these 'technical' roles was that it was easier to teach an experienced payroll person technology than it was to teach an experienced technical developer how to manage payroll.

The second technology enabler of payroll transformation was Robotic Process Automation (RPA). Once the processes had been eliminated, simplified, standardized (where possible for payroll) and the work centralized from the countries to the delivery centers, these processes could be automated via RPA. There were two key resets required:

- Adhere to the method of transforming the process before automating.
- Review the structure of the automation teams who did not understand payroll processes or terminology and could not ask probing questions or link subsequent processes together.

A simple solution was to teach payroll SMEs the art of the possible when it came to RPA technology and so create the role of payroll automation architect. Every payroll squad in IBM now has an Automation Architect who has attended a two-day classroom-based training course (with certification). Each architect in a squad was identified from within the payroll team as being a process SME and having an interest in learning more about automation technologies. All the Automation Architects are now leaders in identifying additional opportunities for simplification and automation and are key drivers for continuous self-transformation. As the technologies have progressed the team has been able to rationalize the number of robots used in payroll across the world, reducing from more than 250 robots to fewer than 150. A dashboard was created so that the payroll department could see in real-time which RPAs were not run on schedule, which have started to run more slowly than in previous months and which may have failed during a run. This enabled immediate identification of issues and is the start of the journey to zero down-time.

An additional new role in payroll as data was placed at the heart of the transformation was HR data scientist. In every payroll department there exists someone who is the expert on spreadsheets. To enable transformation, it is important to identify this person as they will be required to create the metrics critical to the success of the program. Data will showcase the issues in a payroll department, identify how these issues can be resolved, and then decide if the success metrics have been met. That person, having undertaken a two year learning path becomes a data scientist who enables continuous self-transformation across the payroll department.

The final impact of applying human-friendly automation to IBM's payroll is that the role of the payroll specialist has fundamentally changed. Payroll SMEs are still expected to know basic country payroll fundamentals, such as tax, pension, year-end and regulatory compliance. They also need to be able to explain how pay is calculated for those queries a chatbot cannot answer. However, they are now trained in data analytics; chat content management; automation offerings and capabilities; vendor management; sprint/iterations management; agile ways of working; collaboration tools, such as Slack, Box, Trello, and external market trends and peer networking.

Consequences: Moving up to new levels

When we applied the levers of transformation to the UK payroll and aligned the team to the new roles/capabilities, we saw significant shifts in the value of the payroll professionals. As well as removing manual, high volume, repetitive work from the payroll team, the speed at which payroll could be delivered improved significantly. This meant that the black-out period for employee and manager inputs (the time for which the system is closed to data inputs to enable payroll to be run) went from 14 days per month in one country to just seven days. This resulted in fewer late starter entries, fewer late leaver entries and, therefore, fewer under/over payments and supplementary runs, meaning significant reduction in the effort for finance to chase up repayments from employees.

One positive by-product of this shift to digital skills is that by performing higher value tasks, the payroll operative by nature needed to be promoted to recognize these more elevated and value-based roles and skills – something that HR quickly delivered. In the last three years of the global payroll transformation, the average band/level across the department increased by a whole 'band'. The same model and approach linking human-friendly AI and Automation with re-skilled HR SMEs is now transforming the rest of HR. Someone was even overheard saying, "We want to be as cool as payroll'.

What does the future look like for payroll and human-friendly automation? The one constant will be continuous transformation and a mindset that embraces rather than fears this. It includes further AI and automation capabilities as we utilize new offerings such as Watson Orchestrate which is automation with a 'memory'. The future will include new roles in payroll we have not currently envisioned, especially as AI starts to move into payroll related activities and ethics becomes a focal point for all HR specialists. With the adoption of 'payroll on demand,' speed will become the key asset for delivering payroll (aligned to accuracy), something a hybrid workforce linking digital workers to human workers will be enabled to deliver. The key to this future will be payroll specialists who have the knowledge and freedom to re-invent themselves and their functions through technology.

KOMMENTAR

Daniel Knapp, Vorstand, andrena objects ag

Die Digitalisierung bietet völlig neue Optionen, Prozesse effizienter zu gestalten, indem sie Daten intensiv nutzt. Innerhalb der Wertschöpfungskette lassen sich zentral verfügbare Prozessdaten verwenden, um redundante, regelbasierte und großvolumige Arbeiten zu übernehmen. Dabei geht der Einsatz von KI viel tiefer als eine bloße Automatisierung bestehender Prozesse. KI richtet den Blick auch intensiv auf den fachlichen Sinn eines Arbeitsprozesses. Was soll der Prozess leisten, welcher Logik folgt er, wie bauen die Prozessschritte inhaltlich aufeinander auf? Dieses detaillierte Verständnis des „Warum" ist erfolgsentscheidend – und ohne die Beschäftigten selbst nicht zu erreichen. Sie intensiv zu beteiligen ist daher eine klare Anforderung solcher Projekte. Gleichzeitig erhalten die Beschäftigten selbst die Chance, neue, digitale Kompetenzen zu erwerben.

Wie das in der Praxis aussehen kann, illustriert dieser Beitrag sehr anschaulich. Darin schildert der Autor viele Erfahrungen und Überzeugungen, die in meinen Augen für Agilität elementar sind: die Bedeutung crossfunktionaler Teams, das Entstehen neuer Rollen, die enge Zusammenarbeit zwischen Entwicklung und Fachbereich, iteratives Lernen, Empowerment der Mitarbeiter*innen ... und das Ziel, hybride Systeme zu schaffen, die digitale und menschliche Fähigkeiten verbinden, um ein ganz neues Level an Produktivität zu erreichen. Damit wird sehr deutlich, dass sich auch die Art der professionellen Softwareentwicklung unter dem Einfluss von KI weiter verändern wird. Der Artikel zeigt am Beispiel von Payroll bei IBM, warum solche Veränderungen ein großer Gewinn sein können – für alle Beteiligten!

9. BETEILIGUNG UND MITBESTIMMUNG ALS ERFOLGSFAKTOR – WIE WIR MIT EXPERIMENTIERRÄUMEN NEUE INNOVATIONSKULTUREN VON UNTEN SCHAFFEN

Markus Hoppe, wissenschaftlicher Mitarbeiter, INPUT Consulting gGmbH,
Giovanni Suriano, Konzernbetriebsrat, Deutsche Telekom

MARKUS HOPPE,
GIOVANNI SURIANO

Im Kundenservice des Großunternehmens gibt es bereits eine große Bandbreite an KI-Anwendungen, und an weiteren Innovationen wird intensiv gearbeitet. Die Betriebsparteien haben die Chancen dieser Technologie für Unternehmen und Belegschaft erkannt und sich frühzeitig gemeinsam für eine menschenfreundliche Realisierung eingesetzt. So konnte in den Mitbestimmungsinstitutionen ein Rahmen für eine selbstbestimmte Beteiligung der direkt betroffenen Beschäftigten geschaffen werden: Mitbestimmung ermöglichte Selbstbestimmung. In betrieblichen Praxislaboratorien gelang es, die Erfahrungen der Beschäftigten etwa mit

Chatbots in den Mittelpunkt zu stellen. Sie konnten ihre Bedürfnisse selbst formulieren und wertvolle Verbesserungsvorschläge einbringen.

Künstliche Intelligenz im Kundenservice und ihre Auswirkungen auf Arbeit

Künstliche Intelligenz wird im Kundenservice der Telekom in vielfältiger Weise genutzt. Bei der für den Kundenservice zuständigen Tochtergesellschaft, der Deutsche Telekom Service GmbH (DTS), gibt es verschiedene Anwendungsbereiche für KI. Im digitalen Selfservice stehen Kund:innen verschiedene webbasierte Portale und Apps zur Verfügung, mit denen sich einfache Anliegen selbstständig erledigen lassen. Die wichtigste Selfservice-Technologie ist „Frag Magenta", ein Chatbot, der auf der Website der Telekom unterstützend agiert. Für die Zukunft ist eine Ausweitung von Chat- und Voicebots, die sich dem Anwendungsbereich Frontline Robotics zuordnen lassen, geplant. Aktuelles Beispiel ist „Selena", die für die digitale Festnetz-Beratung eingesetzt wird. Bei der DTS sind darüber hinaus Agenten-Support-Systeme im Einsatz. So dient etwa der Persönliche Interaktive Assistent PIA (Bayer/Bohn 2020) dazu, Datenabgleiche vorzunehmen oder Vorgänge zur Informationssuche im Kundengespräch zu unterstützen. Ein weiterer KI-Anwendungsbereich, Back-End Robotics, bezieht sich auf die Automatisierung von Hintergrundprozessen. KI unterstützt dabei die Steuerung von Geschäfts- und Arbeitsprozessen. Hinzu kommen KI-Anwendungen, die in den Bereich der vorausschauenden Wartung (Predictive Maintenance) von Verschleißteilen und Infrastruktur fallen. Schließlich werden anonymisiert die Kontaktgründe von Kundenanliegen mittels Data Analytics ausgewertet.

Der Einsatz von KI im Kundenservice hat zweifelsfrei Vorteile für die Beschäftigten. So lassen sich durch die vorgeschaltete Interaktion von Kund:innen mit „Frag Magenta" bereits viele Standardanliegen bearbeiten, etwa die Mitteilung von Adressänderungen oder Vertragsverlängerungen. Dies entlastet die Kundenberater:innen von wenig fordernden und monotonen Routinetätigkeiten. Digitale Assistenten wie PIA stellen Informationen aus verschiedenen Quellen mit Kund:innendaten bereit, sodass Kundenberater:innen nicht mehr verschiedene Datenbanken simultan bedienen müssen. Die dadurch frei werdenden Kapazitäten können ins Beratungsgespräch einfließen und dessen Qualität steigern. Mit der KI-basierten Automatisierung von Hintergrundprozessen werden Schnittstellen beseitigt und potenzielle Fehlerquellen reduziert. Zu den Chancen des KI-Einsatzes im Kundenservice gehört auch, dass den Kund:innen neue Produkte und Services zur Verfügung stehen, neue Geschäftsfelder erschlossen werden und insbesondere für Menschen mit Handicap neue Beschäftigungsmöglichkeiten geschaffen werden können.

Die Rolle der betrieblichen Mitbestimmung in der KI-Transformation

Die Herausforderungen der digitalen Transformation sind mit den Erfahrungen aus der bisherigen Regulierungspraxis allein kaum zu stemmen. Das stellten die Betriebsparteien der DTS bald fest und sie reagierten schnell und entschieden. Es bestand rasch Einigkeit darüber, dass eine aktive Beteiligung der Beschäftigten an KI-Innovationsprozessen nötig und tatsächlich auch für Unternehmen und Belegschaft vorteilhaft ist. Zur Umsetzung war ein geeigneter betriebspolitischer Rahmen zu schaffen. Zunächst bezog der Gesamtbetriebsrat Position und verpflichtete sich auf das strategische bzw. politische Ziel, die technologische Weiterentwicklung proaktiv mitzugestalten.

Anschließend arbeiteten die Betriebsparteien gemeinsam auf eine Modernisierung des Mitbestimmungsprozesses in Sachen IT und KI hin. Wichtig war ihnen, dass die Beziehungen zwischen Arbeitgeber und Betriebsrat tatsächlich auf Augenhöhe stattfinden. Sie verständigten sich auf gemeinsame Leitlinien, die eine frühzeitige und umfassende Einbindung der Interessenvertretung durch den Arbeitgeber bei geplanten Entwicklungen sicherstellen und zugleich die proaktive Mitwirkung des Betriebsrats einschließen. Seit dieser Modernisierung des IT-Mitbestimmungsprozesses, der auch KI-Systeme einschließt, gilt die Beteiligung und Mitbestimmung als Erfolgsfaktor einer gelingenden digitalen Transformation. Der Mitbestimmungsprozess setzt einen Rahmen dafür, dass Beschäftigte in einem sozialpartnerschaftlichen Umfeld zu aktiven Mitgestaltern der betrieblichen KI-Praxis werden können.

Bei der DTS hat sich ein Regelungswerk etabliert, das aus konzernweit gültigen und ergänzenden Vereinbarungen der Gesellschaft besteht und sich seit Ende 2022 an einem „KI-Manifest" orientiert. Die Grundlage der prozessorientierten Mitbestimmung bildet eine für die gesamte Telekom geltende IT-Rahmenvereinbarung, die auf alle genutzten IT- und KI-Systeme anzuwenden ist. Für die DTS gilt darüber hinaus eine Gesamtbetriebsvereinbarung Digitalisierung, in der die Betriebsratsbeteiligung konkretisiert wird. Darin wurde das Instrument „Digi-Board“ als gemeinsames Gremium zwischen Arbeitgeber und GBR etabliert, das die frühzeitige Information und Einbindung der betrieblichen Interessenvertretung in geplante Entwicklungen sicherstellt. Zudem wurde eine halbjährlich zu erstellende Roadmap vereinbart, mit der die Interessenvertretung über anstehende Neuerungen informiert wird. Der Arbeitgeber ist außerdem verpflichtet, bei jeder neuen Anwendung einen Steckbrief zu erstellen und darin über die Funktionsweise, Nutzungspotenziale und möglichen Folgen für Beschäftigte zu informieren. Dies ermöglicht die Betriebsratsbeteiligung bereits im Entwicklungsstadium von IT und KI. Wird auf Basis des Systemsteckbriefs beiderseitig kein Handlungsbedarf konstatiert, kann

Stufe 5	Anwendung mit unvertretbarem Schädigungspotenzial	Vollständiges oder teilweises Verbot eines algorithmischen Systems	Schädigungspotenzial ↑
	Verbot		
Stufe 4	Anwendung mit erheblichem Schädigungspotenzial	Zusätzlich z. B. Live-Schnittstelle zur kontinuierlichen Kontrolle durch Aufsichtsinstitution	
Stufe 3	Anwendung mit regelmäßigem oder deutlichem Schädigungspotenzial	Zusätzlich z. B. Ex-ante-Zulassungsverfahren	
Stufe 2	Anwendungen mit einem gewissen Schädigungspotenzial	z. B. formelle materielle Anforderungen (wie Transparenzpflichten, Veröffentlichung einer Risikofolgenabschätzung) oder Kontrollverfahren (wie Offenlegungspflichten gegenüber Aufsichtsinstitutionen, Ex-post-Kontrolle, Auditverfahren)	
	Beginn spezifischer Regulierung		
Stufe 1	Anwendungen ohne oder mit geringem Schädigungspotenzial	Keine gesonderten Maßnahmen	

Abbildung 1: Kritikalitätsstufen. Adaptiert nach Datenethikkommission 2019: 19

das System unter Beachtung der IT-Rahmenvereinbarung angewandt werden. Gibt es Handlungsbedarf, werden die Voraussetzungen des Einsatzes geprüft, ggf. eine „Validierung" vorgenommen und Auflagen (z. B. Evaluierung von Zwischenergebnissen) festgelegt. Als Maßstab gelten dabei die Kritikalitätsstufen von IT- und KI-Systemen, die aus den Empfehlungen der Datenethikkommission (Datenethikkommission 2019) und den Prüffragen der High-Level Expert Group (HLEG) der Europäischen Kommission (European Commission 2019) abgeleitet worden sind.

Im institutionellen Mitbestimmungsprozess wurden so die Voraussetzungen dafür geschaffen, dass die Beschäftigten selbst aktiv an der Gestaltung des betrieblichen KI-Geschehens teilhaben können. Mitbestimmung schafft den Rahmen für Selbstbestimmung. Echte Beteiligung und Innovationen von unten können nur dann realisiert werden, wenn operativ tätige Mitarbeiter:innen des Kundenservice ihre erfahrungs- und wissensbasierten Kompetenzen selbst in die KI-Gestaltung einbringen können. Dafür bedarf es einer direkten Partizipation von Beschäftigten an technologischen Veränderungsprozessen im Unternehmen – und dies nicht nur im Eigeninteresse der Beschäftigten, sondern des Unternehmens insgesamt.

Beschäftigte beteiligen in betrieblichen Praxislaboratorien

Die Beteiligung der DTS am Lern- und Experimentierraumprojekt humAIn work lab hatte zum Ziel, in betrieblichen Praxislaboratorien menschenzentrierte KI-Gestaltungslösungen zu entwickeln und zu erproben. Die Praxislaboratorien finden in einem sozialpartnerschaftlich geschützten Umfeld mit direkter Beteiligung von Beschäftigten aus dem operativen Kundenservice statt. Aufbauend auf einen Initialworkshop, bei dem die Ergebnisse einer vorgeschalteten Analysephase mit wissenschaftlicher Begleitung durch die INPUT Consulting gGmbH Stuttgart diskutiert und daraus Arbeitspakete für die Arbeit in den Praxislaboratorien abgeleitet wurden, arbeiteten die Laboratorien in einer einwöchigen Praxisphase agil an selbstgewählten Aufgabenstellungen. Drei Praxislaboratorien wurden bislang im Rahmen des humAIn work lab für die KI-Anwendungsszenarien Digitaler Selfservice für Kund:innen (Frag Magenta) und Assistenzsysteme (PIA, Real Time Voice Analytics RTVA) durchgeführt, ein viertes ist im Sommer 2023 zum Thema Automatisierung (Front-End-Assistenten und deren Orchestrierung) geplant. An den bereits absolvierten Laboratorien haben jeweils drei bis sechs operativ tätige Beschäftigte, Personen aus den für die Systementwicklung zuständigen IT-Fachseiten sowie Mitglieder der betrieblichen Interessenvertretung teilgenommen. Neben der Erarbeitung von Vorschlägen zur Verbesserung der Funktionalitäten der KI-Systeme und der Diskussion von Maßnahmen zur Steigerung der Nutzenakzeptanz kristallisierten sich insbesondere zwei Gestaltungslösungen heraus, anhand derer klar wird, dass Beschäftigte tatsächlich zu Beteiligten im Sinne einer menschenzentrierten KI-Gestaltung werden können.

Zum einen wurde mit der Ausarbeitung eines Multiplikator:innenkonzepts am Beispiel von PIA deutlich gemacht, wie der Wissenstransfer in Sachen KI zwischen IT-Fachseiten und operativ tätigen Kundenberater:innen verbessert werden kann, sodass eine anforderungs- und bedarfsgerechte Technikgestaltung möglich wird und vorhandenes Prozesswissen in die KI-Systeme integriert werden kann. Im Praxislaboratorium zu PIA wurde u. a. eine „Stellenbeschreibung" erarbeitet, in der die Anforderungen an eine Tätigkeit als Multiplikator:in ebenso thematisiert wurden wie die als notwendig erachteten Motivationsanreize für die Übernahme der Aufgabe vonseiten des Unternehmens. Ebenso wurde eine Onlineumfrage aller PIA-Multiplikator:innen vorbereitet, mit der die tatsächlichen Zeitaufwände, die Beweggründe für die Wahrnehmung der Funktion sowie die gesammelten Erfahrungen im Nachgang erhoben wurden. Ziel war es, das Nutzenpotenzial der Multiplikator:innenfunktion auch für andere KI-Technologien abteilungs-, aber auch unternehmensübergreifend aufzuzeigen.

Zum anderen wurde als Wegweiser für perspektivische Beschäftigungsmöglichkeiten im Unternehmen unter den Bedingungen der fortschreitenden digitalen Transformation herausgearbeitet, wie mit Fachkarrieren berufliche Entwicklungsmöglichkeiten für operativ Beschäftigte geschaffen und in die unternehmensweite Qualifizierungs- und Personalentwicklungsplanung integriert werden können. Hierbei wurden in den Praxislaboratorien u. a. exemplarisch die Entwicklungspfade von Personen nachgezeichnet, die sich ausgehend von ihrer Tätigkeit in der Kundenberatung in ihre aktuelle Position als IT-Entwickler:in intern weiterentwickelt haben. Damit konnten die beruflichen Entwicklungspotenziale transparent gemacht werden, die im Zusammenhang mit den verschiedenen betrachteten KI-Anwendungen und auch darüber hinaus bestehen.

Vertiefend wurde als Teil der Arbeit im Praxislaboratorium im Austausch mit der für die interne Qualifizierung verantwortlichen Abteilung (Academy) analysiert, welche strukturierten Qualifizierungsmodule (z. B. Fit@ Digitalisierung), informellen On-the-Job-Lerninhalte (z. B. Ableiten von Parametern der Prozessmodellierung aus dem operativen Arbeitsprozess) sowie organisatorischen Rahmenbedingungen (Rolle der Führungskräfte beim Erkennen von Potenzialträger:innen, Netzwerke zu den IT-Fachseiten) für die Etablierung von KI-Fachkarrieren notwendig sind.

Lernerfahrungen aus den Praxislaboratorien

Insgesamt hat sich in den Praxislaboratorien gezeigt, dass operativ tätige Beschäftigte einen großen Erfahrungsschatz hinsichtlich der sie betreffenden Arbeitsprozesse sowie ein breites Spektrum an Ideen zur Verbesserung digitaler und KI-gestützter Arbeitsmittel und -abläufe mitbringen. Hinzu kommt, dass sie ein hohes Maß an Motivation für die Beteiligung am Praxislaboratorium haben, da sie es als Abwechslung vom Arbeitsalltag erleben, als Wertschätzung vonseiten der Führungskräfte verstehen und persönlich als Möglichkeit sehen, ihren beruflichen Horizont zu erweitern und wertvolle Verbesserungsvorschläge mit Nutzen für das gesamte Unternehmen einzubringen. Beschäftigtenbeteiligung bei KI-Projekten ist aber, so haben die gesammelten Erfahrungen in den Praxislaboratorien gezeigt, kein Selbstläufer, sondern sie ist voraussetzungsvoll. Zunächst ist es wichtig, die Beteiligung gut vorzubereiten. Die paritätisch besetzte Projektgruppe bei der DTS, bestehend aus Vertreter:innen des Human Resource Managements und des Gesamtbetriebsrats, konnte wesentlich dazu beitragen, dass die Durchführung betrieblicher Praxislaboratorien im Unternehmen als Mehrwert erkannt und auch vonseiten der IT-Fachseiten in hohem Maße unterstützt wurde. Dafür ist jedoch Überzeugungsarbeit notwendig, denn es gab gelegentlich Spannungen bei der Frage, wie weit und wie viele Beschäftigte für die Mitarbeit in den Praxislaboratorien freizustellen sind. Der Nutzen der Beteiligung für Beschäftigte und Unternehmen muss mit der an Kennzahlen orientierten Steuerungslogik von Abteilungen und Teams zusammengebracht werden.

Unter methodischen Gesichtspunkten trägt zum Gelingen von Praxislaboratorien bei, wenn die definierten Arbeitspakete einfach und verständlich gehalten sind und mit für Beschäftigte nachvollziehbaren Methoden bearbeitet werden können. Mit agilen Vorgehensweisen sind operativ tätige Beschäftigte häufig nicht vertraut, sodass zunächst ein methodisches Grundgerüst zu vermitteln ist. Dies trägt dazu bei, Unsicherheiten und Überforderung zu vermeiden. Bewährt hat sich außerdem, bereits zu Beginn des Praxislaboratoriums gemeinsam eine Zielperspektive in Bezug auf die Ergebnisse zu erarbeiten und die Frage der Dokumentation von Resultaten zu klären. Dadurch gewinnen die am Lab-Team beteiligten Personen eine konkrete Vorstellung der zu erwartenden Ergebnisse, wodurch der Arbeitsprozess strukturiert und die Ergebnisqualität verbessert wird. Schließlich, und das ist der wesentlichste Punkt, ist für die Nachhaltigkeit der erarbeiteten Lösungen eine Umsetzungsstrategie notwendig. Es ist wenig hilfreich und für die Beteiligten demotivierend, wenn Beschäftigte sich über einen längeren Zeitraum hinweg über Verbesserungen austauschen und zielführende Ideen zur Optimierung der betrieblichen KI-Praxis entwickeln und diese dann im Alltagsgeschäft versanden. Grundsätzlich lässt sich aber resümieren, dass die Beteiligung von Beschäftigten an der KI-Transformation in betrieblichen Praxislaboratorien eine geeignete Methode darstellt, um menschenzentrierte KI-Lösungen zu entwickeln und die KI-Praxis im Unternehmen entlang der Bedürfnisse von Beschäftigten zu gestalten.

Literatur

Bayer, Ferdinand, Leonie Bohn (2020): Fallstudie Telekom Service GmbH. Was ist und kann PIA? In: IBM Deutschland GmbH, ver.di (Hg.): Künstliche Intelligenz. Ein sozialpartnerschaftliches Forschungsprojekt untersucht die neue Arbeitswelt. Ehningen/Berlin, 62–64.

Datenethikkommission (2019): Gutachten der Datenethikkommission der Bundesregierung. Kurzfassung. Hg. von der Datenethikkommission der Bundesregierung, Bundesministerium des Inneren, für Bau und Heimat. Berlin. Online verfügbar unter https://www.bmi.bund.de/SharedDocs/downloads/DE/publikationen/themen/it-digitalpolitik/gutachten-datenethikkommission-kurzfassung.pdf?__blob=publicationFile&v=5, zuletzt geprüft am 17.05.2023.

European Commission (2019): Ethik-Leitlinien für eine vertrauenswürdige KI. Unabhängige hochrangige Expertengruppe für künstliche Intelligenz. Eingesetzt von der Europäischen Kommission im Juni 2018. Hg. von der European Commission. Brüssel. Online verfügbar unter https://ec.europa.eu/newsroom/dae/document.cfm?doc_id=60425, zuletzt geprüft am 17.05.2023.

KOMMENTAR

Verena Nitsch, Leiterin des Instituts für Arbeitswissenschaft an der RWTH Aachen

Künstliche Intelligenz eröffnet Unternehmen zahlreiche Möglichkeiten, wie das Beispiel der Deutschen Telekom zeigt. Doch sie birgt auch Risiken. So kann eine umfangreiche Automatisierung bei Beschäftigten Ängste vor Arbeitsplatzverlust hervorrufen. Zudem ändern sich Arbeitsinhalte und Anforderungen, manchmal auch ohne dass die Beschäftigten dazu etwas sagen konnten. Diese Faktoren können die Akzeptanz der Technologien beeinträchtigen und das Vertrauen in die Führung schwächen.

Hier kommt die Partizipation ins Spiel. Die Beteiligung der Beschäftigten in Veränderungs- und Entscheidungsprozessen wird oft als Schlüssel für eine erfolgreiche Einführung neuer Technologien beschrieben. Dies hat die Telekom erkannt und mithilfe von Lern- und Experimentierräumen umgesetzt. So steigt die Identifikation mit den implementierten technischen und organisatorischen Lösungen. Zudem fördert Partizipation die

Kompetenzentwicklung und erhöht die Wahrscheinlichkeit einer aktiven Beteiligung an der Implementierung und Nutzung der Technologien. Durch das Einbeziehen verschiedener Perspektiven können potenzielle negative Auswirkungen der Technologien frühzeitig erkannt und gemindert werden. Lösungen, die von den Beschäftigten mitgestaltet werden, berücksichtigen oft Alltagsprobleme und spezifische Situationen besser als Konzepte, die ohne ihre Beteiligung entwickelt wurden. Schließlich können potenzielle Verzerrungen in KI-Algorithmen identifiziert und korrigiert werden, um diskriminierende Praktiken zu vermeiden.

Doch Partizipation ist kein Selbstläufer, wie es im Fallbeispiel treffend beschrieben wird. Unternehmen müssen erhebliche Ressourcen und insbesondere Arbeitszeit bereitstellen, um Arbeitsverdichtung und damit zusätzlichen Stress für die beteiligten Beschäftigten zu minimieren. Adressiert werden sollte auch die Gefahr, dass die Verantwortung für die Gestaltung der Arbeit mit KI (unbewusst) auf die Beschäftigten übertragen wird, ohne dass diese über die erforderliche Fachexpertise verfügen, um die Auswirkungen von Technologien auf die Arbeitsprozesse, die Gesundheit und Sicherheit am Arbeitsplatz sowie die psychosozialen Aspekte der Arbeit bewerten zu können. Eine menschengerechte Gestaltung der Arbeit mit KI erfordert daher die konsequente Integration arbeitsgestalterischer Kompetenzen in den partizipativen Einführungsprozess.

10. GEMEINSAME KI-VISION ENTWICKELT – WIE ARBEITGEBERIN UND MITBESTIMMUNG BEI IBM MENSCHENFREUNDLICHE KI-SYSTEME VORANBRINGEN

Carmen Hegner, HR Labor Relations Partner, IBM Deutschland GmbH,
Frank Remers, Konzernbetriebsratsvorsitzender, IBM Deutschland GmbH

CARMEN HEGNER, FRANK REMERS

Beschäftigte brauchen Verlässlichkeit und klare Rahmenbedingungen, um sich auf KI einzulassen. Das Unternehmen wiederum braucht das Vertrauen der Belegschaft, wenn es gute und innovative Dienste anbieten will. Bei IBM hat man das erkannt. Es ist gelungen, in Kooperation von Mitbestimmung und HR eine gemeinsame Vision zu entwickeln und eine KI-Rahmenvereinbarung abzuschließen, welche die Wünsche und Sorgen der Beschäftigten aufnimmt und einen menschenfreundlichen Umgang mit KI sicherstellt.

Eine Rahmenregelung für KI

Seit 2009 haben wir bei IBM eine Rahmenvereinbarung zu konventionellen IT-Systemen. Arbeitgeberin und Mitbestimmung haben damit gute Erfahrungen gemacht: Es konnte ein verlässliches Miteinander der beiden Parteien etabliert werden, das zur Schaffung von Vertrauen beitrug und die Einführung neuer IT-Systeme beschleunigte.

Dieses bewährte Verfahren war der Anstoß, ebenso eine Rahmenregelung für KI-Systeme zu vereinbaren. Der Einsatz von KI-Tools hat bei IBM zunehmend an Bedeutung gewonnen. IBM unterstützt ihre Kunden bei der Digitalisierung und der Transformation in ein kognitives Unternehmen, u. a. durch Data & KI, Quantum Computing, Hybrid Cloud und Security, und hat auch intern vermehrt KI-Systeme zum Einsatz gebracht.

Trotz der unterschiedlichen Rollen hatten HR Labor Relations und die Mitarbeitendenvertretung die gemeinsame Vision, mit einer innovativen Vereinbarung die Akzeptanz innerhalb der IBM für KI-Systeme zu erhöhen sowie schnellere Verhandlungen von konkreten KI-Systemen zu ermöglichen – und mit einer solchen Vereinbarung eine Vorreiterrolle am Markt einzunehmen, die IBM einen Wettbewerbsvorteil bietet.

Die Motive der betrieblichen Sozialpartner

Für die Mitbestimmung waren die wichtigsten Überlegungen: Wir wissen, KI-Systeme sind fehlbar und hängen stark von der Qualität der Daten, den Algorithmen und dem Training ab. Sie müssen unbedingt diskriminierungsfrei sein und zum Nutzen der Belegschaft und des Unternehmens eingesetzt werden. Durch eine Vereinbarung erhöht sich die Akzeptanz der KI-Systeme, die Menschen werden mitgenommen und somit wird durch einen vertrauensvollen Umgang die Qualität der Eingangsdaten deutlich gesteigert.

Die Arbeitgeberin legte das Augenmerk insbesondere auf Folgendes: Der Einsatz von Künstlicher Intelligenz in Unternehmen eröffnet vielfältige Chancen und verändert die Arbeitswelt. Auch bei IBM kommen KI-basierte Systeme immer häufiger zum Einsatz. In Zukunft wird die Unterstützung durch KI-Systeme immer mehr zur Normalität werden. IBM legt daher bei der Einführung von neuen KI-Systemen großen Wert darauf, dass die Daten nach geltenden rechtlichen Regeln erfasst und nach ethischen Prinzipien verwendet werden. Dazu zählen vor allem:

- Transparenz des KI-Systems,
- Erklärbarkeit des Ergebnisses,
- Fairness der Empfehlung,
- Sicherstellung menschlicher Entscheidung.

Der Prozess der gemeinsamen Lösungsfindung

Mit einer KI-Rahmenvereinbarung wollten wir den Menschen in den Mittelpunkt stellen und gemeinsam ein verlässliches Rahmenwerk schaffen, welches die oben genannten Punkte berücksichtigt.

Wir entschieden uns bewusst, nicht mit dem klassischen Verhandlungsansatz (Vorlage eines arbeitgeberseitigen Vereinbarungsentwurfs) zu starten, sondern über einen Workshop in das Thema einzusteigen.

Eine gemeinsame Veranstaltung in größerer Runde, bestehend aus HR-Labor-Relations-Mitarbeitenden und den Mitgliedern des KBR-Fachausschusses Personaldatensysteme, setzte den Startpunkt. In die inhaltliche Thematik Künstliche Intelligenz wurden die beiden Verhandlungsteams vom damaligen Geschäftsführer Personal für Deutschland/Österreich/Schweiz und zwei anerkannten IBM-Experten auf dem Gebiet der KI eingeführt.

In dieser Sitzung wurden mittels Design-Thinking-Methoden die jeweiligen Erwartungshaltungen und Ziele erarbeitet. Es wurde sehr darauf geachtet, dass jede Partei in die Lage kam, die Position der jeweils anderen Partei einnehmen und vertreten zu müssen. Dies erhöhte die Einsicht in die „Sorgen und Nöte" des Verhandlungspartners enorm und schuf so eine sehr gute Basis für die weiteren Verhandlungen. In diesem Workshop wurden gleichermaßen die Bedürfnisse der Mitarbeitenden und die des Unternehmens beleuchtet.

In den darauffolgenden Brainstorming-Sitzungen haben wir den Regelungsinhalt auf Grundlage eines Diskussionsvorschlags gemeinsam erarbeitet. Aufgrund der langjährigen Beziehungen der Verhandlungspartner und weil die Parteien ihre Rollen kennen und deren Notwendigkeit gegenseitig anerkennen, konnten wir in einer Atmosphäre von Vertrauen, Respekt und Offenheit verhandeln. Beide Parteien achteten sehr auf einen moderaten bis freundschaftlichen Verhandlungston. Es gab keine Lagerbildung und die Diskussionen waren sehr engagiert, lösungsorientiert und offen.

Auch Corona konnte die Verhandlungen nicht verlangsamen; schnell wurde mittels Videokonferenzen und Kollaborationswerkzeugen eine beschlussreife Regelung vorgelegt und im Juli 2020 im Konzernbetriebsrat beschlossen. Sicherlich war manche interne Abstimmung untereinander im Video nicht mehr per Blickkontakt möglich, die offene Verhandlungsatmosphäre hat dies aber mehr als ausgeglichen.

Was wir gemeinsam erreicht haben

Erreicht haben wir in den Verhandlungen:

- ein Kategorisierungsschema für KI-Systeme,
- die Aufnahme von Regelkreisen zu den konkreten KI-Systemen, was für die Mitbestimmungsseite ein wichtiger Punkt war, und
- die Gründung eines KI-Ethikrats.

Kategorisierung: Was ist kritisch, was ist unkritisch?

Die Kategorisierung verpflichtet uns zu einer Interessenabwägung, welche die Chancen und Risiken für das Unternehmen sowie die möglichen Vor- und Nachteile für die Mitarbeitenden ins Verhältnis setzt. Ein KI-System, das den Mitarbeitenden Empfehlungen zur freien Entscheidung gibt, ist meist einfach zu regeln und einzuführen. Ein KI-System mit Vorschlägen für Entscheidungen, die einen unmittelbaren Einfluss auf das Arbeitsumfeld oder die Karriere der Mitarbeitenden haben, erreicht hingegen eine andere, kritischere Kategorie. Hier muss sorgfältiger hingeschaut und der Einsatz und die Nutzung in Verhandlungen geregelt werden.

Kat	Schadens**risiko** und **Chancen**	Charakter/Zweck der Empfehlung (Beispiele)
5	sehr hohes Risiko	automatisierte Entscheidungen ohne Kontrolle ➡ Nicht vereinbar!
3/4	mittleres / hohes Risiko	z. B.: Karriereplanung / Gehaltsempfehlungen
1/2	kein / geringes Risiko	z. B.: Buchempfehlungen / Schulungsvorschläge

Abbildung 1: Kategorisierungsschema für KI-Systeme

Regelkreise

Die Akzeptanz von KI-Systemen steigt bei den Mitarbeitenden durch die Treffsicherheit der Empfehlungen, die Möglichkeit, Einfluss zu nehmen, und das Wissen, KI-Systemen nicht ausgeliefert zu sein. Daher haben wir Regelkreise aufgenommen, man könnte sie auch Feedback-Schleifen nennen. Diese eröffnen neben HR und der Mitbestimmung auch den Mitarbeitenden selbst die Möglichkeit, nicht passende oder fehlerhafte Empfehlungen korrigieren zu lassen und Verbesserungsvorschläge für ein KI-System an die Entwicklerteams zurückzumelden.

KI-Ethikrat

Der KI-Ethikrat soll der HR-Abteilung und den Betriebsräten als hochrangige Ansprech- und Beratungsstelle für KI zur Verfügung stehen. Er ist auch Teil der Regelkreise, sodass Einwände von Mitarbeitenden von ihm diskutiert und erörtert werden. Zusätzlich soll er KI-Empfehlungen prüfen und bei Bedarf korrigieren lassen. Dafür sind in einem globalen Unternehmen wie IBM, in dem die meisten KI-Systeme nicht im Land entwickelt werden, Personen besonders wichtig, die weitreichenden Einfluss auf diese KI-Systeme nehmen können.

Der KI-Ethikrat setzt sich zusammen aus Mitarbeitenden der Funktionen Data Privacy, IBM-Geschäftsbereiche, Konzernbetriebsrat (Frank Remers), Konzernschwerbehindertenvertretung und HR Labor Relations (Carmen Hegner) sowie drei KI-Fachleuten der IBM, die u. a. in der Enquete-Kommission des Deutschen Bundestags und beim Deutschen Institut für Normung tätig waren.

Eine zukunftsweisende Vereinbarung

Aktuell stellen wir fest, dass viele KI-Systeme zuerst einmal doch nur IT-Systeme mit klassischen Algorithmen sind. Ein Selbstlernen des Systems z. B. findet nicht statt. Doch auch bei diesen klassischen IT-Systemen kann unser Kategorisierungsschema helfen.

Bei den Verhandlungen hatten wir den Fokus bewusst auf KI-Systeme gelegt, die Mitarbeitenden-Daten nutzen, und weniger auf solche, die Arbeitsabläufe automatisieren bzw. beeinflussen. Grund dafür war, dass dies zum damaligen Zeitpunkt der dringlichste Regelungsbedarf war. In beiden Fällen ist aber eine Weiterqualifikation der Mitarbeitenden bei Veränderung oder Wegfall des Arbeitsplatzes im ver.di-Haustarifvertrag geregelt.

Zusammenfassend lässt sich sagen, dass wir stolz darauf sind, gemeinsam eine solche zukunftsweisende Rahmenvereinbarung als Basis verhandelt und abgeschlossen zu haben, die die Voraussetzungen für einen vertrauenswürdigen Umgang mit KI-Systemen innerhalb der IBM in Deutschland legt und uns damit bestens für die Zukunft aufstellt.

Auf dem Deutschen BetriebsräteTag 2021 konnten wir mit unserem Ansatz überzeugen und den Sonderpreis Digitalisierung gewinnen.

Erkenntnis

Veränderungen im Bereich geistiger Arbeit sollten so geregelt werden, dass die Beschäftigten auf dem Weg mitgenommen werden.

Anmerkung: Dieser Beitrag ist sozialpartnerschaftlich verfasst: Carmen Hegner von HR Labor Relations vertritt die Arbeitgeberseite der IBM, Frank Remers ist Vorsitzender des Konzernbetriebsrats und steht damit für die Arbeitnehmerseite. Hegner und Remers waren federführend für die Verhandlungen um die KI-Rahmenvereinbarung – und sie haben gemeinsam diesen Bericht geschrieben.

KOMMENTAR

Nils Britze, Bereichsleiter Digitale Geschäftsprozesse, Bitkom e. V.
Lukas Klingholz, Leiter Cloud & Künstliche Intelligenz, Bitkom e. V.

NILS BRITZE, LUKAS KLINGHOLZ

Die Zukunft der Arbeit wird durch das produktive Zusammenspiel von Mensch und Technik geprägt sein. Künstlicher Intelligenz kommt dabei eine Schlüsselrolle zu, denn die Potenziale für Automatisierung und Innovation in Unternehmen sind enorm. Die Einführung von KI-Systemen kann aber nur gemeinsam mit den Beschäftigten gelingen. In einer aktuellen Bitkom-Erhebung zur Digitalisierung von Geschäftsprozessen geben mehr als ein Drittel (36 Prozent) der befragten Unternehmen an, dass Widerstände im eigenen Unternehmen zu den größten Hürden bei der Digitalisierung gehören.

Das geschilderte KI-Rahmenabkommen ist ein spannendes Beispiel dafür, wie der Dialog zwischen Stakeholdern zu einem Ergebnis führen kann, das das Vertrauen der Mitarbeitenden in die Technologie stärkt und die Akzeptanz im Interesse aller Beteiligten erhöht. Ein Erfolgskriterium war sicherlich, möglichst viele Perspektiven in den Verhandlungsprozess einzubeziehen und diese durch einen partizipativen Ansatz (Design-Thinking-Methode) zusammenzuführen. Die Institutionalisierung der Ergebnisse durch die Etablierung von Regelkreisen sowie eines KI-Ethikrates ist ein erfolgversprechendes Instrument, um die vereinbarten ethischen Prinzipien kontinuierlich sicherzustellen. Das entwickelte Kategorisierungsschema für KI-Systeme dient als klare Orientierung bei der Bewertung von Lösungen. Darüber hinaus trägt es zur Differenzierung und Kontextualisierung von KI-Lösungen bei, was ein wichtiges Element der Folgenabschätzung darstellt.

Der derzeit in der Abstimmung befindliche EU Artificial Intelligence Act könnte Anpassungen und Weiterentwicklungen des Schemas erforderlich machen. Die aktuelle Klassifikation wäre aber eine hervorragende Grundlage für die Umsetzung der kommenden regulatorischen Anforderungen, die dann für alle Unternehmen in der Europäischen Union gelten werden. Gleichzeitig ist die Weiterbildung der Mitarbeitenden ein zentrales Element, um Beschäftigungsfähigkeit in der digitalen Arbeitswelt zu sichern. Es ist daher positiv hervorzuheben, dass dieser Faktor bei Veränderung oder Wegfall des Arbeitsplatzes ergänzend im Haustarifvertrag geregelt wird.

Das KI-Rahmenabkommen kann eine Blaupause für andere sein. Es legt einen Grundstein, um als internationales Unternehmen im deutschen institutionellen Kontext schnell auf Innovationen und die damit verbundene Marktdynamik reagieren zu können und gleichzeitig die Mitarbeiterinnen und Mitarbeiter im Sinne einer Human Friendly Automation mitzunehmen.

11. FÖRDERUNG DES VERANTWORTUNGSVOLLEN UND MENSCHENZENTRIERTEN EINSATZES VON KI IN BETRIEBEN UND BEHÖRDEN DER ARBEITS- UND SOZIALVERWALTUNG

Linda Wichman, Referentin in der Abteilung Denkfabrik Digitale Arbeitsgesellschaft im Bundesministerium für Arbeit und Soziales und Leiterin des Projekts „Netzwerk KI in der Arbeits- und Sozialverwaltung“
Judith Peterka, Referentin in der Abteilung Denkfabrik Digitale Arbeitsgesellschaft im Bundesministerium für Arbeit und Soziales und Leiterin des Projekts „Observatorium Künstliche Intelligenz in Arbeit und Gesellschaft“

LINDA WICHMAN, JUDITH PETERKA

Die Entwicklungen von Künstlicher Intelligenz sind hoch dynamisch und ein Treiber der Transformation von Arbeit. Aus diesem Grund hat das Bundesministerium für Arbeit und Soziales ein KI-Observatorium aufgebaut. Ein Schwerpunkt liegt auf der Förderung eines menschenzentrierten und verantwortungsvollen Einsatzes von KI in der Praxis. Im Folgenden werden Praxisbeispiele aus dieser Arbeit vorgestellt: 1) das Netzwerk

„Künstliche Intelligenz in der Arbeits- und Sozialverwaltung", dem es gelungen ist, in KI-Labs, getragen von Expert:innen aus den Behörden, Leitlinien für den verantwortungsvollen und menschenzentrierten Einsatz von KI zu entwickeln; 2) zwei Projekte, in denen Beschäftigte, deren Interessenvertretungen und Betriebe aller Branchen für das Mitgestalten von KI befähigt werden.

Einleitung

KI-Technologien sind weder gut noch schlecht. Entscheidend ist, die Technologie so zu entwickeln und einzusetzen, dass Menschen und Gesellschaft vom KI-Einsatz profitieren. Dieser Gestaltungsanspruch, der den Menschen in den Mittelpunkt der Technologie-Entwicklung stellt, ist nicht nur der Kern der Initiative „Human Friendly Automation", sondern auch der Strategie Künstliche Intelligenz der Bundesregierung: „Wir setzen uns für eine menschenzentrierte Entwicklung und Nutzung von KI-Anwendungen ein, insbesondere im Hinblick auf den Einsatz von KI in der Arbeitswelt. Wir wollen dafür Sorge tragen, dass die Erwerbstätigen bei der Entwicklung von KI-Anwendungen in den Mittelpunkt gestellt werden: die Entfaltung ihrer Fähigkeiten und Talente; ihre Kreativität; ihre Selbstbestimmtheit, Sicherheit und Gesundheit."

Das Bundesministerium für Arbeit und Soziales (BMAS) gehört zu den federführenden Akteuren der KI-Strategie der Bundesregierung. Es setzt sich dafür ein, dass Beschäftigte in ihrer Arbeit unterstützt und gleichzeitig Produktivität und Wettbewerbsfähigkeit der Unternehmen gestärkt werden. Auch das Potenzial von KI für eine moderne, effiziente und zukunftsfähige öffentliche Verwaltung muss gehoben werden. Es bedarf eines Paradigmenwechsels zu einer menschenzentrierten Technikgestaltung, die den gesellschaftlichen Nutzen in den Fokus rückt. Das gelingt nur, wenn die Entwicklung und Einführung intelligenter Systeme ausgehend von den Menschen erfolgt, die mit diesen Systemen direkt und indirekt interagieren – und wenn die gesellschaftliche Folgen ihres Einsatzes berücksichtigt werden (siehe Fachdialog Mensch-Technik-Interaktion, https://www.denkfabrik-bmas.de/fileadmin/Downloads/Publikationen/Arbeiten_mit_Kuenstlicher_Intelligenz_bf.pdf).

Für einen solchen Paradigmenwechsel muss jetzt der Rahmen geschaffen werden. Das BMAS hat dazu bereits im Jahr 2020 das „Observatorium

KI in Arbeit und Gesellschaft“ (KI-Observatorium) aufgebaut. Es zielt darauf, die Auswirkungen von KI auf Arbeit und Gesellschaft zu analysieren und arbeits- und sozialpolitische Maßnahmen zu gestalten. Der Schwerpunkt liegt dabei auf der Förderung eines menschenzentrierten und verantwortungsvollen Einsatzes von KI in der betrieblichen und behördlichen Praxis.

Das Netzwerk KI in der Arbeits- und Sozialverwaltung

Fast jeder Mensch in Deutschland hat früher oder später mit einer Behörde der Arbeits- und Sozialverwaltung zu tun. Und das vor allem in Umbruch- oder Krisenzeiten des Lebens, z. B. nach einem Arbeitsunfall, wenn man den Job verloren hat oder in Rente geht. Gleichzeitig haben die Menschen immer weniger Verständnis für bürokratische Verfahren und komplizierte Bescheide, weil sie im Alltag moderne, einfach zu bedienende digitale Tools gewohnt sind. Diese Diskrepanz zwischen Wunsch und Wirklichkeit müssen wir dringend angehen, denn eine moderne, effiziente Verwaltung stärkt auch das Vertrauen der Bürger:innen in den Staat. Dabei werden KI-Anwendungen eine zentrale Rolle spielen: Sie können helfen, die Beschäftigten zu entlasten, Abläufe effizienter zu gestalten und Wartezeiten für die Bürger:innen zu verkürzen.

Zudem sieht sich die öffentliche Verwaltung mit einem massiven Fachkräftemangel konfrontiert. Um überhaupt arbeitsfähig zu bleiben, wenn die geburtenstarken Jahrgänge in Rente gehen, braucht sie die Unterstützung digitaler und KI-gestützter Anwendungen.

Die Behörden der Arbeits- und Sozialverwaltung haben beim KI-Einsatz eine besondere Verantwortung: Hier werden sensible Daten der Bürgerinnen und Bürger verarbeitet. Es ist entscheidend, dass Leistungen wie Rentenzahlungen, Hilfen bei der Suche nach einer neuen Beschäftigung oder Reha-Angebote nach einem Unfall schnell und fehlerfrei bei den Betroffenen ankommen.

Um den verantwortungsvollen KI-Einsatz voranzutreiben, hat die Abteilung Denkfabrik Digitale Arbeitsgesellschaft des BMAS im Mai 2021 das „Netzwerk KI in der Arbeits- und Sozialverwaltung“ ins Leben gerufen und alle Behörden, für die das BMAS zuständig ist, dazu eingeladen.

Zu den aktiven Mitgliedern des Netzwerks gehören rund 20 Behörden, u. a. die Bundesagentur für Arbeit, die Deutsche Rentenversicherung Bund

und die Deutsche Gesetzliche Unfallversicherung sowie die Berufsgenossenschaften als deren Träger. Vertreten werden die einzelnen Behörden im Netzwerk durch etwa 40 Expertinnen und Experten, die aus den IT-Abteilungen und anderen organisatorischen Einheiten stammen. Sie setzen sich dort mit den Potenzialen von KI auseinander und haben in vielen Fällen schon selbst KI-Projekte geleitet. In regelmäßigen, bisher meist virtuellen Treffen tauschen sie sich über Erfahrungen bei der Einführung von KI-Anwendungen aus und diskutieren Herausforderungen und Potenziale.

Sowohl die Mitglieder aus den Behörden als auch die jeweiligen Fachabteilungen des BMAS nehmen an den Netzwerktreffen, den sogenannten „KI-Labs" teil. Von Anfang an wurde Wert darauf gelegt, die Zusammenarbeit partizipativ und auf Augenhöhe zu gestalten. So wird beispielsweise durch eine externe Moderation der Treffen sichergestellt, dass alle Mitglieder gleichermaßen zu Wort kommen, egal ob Referent:in oder Abteilungsleitung. In regelmäßiger Kleingruppenarbeit mit virtuellen Whiteboards können auch die Mitglieder ihre Perspektiven einbringen, die vielleicht nicht gerne vor Publikum sprechen. Auch bei der Ausgestaltung der selbstverpflichtenden Leitlinien wurde auf Zusammenarbeit auf Augenhöhe geachtet. So werden die Leitlinien nicht von Ministerien oder Aufsichtsbehörden vorgegeben, sondern jede Behörde hat aktiv daran mitgearbeitet und sich am Ende selbst dazu verpflichtet, die Leitlinien beim KI-Einsatz anzuwenden. So wird moderne, innovative und behördenübergreifende Verwaltungszusammenarbeit konkret gelebt.

Selbstverpflichtende Leitlinien für die Arbeits- und Sozialverwaltung gemeinsam entwickeln

Wenn KI-Systeme in der öffentlichen Verwaltung eingesetzt werden, müssen sie den rechtlichen Rahmenbedingungen und höchsten Qualitätsstandards entsprechen, menschenzentriert entwickelt werden und die Entscheidungen diskriminierungsfrei und nachvollziehbar sein. Zu Beginn lag der Fokus im Netzwerk deshalb auf der Entwicklung selbstverpflichtender Leitlinien für den verantwortungsvollen KI-Einsatz in der behördlichen Praxis. Diese sollen den bestehenden rechtlichen Rahmen ergänzen und Orientierung sowie Handhabe für die Anwendung in der behördlichen Praxis im Einklang mit den gesetzlichen Vorgaben bieten. Dabei wurden wichtige Empfehlungen, etwa der OECD, der Enquete-Kommission des

Bundestages zu KI und der EU-Kommission, berücksichtigt: So nutzen die Leitlinien einen risikobasierten Ansatz und sind deshalb auch eine wichtige Vorbereitung auf das Inkrafttreten der KI-Verordnung. Diese wird ebenfalls risikobasierte Vorgaben machen, also KI-Systeme anhand ihres potenziellen Risikos einstufen und die Anforderungen an ihre Entwicklung, Kontrolle und Nutzung entsprechend anpassen. Viele KI-Anwendungen in der Arbeits- und Sozialverwaltung werden in den Hochrisiko-Bereich fallen, etwa wenn es um die Gewährung von Sozialleistungen geht.

Als erster Schritt wurde eine gemeinsame Wertegrundlage für den Einsatz von KI in der Arbeits- und Sozialverwaltung erarbeitet. Auf Grundlage bereits existierender Vorarbeiten zu dem Thema, wie z. B. der Ethik-Leitlinien für eine vertrauenswürdige KI der High-Level Expert Group on Artificial Intelligence (AI HLEG) der Europäischen Kommission, wurden die Wertepaare „Menschenzentrierung & Gemeinwohl", „Fairness & Nicht-Diskriminierung", „Erklärbarkeit & Transparenz", „Privatsphäre & Persönlichkeitsschutz", „Sicherheit & Robustheit", „Intervenierbarkeit & Verantwortung" und „ökologische Nachhaltigkeit & Ressourcenschonung" als besonders wichtig für die Arbeits- und Sozialverwaltung identifiziert. Diese Wertegrundlage bildet das erste Kapitel der selbstverpflichtenden Leitlinien.

Für die weiteren Kapitel hat sich das Netzwerk die inhaltlichen Schwerpunkte in einem der ersten KI-Labs selbst gesetzt. Hier wurden Themen gemeinsam gesammelt, diskutiert und danach bewertet, in welchen Bereichen praktische Empfehlungen für die Behörden der Arbeits- und Sozialverwaltung besonders wichtig sind. Über mehrere Monate hat sich das Netzwerk im Anschluss damit beschäftigt,

- wie Einführungsprozesse von KI-Anwendungen menschenzentriert gestaltet und gemeinsam mit den Stakeholdern Ziele für den KI-Einsatz definiert werden können,
- wie die Folgen des geplanten KI-Einsatzes frühzeitig abgeschätzt und mögliche Risiken für unterschiedliche Personengruppen, aber auch für die Gesellschaft als Ganzes systematisch bewertet werden können,
- wie eine gute Datenqualität sichergestellt und ein Bias vermieden werden kann und

- wie Transparenz über den Einsatz, die Ziele und die Funktionsweisen der KI-Anwendungen geschaffen und Erklärbarkeit hergestellt werden kann.

Zu den einzelnen Schwerpunkten der Leitlinien wurden externe Expert:innen aus Wissenschaft und Verwaltung eingeladen. Ein Großteil dieser Impulsvorträge kann auf der Webseite der Denkfabrik Digitale Arbeitsgesellschaft (https://www.denkfabrik-bmas.de/projekte/ki-in-der-verwaltung) abgerufen werden. Im Anschluss an die Vorträge wurde gemeinsam in Kleingruppen, Arbeitstreffen und auf einer eigenen Plattform an den Texten gearbeitet und die Empfehlungen wurden diskutiert. Besonders wichtig war dabei der stetige Abgleich mit der behördlichen Praxis. Deshalb sind insbesondere auch die Erfahrungen aus den Behörden eingeflossen, die bereits KI-Systeme eingeführt haben.

Die Leitlinien enthalten Handlungsempfehlungen und praktische Checklisten, die sehr konkret zeigen, wie die Einführung von KI-Anwendungen in den Behörden so gestaltet werden kann, dass der Nutzen für die Menschen stets im Mittelpunkt steht. Hierfür ist es insbesondere wichtig, frühzeitig umfassende Beteiligungsmöglichkeiten für spätere Nutzer:innen und Betroffene zu schaffen, also für die Bürger:innen, die Beschäftigten in den Behörden, Datenschutzbeauftragte und Personalvertretungen.

Gerade beim Einsatz von KI-Anwendungen in der öffentlichen Verwaltung ist es wichtig, erwartbare Folgen frühzeitig abzuschätzen, mögliche Risiken zu bewerten und diese zu minimieren. Wenn ein KI-System z. B. bei der Bearbeitung von Anträgen auf Sozialleistungen unterstützt, kann ein Fehler des Systems schwerwiegende Folgen für die Antragsteller:innen haben. Grundsätzlich gilt: Je größer das potenzielle Risiko auf individueller oder gesellschaftlicher Ebene, desto höher müssen die Anforderungen an Qualität und Kontrolle der Systeme sein.

Eine hohe Datenqualität ist Voraussetzung für ein funktionierendes diskriminierungsfreies KI-System. Schlechte Qualität der Daten kann zu einem Bias, also einer Verzerrung in den Daten, und in der Folge zu diskriminierenden Ergebnissen führen. Diskriminierung entsteht auch, wenn bestehende Ungleichheiten reproduziert werden. Deshalb müssen die Mitarbeiter:innen für mögliche Ursachen von Bias und Diskriminierung sensibilisiert werden, um aktiv gegenzusteuern. Eine diverse Aufstellung der Teams in Bezug auf Geschlecht, Alter, Herkunft etc. kann dabei helfen.

Wie ein KI-System funktioniert und konkrete Ergebnisse berechnet, muss für unterschiedliche Zielgruppen verständlich und nachvollziehbar sein. So sollten Behördenmitarbeitende u. a. in die Lage versetzt werden, Empfehlungen eines KI-Systems richtig einzuordnen und zu bewerten. Für Bürger:innen muss klar werden, wie eine sie betreffende Entscheidung zustande gekommen ist und welche Rolle ein KI-System dabei gespielt hat. Besonders wichtig ist, dass für Bürger:innen auch in Zukunft transparent bleibt, ob sie es mit Mensch oder Maschine zu tun haben. Mitarbeiter:innen der Sozialverwaltung wiederum müssen – zumindest in Grundzügen – verstehen, wie die KI-Systeme funktionieren, mit denen sie arbeiten. Denn nur so können sie die Ergebnisse der Systeme kritisch hinterfragen und bei Bedarf korrigieren.

Die Leitlinien stehen auf der Website der Denkfabrik zum Download zur Verfügung: https://www.denkfabrik-bmas.de/fileadmin/Downloads/Publikationen/Selbstverpflichtende_Leitlinien_fuer_den_KI-Einsatz_in_der_behoerdlichen_Praxis_der_Arbeits-_und_Sozialverwaltung.pdf

Leitlinien weiterentwickeln und praktisch erproben

Die Arbeit an den Leitlinien ist mit der Veröffentlichung nicht abgeschlossen. Die Leitlinien sind ein lebendes Dokument und werden laufend um Lernerfahrungen aus der konkreten Anwendung in der Verwaltungspraxis ergänzt. Dafür fördert das BMAS die Einführung KI-basierter Modernisierungsprojekte in den Arbeits- und Sozialverwaltungen und unterstützt die Behörden zusätzlich durch externe Expert:innen bei der Anwendung der Leitlinien. Derzeit werden in diesen Projekten beispielsweise Arbeitshilfen entwickelt, die die Empfehlungen der Leitlinien für die einzelnen Rollen in den Projektteams operationalisieren und so noch praxistauglicher machen.

Ein Meilenstein bei der kontinuierlichen Weiterentwicklung wird es sein, die Leitlinien nach der Verabschiedung der europäischen KI-Verordnung zu überprüfen und ggf. an den dann geltenden Rechtsrahmen anzupassen. So sind sie den jeweiligen gesellschaftlichen, rechtlichen und verwaltungstechnischen Anforderungen entsprechend im bewährten partizipativen Prozess aktuell zu halten. Dabei ist auch Feedback von außen herzlich willkommen, etwa an die E-Mail-Adresse: ki-in-der-verwaltung@bmas.bund.de.

Befähigung von Beschäftigten, Interessenvertretungen und Betrieben

Ein weiterer Schwerpunkt des BMAS ist es, Beschäftigte und deren Interessenvertretungen aller Branchen bei der menschenzentrierten Einführung von KI zu unterstützen.

Aus Studien der OECD (BMAS-gefördertes Programm OECD AI WIPS: https://oecd.ai/en/work-innovation-productivity-skills) wissen wir, dass betriebliche Mitbestimmung eine wichtige Rolle dabei spielt, dass Arbeit mit KI gute Arbeit ist. Die Studie zeigte, dass das Einbeziehen der Interessenvertretung zu positiveren Ergebnissen sowohl hinsichtlich der Produktivität der Beschäftigten als auch hinsichtlich der Arbeitsbedingungen führte und zudem mehr Arbeitsplätze erhalten blieben.

Hier setzt das Projekt KI-Studios – KI-Erlebniswerkstätten für die partizipative Gestaltung betrieblicher KI-Anwendungen an. Ziel ist es, deutschlandweit Unternehmen aller Branchen, insbesondere KMU und Handwerk, sowie deren Beschäftigte und Interessenvertretungen über die Möglichkeiten und Grenzen von KI zu informieren und zur Anwendung im Arbeitsalltag zu befähigen. Vor allem die Beschäftigten sollen bezüglich positiver Potenziale, aber auch für Risiken und Herausforderungen von KI sensibilisiert werden.

Geplant sind sowohl stationäre als auch mobile KI-Studios („KI-Infomobile"), die Unternehmen an ihrem Standort besuchen. Sie machen KI mit anschaulichen und realistischen Anwendungsbeispielen aus der Arbeitswelt von heute und morgen konkret erlebbar und zeigen niedrigschwellig, welche Möglichkeiten KI auch für KMU im betrieblichen Alltag bietet, etwa in der Buchhaltung oder Personalplanung. Ab Herbst 2023 kann über die Webseite des Projekts ein Termin im stationären Studio oder ein Besuch des KI-Infomobils angefragt werden.

Als weiteres Unterstützungsangebot zur menschenzentrierten Einführung von KI wurden mit 30 Unternehmen aller Branchen und Größen in einem partizipativen Prozess über zwei Jahre praxisorientierte Handlungsleitlinien für die erfolgreiche Einführung und nachhaltige organisatorische Einbettung von KI-Systemen in der Arbeitswelt entwickelt. Diese gehen insbesondere darauf ein, wie Beschäftigte bei der Einführung von KI-Systemen beteiligt werden können und wie sich Organisationen verändern müssen, um KI menschenzentriert einzuführen. Die Leitlinien stehen ab September 2023 online zur Verfügung.

KOMMENTAR

Hans-Joachim Gergs, Gründer und Partner der Gesellschaft für empirische Organisationsforschung GmbH, langjähriger Senior Consultant Change-Management, AUDI AG

HANS-JOACHIM GERGS

Mit KI steht eine nächste große Welle der Digitalisierung an. Dies trifft nicht nur privatwirtschaftliche Unternehmen, sondern auch die öffentliche Verwaltung. KI-Anwendungen können helfen, die Beschäftigten in den Verwaltungen zu entlasten, Abläufe effizienter zu gestalten und Wartezeiten für die Bürger:innen zu verkürzen. Dieses Potenzial von KI muss dringend gehoben werden, um die staatliche Handlungsfähigkeit nachhaltig zu sichern. Zentral ist, dass bei der Technikgestaltung der gesellschaftliche Nutzen im Fokus steht. Das Bundesministerium für Arbeit und Soziales (BMAS) eröffnet mit dem KI-Observatorium einen Diskursraum, in dem sich unterschiedlichste Behörden zur erfolgreichen Implementierung von KI-Anwendungen austauschen („Netzwerk KI in der Arbeits- und Sozialverwaltung").

Besonders wichtig erscheint mir dabei die Entwicklung „selbstverpflichtender Leitlinien für den verantwortungsvollen KI-Einsatz in der behördlichen Praxis". Solche Leitlinien sind aus meiner Sicht als Change-Experte eine wichtige Grundlage, um die durch den Einsatz von KI ausgelösten tiefgreifenden Veränderungsprozesse menschenzentriert einzuführen. Hier tragen die Institutionen der öffentlichen Verwaltung eine große Verantwortung und sie haben Vorbildcharakter auch für privatwirtschaftliche Unternehmen. In diesem Zusammenhang gilt es zu prüfen, inwiefern sich die im Rahmen des KI-Observatoriums entwickelten Leitlinien auch für die Anwendung in privatwirtschaftlichen Unternehmen nutzen lassen. Hier kann das Netzwerk „Human-Friendly-Automation" eine wichtige Funktion als Katalysator haben, weshalb eine enge Verknüpfung der beiden Initiativen sehr zu empfehlen ist.

Die zweite Initiative des BMAS, das Projekt „KI-Studios – KI-Erlebniswerkstätten für die partizipative Gestaltung betrieblicher KI-Anwendungen", legt einen Fokus auf KMU und Handwerksbetriebe. Kleinere Unternehmen tun sich erfahrungsgemäß schwerer mit der Implementierung neuer, zumal disruptiver Technologien und bedürfen daher einer besonderen Aufmerksamkeit der staatlichen Förderpolitik. Mit den mobilen KI-Studios experimentiert das Projekt mit einer Methode, die mir z. B. für Handwerksbetriebe sehr erfolgversprechend zu sein erscheint.

Der verstärkte Fokus auf kleine Unternehmen sollte aber nicht nur für die Privatwirtschaft gelten, sondern auch für die öffentliche Verwaltung in Kommunen und Landkreisen. Es ist zu befürchten, dass sich diese wie KMU deutlich schwerer mit der Implementierung von KI tun. Eine Einbindung dieser kleineren Verwaltungen in das „Netzwerk KI in der Arbeits- und Sozialverwaltung" ist daher sehr zu empfehlen. Diese können von den Erfahrungen der „großen" Verwaltungen lernen.

Angesichts der hohen Dynamik der technologischen Entwicklung bedarf es ferner einer ständigen Anpassung von Leitlinien, Vorgehensweisen und Methoden im Sinne eines lernenden Systems. Dieses „iterativ-lernende Mindset" gilt es in allen Aktivitäten des KI-Observatoriums zu vermitteln.

VERZEICHNIS DER AUTORINNEN UND AUTOREN

Julia Bangerth ist Personalvorständin und Chief Operating Officer der Nürnberger DATEV eG.

Peter Boenisch ist Manager im Bereich Technical Management bei der Süddeutschen Gelenkscheibenfabrik GmbH & Co. KG (SGF).

Nils Britze ist Bereichsleiter für Digitale Geschäftsprozesse bei Bitkom e. V.

Dirk Eichler, Dr., ist Senior Consultant im Bereich Change-Management bei der AUDI AG.

Matthias Flügge, Dr., ist Chief Digital Officer bei der Deutschen Rentenversicherung Bund (DRV Bund).

Martin Födisch ist Senior-Experte im Bereich Digitales Change-Management bei der Bundesagentur für Arbeit.

Hans-Joachim Gergs, Dr., ist Gründer und Partner der Gesellschaft für empirische Organisationsforschung GmbH (Ausgründung der Universität Regensburg) und Senior Consultant im Bereich Change-Management bei der AUDI AG.

Berit Gläsel ist Business-Analystin bei Starke + Reichert GmbH & Co. KG.

Sophia Greulich ist Beraterin für Change-Management bei KI-Implementierungen bei der IBM Deutschland GmbH.

Florian Haggenmiller ist Leiter der Bundesfachgruppe Informations- und Kommunikationstechnologie (IKT) bei ver.di.

Carmen Hegner ist HR Labor Relations Partner bei der IBM Deutschland GmbH.

David Hirsch ist Senior Consultant „Arbeitsplatz der Zukunft" bei der Alte Leipziger ALH Gruppe.

Markus Hoppe ist wissenschaftlicher Mitarbeiter bei der Input Consulting gGmbH in Stuttgart.

Tobias Kämpf, Prof. Dr., ist Professor an der University of Labour in Frankfurt/Main und Wissenschaftler am Institut für Sozialwissenschaftliche Forschung e. V. – ISF München.

Jürgen Kandlbinder ist Leiter des Bereiches Digitale Transformation NEXT für die Bayernwerk AG bei der Bayernwerk Netz GmbH.

Lukas Klingholz leitet das Team „Cloud & Künstliche Intelligenz" bei Bitkom e. V.

Daniel Knapp ist Vorstandsmitglied der andrena objects ag.

Sabine Knör ist Mitglied der Geschäftsleitung Sales & Marketing bei der ENERGY4U GmbH.

Anna Kopp ist Director Microsoft Digital bei der Microsoft Deutschland GmbH.

Barbara Langes ist Wissenschaftlerin am Institut für Sozialwissenschaftliche Forschung e. V. – ISF München.

Jon Lester ist Vice President of HR Technology, Data and AI bei IBM.

Tanja Leyerer ist Steuerfachangestellte, Studentin an der FernUniversität in Hagen und Kernmitglied des Netzwerks Human Friendly Automation.

Sebastian Mittelstädt, Dr., ist Head of Research Group und leitet eine Forschungsgruppe für Datenanalyse und Künstliche Intelligenz bei der Siemens AG.

Peter Mosch ist Vorsitzender des Gesamtbetriebsrats der AUDI AG.

Andrea Nahles ist Vorstandsvorsitzende der Bundesagentur für Arbeit.

Verena Nitsch, Univ.-Prof. Dr.-Ing., ist Leiterin des Instituts für Arbeitswissenschaft an der RWTH Aachen.

Yannick Peifer ist Wissenschaftler am ifaa – Institut für angewandte Arbeitswissenschaft e. V.

Judith Peterka ist Referentin in der Abteilung Denkfabrik Digitale Arbeitsgesellschaft im Bundesministerium für Arbeit und Soziales und Leiterin des Projekts „Observatorium Künstliche Intelligenz in Arbeit und Gesellschaft".

Christoph Peters, PD Dr., ist Vertretungsprofessor der Universität Leipzig, Professur für Wirtschaftsinformatik, insb. Intelligente Informationssysteme und -prozesse, und Assistenzprofessor an der Universität St. Gallen am Institut für Wirtschaftsinformatik (IWI-HSG).

Gregor Pillen ist Vorsitzender der Geschäftsführung IBM Deutschland GmbH und General Manager Deutschland, Österreich, Schweiz bei IBM.

Sascha Poggemann ist COO und Co-Founder der Cognigy GmbH.

Michael Protzner ist Leiter des Service-Centers of Competence für SMART Lifecycle Contracts für die Region Deutschland – Schwerpunkt Industrielogistik bei der Siemens AG.

Felix Reichert, Dr., ist geschäftsführender Gesellschafter bei der Starke + Reichert GmbH & Co. KG.

Frank Remers ist Konzernbetriebsratsvorsitzender bei der IBM Deutschland GmbH.

Daniel Schaffeld ist Geschäftsführer der hijob GmbH.

Lars Schatilow, Dr. phil., ist Initiator von Human Friendly Automation und Associate Partner bei der IBM Deutschland GmbH.

Sarah Schmidt ist Systemische Change-Managerin und Gründungsmitglied von Human Friendly Automation.

Markus Schmitz, Dr., ist CIO bei der Bundesagentur für Arbeit.

Patricia Sliwinski ist Senior Consultant für Change+ bei kobaltblau Management Consultants und HFA Co-Founderin.

Sascha Stowasser, Prof. Dr.-Ing. habil., ist Institutsdirektor am ifaa – Institut für angewandte Arbeitswissenschaft e. V.

Oliver Suchy ist Leiter der Abteilung „Grundsatz und Gute Arbeit" beim Deutschen Gewerkschaftsbund (DGB).

Giovanni Suriano ist Politischer IT-Verantwortlicher des Konzernbetriebsrats der Deutschen Telekom AG.

René Tillmann ist Geschäftsführer der hijob GmbH.

Katja van Doren ist CHO der RWE AG.

Linda Wichman ist Referentin in der Abteilung Denkfabrik Digitale Arbeitsgesellschaft im Bundesministerium für Arbeit und Soziales und Leiterin des Projekts „Netzwerk KI in der Arbeits- und Sozialverwaltung“